- 教育部人才培养模式改革和开放教育试点教材
- 高等医学院校卫生事业管理专业教材

卫生经济学

主编：吴明
编者：张里程 王慧慧 汪宏

北京大学医学出版社

WEISHENG JINGJIXUE

图书在版编目（CIP）数据

卫生经济学/吴明主编. —北京：北京大学医学出版社，
2002.2（2024.1重印）

ISBN 978-7-81071-265-1

Ⅰ. 卫… Ⅱ. 吴… Ⅲ. 卫生经济学－医学院校－
教材 Ⅳ. R1

中国版本图书馆 CIP 数据核字（2001）第 095918 号

卫生经济学

主　　编：	吴　明
出版发行：	北京大学医学出版社
地　　址：	（100191）北京市海淀区学院路 38 号　北京大学医学部院内
电　　话：	发行部 010 - 82802230；图书邮购 010 - 82802495
网　　址：	http://www.pumpress.com.cn
E - mail：	booksale@bjmu.edu.cn
印　　刷：	北京信彩瑞禾印刷厂
经　　销：	新华书店
责任编辑：安　林　　责任校对：何　力　　责任印制：罗德刚	
开　　本：	787 mm×1092 mm　1/16　　印张：11　　字数：276 千字
版　　次：	2002 年 2 月第 1 版　2024 年 1 月第 21 次印刷
书　　号：	ISBN 978-7-81071-265-1
定　　价：	15.50 元

版权所有，违者必究

（凡属质量问题请与本社发行部联系退换）

目　　录

第一章　卫生经济学概论 …………………………………………………… (1)
　第一节　卫生领域中面临的经济问题 …………………………………… (1)
　第二节　卫生经济学的研究方法 ………………………………………… (5)
　第三节　卫生经济学的主要内容 ………………………………………… (7)
第二章　卫生服务需求 ……………………………………………………… (13)
　第一节　卫生服务需求的概念 …………………………………………… (13)
　第二节　卫生服务需求分析 ……………………………………………… (16)
　第三节　卫生服务需求弹性 ……………………………………………… (22)
　第四节　卫生服务消费者行为理论 ……………………………………… (24)
第三章　卫生服务供给 ……………………………………………………… (29)
　第一节　卫生服务供给的定义与特点 …………………………………… (29)
　第二节　卫生服务供给分析 ……………………………………………… (32)
　第三节　卫生服务的供给弹性 …………………………………………… (37)
　第四节　卫生服务供给者行为理论 ……………………………………… (40)
第四章　医疗服务价格 ……………………………………………………… (51)
　第一节　价格的形成及其作用 …………………………………………… (51)
　第二节　医疗服务价格的影响因素 ……………………………………… (54)
　第三节　我国的医疗服务价格及其改革 ………………………………… (59)
第五章　政府在卫生领域中的作用 ………………………………………… (64)
　第一节　市场与市场机制 ………………………………………………… (64)
　第二节　市场失灵与政府作用 …………………………………………… (68)
　第三节　市场经济中的政府职能及在卫生领域中的作用 ……………… (72)
第六章　卫生筹资和卫生总费用 …………………………………………… (79)
　第一节　卫生筹资概述 …………………………………………………… (79)
　第二节　卫生总费用及其影响因素 ……………………………………… (81)
　第三节　中国卫生筹资的变动趋势 ……………………………………… (85)
第七章　卫生资源优化配置 ………………………………………………… (89)
　第一节　卫生资源优化配置的概念及基本理论 ………………………… (89)
　第二节　中国卫生资源配置现状及存在的问题 ………………………… (94)
　第三节　卫生资源配置状况的测量 ……………………………………… (98)
第八章　疾病经济负担分析 ………………………………………………… (100)
　第一节　疾病经济负担概述 ……………………………………………… (100)
　第二节　直接疾病经济负担计算 ………………………………………… (101)
　第三节　间接疾病经济负担计算 ………………………………………… (106)
　第四节　疾病经济负担分析 ……………………………………………… (114)

1

第九章　医疗机构成本核算与成本分析 …………………………………………… (118)
　　第一节　医疗机构成本核算 ……………………………………………………… (118)
　　第二节　医疗服务成本分析 ……………………………………………………… (126)
第十章　卫生经济学评价 ……………………………………………………………… (131)
　　第一节　卫生经济学评价概述 …………………………………………………… (131)
　　第二节　资金的等值计算 ………………………………………………………… (136)
　　第三节　卫生经济学评价的内容 ………………………………………………… (138)
第十一章　药品经济学基本理论 ……………………………………………………… (154)
　　第一节　药品经济学概述 ………………………………………………………… (154)
　　第二节　药品市场分析 …………………………………………………………… (157)
　　第三节　药品经济学评价 ………………………………………………………… (160)
　　第四节　国外药品经济政策简介 ………………………………………………… (164)
　　第五节　中国药品经济政策简介 ………………………………………………… (166)

第一章 卫生经济学概论

[教学目标]
1. 掌握卫生经济学的基本概念和内容
2. 说明卫生服务与经济学的关系
3. 了解卫生经济学的研究方法
4. 列举卫生领域中面临的经济问题
5. 熟悉卫生经济学研究的主要内容

卫生经济学是经济学的一门分支学科，它应用经济学的基本理论和方法研究卫生领域中的经济现象和经济活动，目的是揭示经济主体之间的经济关系和经济活动中的经济规律，以解决卫生领域中的经济问题，并为制定相关的卫生经济政策提供信息。

第一节 卫生领域中面临的经济问题

一、卫生费用的不断上涨

近年来，伴随人口老龄化的发展、疾病谱的改变、先进技术在卫生领域中的应用以及人们对卫生服务需求水平和对健康要求的不断增加，世界各国都面临着卫生费用不断上涨的问题。例如，美国 1965 年个人医疗费用为 365 亿美元，占 GDP 的 5.0%，而到 1990 年，个人医疗费用已达 5890 亿美元，占 GDP 的 10.6%，与 1989 年相比个人医疗支出增加了 11%，而同期 GDP 只增加 7%。目前美国的卫生总费用占 GDP 的比例已超过 14%，这意味着每 100 美元的国内生产总值中将有 14 美元直接用于卫生。

同样，中国也面临着卫生费用的不断上涨问题。赵郁馨等人的研究结果表明：1978 年，全国卫生总费用为 105.98 亿元，仅占当年 GDP 的 2.05%，但随着时间的推移卫生总费用的水平逐年增高，从 1980 年至 1989 年卫生总费用的年平均增长率约为 16%，超过了国内生产总值的年平均增长率（8.7%）。90 年代以来，卫生总费用仍以平均年增长 10% 以上的较高速度增加着，1995 年以后卫生总费用占 GDP 的比重逐年增加，尤其是 1996 年，是 GDP 增长速度的 2 倍（表 1—1）。

从卫生总费用的筹资结构来看，居民个人卫生支出在卫生总费用中的比重不断增加，而社会卫生支出和政府卫生支出的比重却在逐年下降（表 1—2）。1978 年，卫生总费用中政府卫生筹资占 33.20%，个人卫生筹资仅占 20.64%，但到 1997 年，政府预算卫生支出仅占 15.4%，社会卫生支出占 27.7%，个人卫生支出则高达 56.9%。

从卫生总费用的分配结构看，卫生总费用主要用于医疗服务，且医疗费用占卫生总费用的比例有逐年增加趋势（表 1—3）。对 1996 年卫生总费用增长原因的分析结果显示，物价上涨因素的影响占 29.33%，人口增长因素的影响仅占 5.42%，而由于卫生服务本身费用的增加对卫生总费用增长的贡献占了65.25%。

近年来，医学科学技术水平发展很快，国外先进的医学技术大量地涌入中国。这些新的技术在提高诊疗水平、特别是解决疑难杂症方面无疑起到了重要作用，为满足不断增长的医疗服务需求提供了客观条件和可能。但是，在我们充分享受着先进医疗技术的同时，也开始品尝到这些新技术所带来的代价：沉重的医疗经济负担。因此，一方面是不断增长的医疗需求，另一方面是迅速增加的医疗费用，即使是经济发达的国家，医疗需求和医疗经费之间的差距也依然存在，并无时无刻不在困扰着各国政府。由此也引出了一系列的卫生经济问题：中国的卫生总费用增长是否很快？卫生总费用的水平是否很高？这种增长速度和水平是否合理？什么原因导致了卫生总费用的持续增长？卫生总费用增长的结果是什么？为什么卫生费用的增长会引起人们的普遍关注？这些都是在卫生领域中所首先面对和需要解决的问题。

表1-1 卫生总费用增长速度与GDP增长速度比较

	1991	1992	1993	1994	1995	1996	1997
卫生总费用增长速度（%）	12.2	13.9	9.4	7.9	12.7	18.0	16.9
GDP增长速度（%）	9.2	14.2	13.9	12.7	10.5	9.6	8.8

表1-2 1991—1997年卫生总费用筹资结构（%）

	1978	1991	1992	1993	1994	1995	1996	1997
政府预算卫生支出	33.2	22.8	20.8	19.7	19.1	17.0	16.2	15.5
社会卫生支出	46.2	38.4	38.1	36.9	35.3	32.8	29.5	27.5
个人卫生支出	20.6	38.8	41.1	43.4	45.6	50.2	54.3	57.0

表1-3 1990年与1995年卫生总费用的分配结构

年份	医疗服务费用（%）	药品费用（%）	公共卫生费用（%）	研究与发展费用（%）	其它费用（%）	总计（%）
1990	31.7	51.4	9.8	3.8	3.3	100.0
1995	34.3	52.3	8.2	3.6	1.6	100.0

二、卫生经济学研究的基本问题

之所以卫生费用的上涨会引起人们的普遍关注，是因为人们手中的货币数量一定，当卫生费用水平增高时，就不得不在是维持原有卫生服务水平但需要增加在卫生方面的支出，还是降低卫生服务利用水平维持原有消费之间做出选择。同样，小到微观经济主体（卫生机构）、大到卫生部门内部和整个国家，都需要在卫生资源投入方向或配置领域上作出选择。其原因就是存在着资源的稀缺性，即人们的欲望是无限的，而满足人们欲望的资源是有限的。如果不存在资源的稀缺性，资源可以取之不尽、用之不竭，那么也就无所谓经济问题了，人们可以随心所欲的用其所需。正是因为存在着资源的稀缺性，即资源的数量有限，因此而产生了如何配置和使用资源以取得更高经济效率的问题。为此，人们在利用有限资源去满足人类不同欲望时就必须作出选择。

所谓选择，就是如何利用资源生产产品或提供服务，来更好地满足人们的欲望，它实质上就是资源的配置。选择包括了三个问题：

一是生产什么。在资源一定的情况下，各种选择具有相互排斥性，一种资源用于生产（提供）这种产品（服务）就不能用于生产（提供）其它产品（服务），或者用于生产（提供）这种产品（服务）资源的数量增多，用于生产（提供）其它产品（服务）的资源数量就会减少。因此，必须选择生产（提供）产品（服务）的种类与数量。

二是如何生产。生产（提供）的种类与数量确定以后，需要对如何使用资源进行选择，包括资源的类型、价格及数量。同一种产品或服务通常需要利用不同种类、价格、数量和质量的资源（原料、设备、人力等）进行生产（提供），资源如何组合才能使经济效益最高？这是经济学研究的重要内容。

三是为谁生产。由于资源有限，不可能社会中每一个人的愿望都能够得到满足，那么，谁能够得到产品或服务谁不能够得到？谁先得到谁后得到？谁得到的多谁得到的少？满足的程度有多大？根据什么来分配产品（服务）给消费者？是根据需要还是根据需求？也必须作出选择。

实际上生产什么？如何生产？为谁生产？是与人们的经济利益密切联系的，人们在经济活动中的各种经济行为通常均起因于他们获得经济利益的欲望和动机，并受其经济利益的制约。整个社会经济运行过程，是各个经济主体为满足自身经济利益而采取的各种经济行为，从而导致社会资源以某种方式和格局实现配置的过程。任何经济现象背后都存在着这三个基本选择，选择问题是经济学产生的基础，就像天文学产生于游牧民族确定季节的需要，几何学产生于农业丈量土地的需要，经济学正是为解决这三个问题才得以发展起来的。因此，经济学是研究经济主体如何通过选择来确定社会稀缺资源如何得到有效利用的科学。

同样，在卫生服务提供过程中（图1-1）也存在着提供什么样的卫生服务、如何提供卫生服务以及如何分配卫生服务的问题，其核心是如何有效的配置和利用有限的卫生资源，使之最大限度地满足人们对卫生服务的需要和需求，以达到提高经济效益和社会效益的目的。这是卫生经济学所要解决的基本问题。

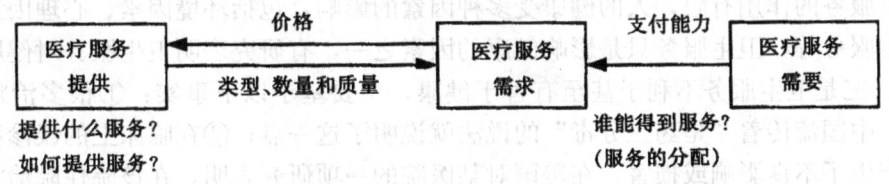

图1-1　医疗服务提供过程与三个基本选择问题

三、卫生服务消费者的选择

人们在日常生活中存在各种各样的需要。许多国家的调查都得到了同样的结果：人们在收入、地位、名誉、健康、家庭、爱情、友情、住房等选择项目中，均不约而同地选择了健康作为第一位需要。这意味着只有在健康需要得到满足以后人们才会追求其它需要的满足，即人们将会在维护和增进健康方面付出最大的代价。如果是这样，就不存在资源是用于维护和增进健康还是用于其它方面的选择问题，有限资源应首先用于健康的维护和增进，卫生经济学只需研究如何提高卫生资源的利用效率问题。但是人们在日常生活中的很多行为，无论是个人选择还是社会选择，并没有将健康作为第一位选择。如，吸烟者的消费选择，在工业上的投入带来的空气污染等。实际上在维护和增进健康和增加其它形式消费或其它方面投入的效用（满足感）之间存在着交换或替代。在资源有限的情况下，不可能各种效用同时增加，增加在健康投入方面的效用就意味着要减少在其它方面投入所带来的效用。作为消费者，通常是在预算约束的前提下，根据个人或家庭的投入或消费偏好选择能够使其效用达到最大化的投入或消费组合，包括是否选择维护和增进健康的投入或消费。如果在健康方面的选择所带来的效用低于其它选择，如吸烟，则在支付能力一定的情况下，人们的选择将会是后者而不是前者。

维护和增进健康的措施有多种，卫生服务只是其中的一种。人们是否选择利用卫生服务来维护和增进健康、为什么选择利用卫生服务以及选择何种类型和数量的卫生服务，涉及到多种因素，包括相对于价格和医疗保障状况的收入水平、卫生服务的效果和个人或家庭的消费目标和偏好及其影响因素，其中，卫生服务在维护和增进健康过程中的作用和效果，是卫生服务消费者是否选择利用卫生服务的重要因素之一。

四、卫生服务与健康

我们可以从两个角度来看待卫生服务：第一，卫生服务是卫生产业的产出，即在卫生方面的各类投入（人力、物质或货币投入）所提供的各种服务；第二，将卫生服务视为维护和增进健康的投入，而不是一种最终产出，即提供各种卫生服务将会影响到人们的健康，投入的结果是健康状况的改变。如果将卫生服务作为健康的一种投入，那么，卫生服务在维护和增进健康过程中起到了什么作用？即卫生服务对健康增进的贡献有多大？没有卫生服务的提供是否能够保持健康？假如卫生服务的提供与维护和增进健康无关，就不会存在提供什么样的卫生服务、如何提供卫生服务以及如何分配卫生服务的选择问题。因此，卫生服务提供与其对健康增进贡献的关系是研究卫生经济基本问题所需建立的基本前提。

在这个问题上存在三种观点。一是肯定卫生服务对健康的作用，如传染病及很多慢性退行性疾病的预防、很多疾病的临床治疗等，均对维护和改善健康状况起到了重要的作用。二是认为卫生服务的作用有限，人的健康受多种因素的影响，包括环境因素、心理因素、生活方式和卫生服务等，卫生服务只是影响健康的因素之一，有研究表明卫生服务对健康的贡献仅占25%。三是卫生服务不利于甚至有害于健康，主要基于以下事实：①很多治疗本身具有副作用，中国流传着"是药三分毒"的说法就说明了这一点；②在临床上的误诊和治疗不当对健康产生了不良影响或损害，在美国对某医院的一项研究表明，在该院住院治疗的病人中1/5是因治疗不当而导致病情加重；③卫生服务还会带来社会危害：医生的诱导需求使病人利用了不必要的卫生服务而使其负担不必要的费用，先进的医学诊治技术挽救了很多过去不能够救治病人的生命，但部分病人仍然不能够达到基本生活自理或需要长期治疗而加重了家庭和社会的经济负担。因此，也产生了有限的资源是否有必要投入到卫生服务、投入多少以及投入到哪些卫生服务等问题。

五、卫生服务提供者与经济利益之间的关系

人们将医疗服务提供者形容为白衣天使，他们行使着救死扶伤的神圣职责。但是，是否意味着他们在提供服务的过程中不考虑自身的经济利益？如果不考虑经济利益，医疗服务的

成本是否能够以及如何得到补偿？如果考虑经济利益，当与"救死扶伤"的职责发生冲突时（如在病人欠费的情况下是否救治？）应该采取何种行为？当医生能够利用自身的"权力"获得更多的利益，而有时获利的动机和行为结果有可能损害病人的利益时（如过度提供服务和提供不必要的服务）又该如何去做？

实际上在现实的经济社会里，医疗服务提供者并不是乐施好善的慈善家，也不是独立于社会环境之外的神圣的超个人主义者，他们与其它经济主体一样，也会为了自身的经济利益而采取相应的行为。关键是追求自身经济利益的程度，如果过度则将会损害他人或社会的利益。确实存在医疗服务提供者为了自身的经济利益而创造需求的行为，在我国这种现象尤为严重，并成为医疗费用迅速攀升的主要原因之一。但是，为什么会出现这种现象？问题的根源是什么？反复出现的问题应从规律上找原因，普遍出现的问题应从制度找原因。目前对卫生服务提供者的激励机制与约束机制对他们的行为产生了何种影响？所带来的后果是什么？如何对卫生服务提供者建立以及建立起何种有效的激励和约束机制使他们提供有效、合理的卫生服务？这些都是目前卫生经济研究和政策制定所急需探讨和解决的问题。

六、卫生服务与国民经济的关系

如果卫生服务确实在一定程度上保护和增进了劳动生产力，则卫生服务的提供将会为社会创造很大的价值，有利于国民经济的发展。但是也有人提出，目前医疗费用增长很快，甚至达到了政府、社会或个人难以承受的水平，社会各方不得不为获得卫生服务而支付越来越多的费用，有限的资源不得不更多地用于卫生服务，从而影响到资源在其它领域的投入和因此而为国民经济发展创造的价值（机会成本）。例如，美国的卫生总费用占 GDP 的 14% 以上，这意味着卫生将消耗 14% 的国内生产总值。因此，在卫生方面的投入及其对国民经济发展的影响是卫生领域所面临的宏观卫生经济问题。

第二节 卫生经济学的研究方法

一、经济学分析方法

（一）经济学分析方法及其作用

经济学的分析方法有两类：实证经济分析和规范经济分析。实证经济分析研究"是什么"的问题或实际经济问题"是如何解决"的问题，即对事实或现象的描述；规范经济分析则研究"应该是什么"的问题或实际经济问题"应该如何解决"的问题。前者不带有价值判断，所表述的问题可以用事实、证据或从逻辑上加以证实或证伪，后者则带有价值判断，仅用事实、证据或从逻辑上加以证实或证伪是不足以回答问题。例如，分析政府的补贴政策对供需双方行为产生的影响属于实证经济学研究的问题，但政府实施补贴政策的后果是好是坏则属于规范经济学研究的范畴。

经济学可以分为两大领域：微观经济学和宏观经济学。微观经济学研究微观经济主体（如消费者、企业或部门）的经济行为、某种或某类商品或服务的经济规律（如某种或某类商品或服务的供给、需求和价格等）及其影响因素；宏观经济学则研究世界和国家总体的经济状况、社会经济总量（如总需求、总供给、国民生产及产量等）的经济规律及其影响因素。它们构成了经济学的两大重要分支。传统的卫生经济学以微观经济学为其理论基础，注重对微观经济主体和在微观层面上的经济分析，近年来也逐渐加强在宏观层面上的研究，如卫生总费用研究、区域卫生资源的配置研究等。

通过经济学分析可以对经济现象或经济行为进行解释和预测。经济理论是解释和预测经济现象或经济行为的基础，依据经济学理论中的一套基本概念、假设和公理化的推理体系，可以解释所观察到的经济现象或行为，并在此基础上对其进行预测。利用统计学或计量经济学的技术与方法可以对经济理论加以模型化，即建立经济模型。它是经济理论的数学表述，可以综合描述多个经济变量之间的复杂关系，并可以此进行定量预测。建立计量经济模型也是卫生经济学分析时常常用到的方法。

最优化技术和均衡技术是经济分析中常常使用的两个基本工具。前者是指在分配稀缺的资源时如何以最低的投入获得最大的产出，即产出一定成本最低，或成本一定产出最大；后者是指如何确定供需是否达到了均衡状态。利用最优化技术可以评价卫生服务提供体系的效率，以及确定达到既定目标的最有效的资源分配方式。利用均衡技术可以分析供需是否达到了平衡以及产生不平衡的原因，并确定如何达到供需平衡的途径和方法。

（二）经济学理论与方法在卫生领域中的适用性

解决卫生领域中的经济问题涉及到很多经济理论与方法，但这些理论与方法的建立是有既定的假设前提的，只有在满足这些假设前提的情况下，经济理论和方法才适用。由于卫生服务具有特殊性，因此，在应用经济学理论和方法进行卫生经济分析时，更应注意在卫生领域是否存在着经济理论和方法建立的假设前提。

例如，供求价格理论的假设前提是：消费者或供给者应该是理性的经济人，即消费者应充分了解相关信息（如价格、质量和效果等），提供者有充分的自主经营权，所采取的行为可以使投入最小而效用或产出达到最大化；价格是反映市场供求变化的信号。但对于医疗服务，由于其高专业性和高技术性而导致消费者信息缺乏，中国的医疗服务提供者在很多方面不具备自主经营权，因而供需双方均不能够作出最优决策；中国政府对医疗服务的价格管制也不能使医疗服务价格成为反映市场供求关系的信号。因此，在应用供求价格理论分析和预测医疗服务的经济规律时，应注意其假设前提是否存在及对结论的影响程度。

又例如，生产函数反映了投入与产出之间的技术关系，可用于分析微观经济主体的技术效率。生产函数是建立在一定的假设前提下，如技术条件不变、供给者可以随时调整投入、供给者在完全竞争市场中以利润最大化为生产或提供的目标。但对于中国的医疗机构，管理者缺乏在资本和人力方面投入的自主权，医疗服务价格也在受到政府的管制，因而市场信号不灵敏，医疗机构管理者不能够根据市场信号对各类资源进行自主调整。因此，生产函数应用于医疗机构的技术效率分析时有一定的局限性。

因此，在应用经济学理论和方法分析和解决卫生经济方面的实际问题时，应注意有关经济理论和经济方法是否适用和适用的程度，这样才能了解研究结论对实际问题的说明程度。

二、其它学科研究方法的应用

实质上，现代的卫生经济问题不仅仅是一个单纯的经济问题，利用经济学的理论和方法确实可以发现卫生领域中经济主体的经济行为规律和产生的经济效果，但人类的行为不仅包括经济行动、动机和偏好，也涉及到与经济行为有关的各种政治制度、经济体制、社会结构、法律和政策系统、观念文化等因素。因此，有时仅依靠经济学的理论与方法不足以解释人们为什么会采取各种经济行为的问题。进一步地，要解决这些问题就需要在应用经济学理论和方法的基础上，吸收和利用其它学科，包括社会学、人类学、心理学、行为学、管理学、政策学和医学等多种学科的理论和方法。

从学科的发展来看，每一个学科都经历了由形成、发展到独立的过程，然后在自己的领域内分科和分工越来越细化和越来越专业化，形成一套有别于其它学科的术语、理论、方法和思维方式。但也暴露出一些问题：学科交融所致的创新频率降低，过于"专业化"导致应用综合手段发现、解释和解决社会现象和问题（包括经济现象和问题）的能力降低。实际上，对于由于事物的多影响因素性和多变性而导致错综复杂的现代问题，仅从某一单一的角度看问题和利用某一学科的理论和方法，不一定发现问题的实质和根本原因，更难以找出解决问题的有效方法。对于卫生经济问题研究以及在研究的基础上提出解决问题的方法和政策也是如此。因此，在卫生经济研究上需要从不同的角度来探索和研究卫生经济现象的规律，因而需要综合运用多学科的理论、方法和思维方式。目前在卫生经济研究中常用到的其它学科的资料收集和分析方法包括流行病学方法、社会学中的定性研究和个案研究方法、利益集团分析方法、社会实验与准实验研究方法等。

第三节 卫生经济学的主要内容

一、卫生经济学的主要内容

卫生经济学是应用经济学的基本理论和方法研究卫生领域中的经济现象和经济活动，目的是揭示经济主体之间的经济关系和经济活动中的经济规律，以解决卫生领域中的经济问题，即如何有效地筹集、分配和使用卫生资源，最大程度地满足国民对卫生服务的需要和需求。这涉及到卫生领域中与卫生服务提供和利用有关的多个方面，构成了卫生经济学的主要内容，主要包括以下几个方面：

（一）宏观经济发展与卫生改革

卫生经济学首先涉及到的就是微观经济学的基本理论－市场理论，它成为卫生经济学研究的基础。市场是由一些基本要素构成的，它们包括了以价格为核心的市场信号以及作为市场活动主体的需方与供方。在市场中，各种因素对需方和供方行为的影响结果，表现为市场需求量、供给量和价格的改变及三者之间的相互作用，并构成了经济运行的内在机理，即所谓的市场机制。在市场机制的作用下，社会资源以某种格局得到了配置，并作为资源条件影响着产品的生产、商品和服务的提供。但市场机制发挥其优化配置资源的作用是有条件的，卫生服务市场的特殊性导致一些条件不具备，因而在一些方面存在着市场失灵，需要通过政府作用来弥补市场失灵。因此，在卫生服务市场，需求、供给和价格的相互关系、卫生服务提供者和需求者的相互作用、影响它们的主要因素以及市场和政府各自在何领域发挥作用、发挥何种作用及作用的结果等，构成了卫生经济学的基本内容。

（二）卫生服务提供体系

卫生服务提供体系是由各类不同特征的卫生服务提供者（卫生机构）所组成，成为提供各种卫生服务的资源基础和前提条件。在不同的制度、政策等因素的作用下，卫生服务提供体系具有不同的特征，进而对卫生服务的提供类型、提供数量、提供结构、卫生费用等产生影响。对卫生服务提供体系的研究，将描述卫生服务提供体系的特征和影响因素以及它对卫生服务提供和费用的影响。中国目前的卫生服务提供体系是由各类医疗机构（医院、卫生院、门诊部所、卫生室站等）、卫生防疫机构（卫生防疫站、疾病控制中心、预防保健中心、卫生检疫所、卫生检验所和卫生监测站）、妇幼保健机构（儿童保健所、妇女保健所和妇幼保健所、站）等所组成，向城乡居民提供不同类型、不同层级的医疗、康复和预防保健等服务。但由于种种原因，我国的卫生服务提供体系存在着层级结构和横向结构的不合理，卫生服务的提供存在重医轻防、重城市轻农村、重专科服务轻基本卫生服务等问题，与居民对卫生服务的需要和需求不相匹配，影响到卫生服务提供的公平性、效率和卫生费用。如何改变这种状况成为目前我国卫生经济研究的重点内容。

（三）卫生资源的筹资、分配与使用

这部分内容包括了卫生资源的筹集渠道和筹集水平、卫生资源的分配方式、流向与结构以及卫生资源的使用效果与效率等。卫生资源的筹集和分配是否合理、使用是否有效，对于能否使有限的卫生资源发挥最大的作用影响很大。在一定的社会经济条件下，可供使用的卫生资源总是有限的，有限的卫生资源根据何种目的和标准进行分配？应该分配到哪些地区、领域、服务或机构？如何进行分配？怎样分配和使用才能够达到公平效率兼顾？分配和使用的结果对卫生服务提供和需求以及健康的影响是什么？如何衡量分配和使用的合理性？这些问题将通过对卫生资源配置和卫生总费用的研究来解决。

（四）卫生经济学评价

卫生经济学评价是应用一定的技术经济分析与评价方法，将相关卫生规划或卫生活动的投入和产出相联系进行比较和评价，即是对卫生资源投入效果和效益的评价，目的是探讨有限的资源如何发挥其最大的作用。卫生经济学评价包括了成本效益分析、成本效果分析和成本效用分析，从不同的产出角度反映资源的配置与使用效率，在确定卫生资源投入方向、预防保健措施的选择、临床诊治方案的选择等方面应用广泛，也是药品经济学中的重要内容。

（五）医疗保障制度

医疗保障制度作为收入再分配和卫生资源（资金）筹集的一种形式，调节着卫生资源的配置，并通过不同的支付方式和费用分担方式影响供需双方的行为，进而对卫生服务利用和提供以及卫生费用产生影响，因而它也是卫生经济的重要内容。这部分内容的核心是各种形式的医疗保险，包括医疗保险系统、医疗保险模式以及医疗保险费用的控制等。

（六）卫生机构的经济管理

在市场经济体制下，卫生机构如何适应外部环境，建立有效的经营机制，使生产要素的投入合理、组合状态达到最优，高效率的提供满足市场需求的卫生服务，是微观经济主体进行经济管理的核心问题。它涉及到对卫生机构产权制度改革、管理体制改革、运行机制完善以及相应的卫生机构管理制度、人事制度、分配制度、成本控制制度等内容的研究。中国加入WTO以后，外资会在不久的将来进入中国的医疗服务市场，给中国带来的不仅仅是资金，更主要是引进了良好的运行机制和科学的管理体制与方式，每个医疗机构都将面对严酷的市场竞争。但目前很多医疗机构缺乏适应市场竞争的动力和能力，既有体制和政策原因，也有医疗机构管理者本身的问题。如何改变这种现状，是目前卫生机构经济管理研究中所亟待解决的问题。

（七）药品经济学

药品经济学是近年来逐渐发展起来的新型边缘学科，它是应用经济学的理论和方法研究药品资源的配置和利用效率以及药品与其它卫生服务和资源的关系，以促进临床的合理用药，控制药品费用的不合理增长，完善医疗机构的补偿机制，为政府制定药品政策提供依据。在中国药品收入成为医疗机构最主要收入和引发医疗机构和医生不规范经营行为出现的主要因素，药品费用成为推动医疗费用增长、加重消费者负担的主要原因之一，以及在药品生产、流通、药品服务提供和药品价格制定等环节寻租行为泛滥的今天，从经济学的角度对药品市场、药品费用、药品成本和价格、药品政策等方面开展研究是十分必要的。

二、卫生经济研究与卫生改革

随着我国社会主义市场经济改革的不断深化，与国家经济体制改革相适应，加快卫生改革的步伐是大势所趋。目前在我国卫生改革已全面推开，重点是卫生服务体系改革、医疗保障制度改革和卫生监督体系改革，涉及到卫生资源配置、卫生事业补助、医疗服务价格、药品价格和管理、社区卫生服务等内容，这些都与卫生经济有关，因而经济改革是卫生改革的核心内容。缺乏理论指导的实践通常带有盲目性，而缺乏实践的理论又往往是空洞的。因此，卫生改革的实践需要经济理论的支持与指导，同时也推动了理论研究和发展，卫生经济研究是与卫生改革密切联系的。

近年来在卫生改革中遇到了很多急需解决的卫生经济问题，并成为卫生经济研究的热点，归纳起来主要包括以下几个方面：

（一）宏观经济发展与卫生改革

卫生改革如何适应国家宏观经济的发展涉及到卫生改革的取向问题。卫生服务市场既有与一般商品和服务相同规律和特点的一面，也具有自身的特殊性。我们不应该脱离卫生系统所处的社会经济环境来看待和研究卫生保健问题，也不能只强调卫生服务的特殊性，而忽视了其与一般商品和服务的共性之处—经济学的基本规律和特点。从目前的实际情况看，卫生服务提供并没有适应居民对卫生服务的多层次需求，过高的医疗费用导致低收入者看不起病，而目前提供的各类服务又满足不了富裕起来的群体对卫生服务类型、数量和质量方面的更高要求。根本原因是体制问题和观念问题。体制的改革不可能一蹴而就，需要较长的时间。但观念的转变可以在现有制约改革的诸多内外部因素不能在短时期内完全消除的情况下，最大限度地推进卫生经济改革,同时对体制改革也具有促进和推动作用。在处理卫生服务共性和特殊性问题上,应以共性为基础,应探讨多种解决特殊性问题的途径与方法,不能因特殊性而影响到医疗服务市场的开放度以及改革的进程。目前卫生领域中的系统改革及协调推进的总体目标逐渐清晰,但缺乏有效的操作办法以及各种政策和措施之间的有效协调与有机配合。因此,如何在减少和消除卫生服务特殊性所引发问题的基础上,使政府与市场机制作用更好地结合,共同发挥优化配置卫生资源的作用,是当前在观念上和操作上需要解决的问题。

(二) 政府职能

在社会主义市场经济体制下,政府在卫生领域的职能是什么?这是一个谈论了很长时间的问题。尽管人们已在政府职能上达成共识,如政府应该从办医院变为管医院,但政府在行为和操作上仍然滞后,表现为"管"、"办"领域仍不清晰,在一些方面政府的行为仍然带有较强的计划经济色彩,并因存在"一放就乱"的担心而不敢放权。实际上解决"无序"的方式有多种,行政控制只是其中的一种,而且这种方法还会带来其它的问题。因此,如何使政府的职能确实向弥补市场失灵和营造让市场机制充分发挥功能的环境方面转变,是关系到卫生改革进展速度的关键。

(三) 医疗机构产权制度改革

医疗机构的运行机制反映了医疗机构在提供医疗服务过程中各生产要素的组合状态和适应外部环境的能力,主要包括激励机制和约束机制。在不同的运行机制下,医疗机构的行为不同,提供卫生服务的效果和效率也不同。目前在卫生服务提供中出现的一些问题是与医疗机构运行机制和管理体制密切相关的。医疗机构应建立何种激励或约束机制和管理体制,为什么建立以及如何建立,关键取决于医疗机构的产权制度。医疗机构科学管理的前提是产权清晰,这样才能有良好的运行机制和管理体制。目前,一些人对产权制度改革的概念和理论还存在模糊认识,认为产权制度改革就是改变了医院财产的性质和所有权。实际上,产权制度改革可以有多种形式,不同类型和特点的医疗机构如何采取适宜的产权制度改革形式,是目前在理论上和操作中所需要研究的重点问题。

(四) 医疗机构的分类管理

医疗机构分类管理是将医疗机构分为营利性医疗机构和非营利性医疗机构两类,对于不同类型的医疗机构在经营目的、利润的运用等方面有所不同,对他们执行不同的财政、税收和价格政策及财务会计制度。分类管理的目的是改革我国单纯的所有制结构及分配制度和人事制度,促进和推动医疗机构之间的公平、有序竞争,提高卫生资源的配置和利用效率,以便更好地为国民提供能够满足不同层次需求的医疗服务。这是适应社会主义市场经济体制的一项重大改革,在理论上、操作上和政策上都有很多开创性的研究问题,需要我们进行深入的探讨。

(五) 卫生资源配置与卫生服务提供体系

从理论及一些国家和地区的实践来看,居民的主要健康问题是小病小伤,患疑难大病的比例并不高,因而社区中所提供的基本卫生服务可以解决80%的健康问题。但目前在我国的多数城市，医疗服务提供和利用的现状却是，高层级的医疗机构提供了大部分的医疗服务，而需要量大、成本低效果好且能够解决大部分健康问题的基层卫生服务机构却只提供较少的卫生服务，社区居民即使患小病小伤也不得不到拥挤不堪且费用高的大医院去就诊。医疗服务的提供为"倒三角"，与居民"正三角"形的医疗服务需求不相匹配，如图1-2所示。在市场经济体制下，医疗资源的配置多是以医疗服务的提供类型、数量和质量为依据的，"倒三角"型的医疗服务提供结构将会导致医疗资源更多的配置在高层级机构，而后者又会使拥有更多医疗资源的医院提供更多的医疗服务，从而加重医疗服务提供体系的不合理性，形成一种恶性循环。这成为导致卫生资源利用低效率和引发医疗费用升高的主要原因之一。此外，在卫生资源的配置和卫生服务提供上还存在着横向结构的不合理，存在重医轻防、重城市轻农村、重专科服务轻基本卫生服务等问题，直接影响到卫生服务提供的公平性和效率。产生这些问题的原因，既有体制、观念上的问题，也有政策和具体操作上的原因，是十几年来多种因素共同作用的结果。目前，在此问题上已开展了很多研究，对问题和产生的原因有了较深刻的认识，但解决这个问题涉及到体制改革、观念转变以及多个部门和多项改革措施的同步与配套。

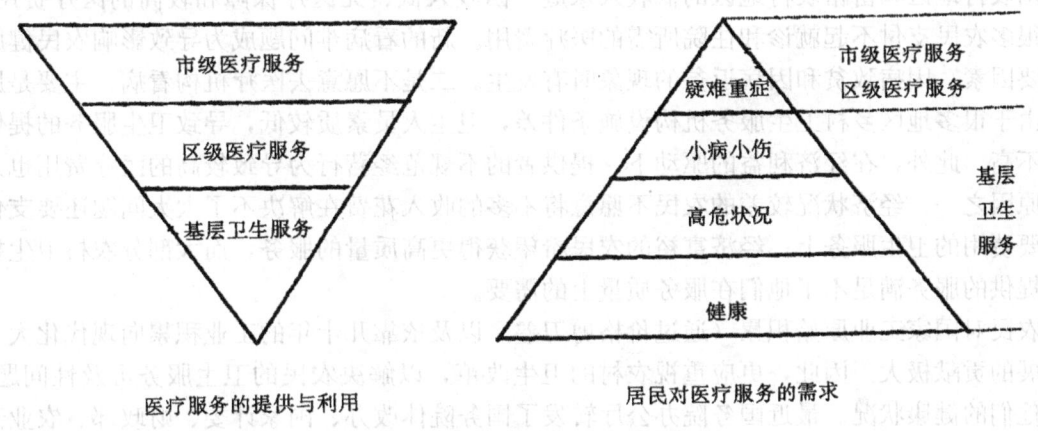

图1-2 医疗服务的提供与居民对医疗服务需求示意图

（六）医疗费用控制

不断上涨的医疗费用成为各国政府面临的棘手问题，处在经济起步、大多数人的生活还没有到很富裕阶段的我国，医疗费用过高问题更是成为大家所关注的焦点问题。近年来社会对医疗费用问题反应强烈，这是继80年代因卫生资源短缺导致的"看病难，住院难，手术难"的三难问题解决后，因医疗费用上涨而又一次出现的新"看病难"现象，并成为引发卫生部门（主要是医疗机构）与社会之间有失协调的主要原因之一。那么，应该如何看待医疗费用增长"过快"和水平"过高"的问题？医疗费用是否有必要控制？控制医疗费用的目的是什么？控制医疗费用应控制什么？关键控制点是什么？如何控制？这些都需要进一步澄清和探讨的问题。

（七）药品问题及其改革

药品问题是目前卫生改革中的突出问题。一方面药品费用成为推动医疗费用增长的主要因素,药品领域是寻租活动泛滥和滋生腐败的地方,迫切需要控制与改革;但另一方面,药品收入又是医疗机构目前的主要收入来源,尤其是对于中小医疗机构,即所谓的以药养医,在对其它医疗服务价格的调整没有到位以前,对医疗机构药品收入控制速度过快或过度控制也会不利于医疗机构的发展。药品生产、流通企业过多过滥形成恶性竞争、药品的虚高定价、药品的顺加作价方法、不合理的医疗服务价格结构和对医疗机构不健全的补偿机制、医疗保险按项目付费的支付方式以及医生收入与提供药品服务数量或收入挂钩的激励形式等,都是导致目前药品领域出现一系列问题的主要原因。由此可见,药品问题涉及到很多环节,包括药品价格的制定、药品生产、流通、医疗机构的补偿政策、价格结构和对医生的激励措施及分配制度等,其中有许多值得在理论上和政策上深入研究的内容。

(八)农村卫生发展

从目前农民对卫生服务的利用情况看,主要存在着两种情况:一是看不起病,主要发生在贫困农村地区和富裕农村地区的低收入家庭。因收入低、无医疗保障和较高的医疗费用,导致很多农民支付不起就诊和住院所需的医疗费用。新的看病难问题成为导致影响农民健康的主要因素,因病致贫和因病返贫的现象时有发生。二是不愿意去医疗机构看病。主要是原因是由于很多地区乡村卫生服务机构设施条件差,卫生人员素质较低,导致卫生服务的提供质量不高。此外,在经济利益的驱动下,提供者的不规范经营行为导致较高的医疗费用也是主要原因之一。经济状况较差的农民不愿意将不多的收入花费在解决不了太大问题还要支付不必要费用的卫生服务上;经济富裕的农民希望获得更高质量的服务,而大部分农村卫生机构所提供的服务满足不了他们在服务质量上的需要。

农民对国家工业原始积累(通过价格剪刀差)以及依靠几十年的工业积累向现代化大工业发展的贡献极大。因此,更应重视农村的卫生改革,以解决农民的卫生服务可及性问题,改善他们的健康状况。最近国务院办公厅转发了国务院体改办、国家计委、财政部、农业部和卫生部《关于农村卫生改革与发展的指导意见》,对农村初级卫生保健、卫生管理体制改革、健全卫生服务网络、乡镇卫生院改革、提高卫生人员素质、农民健康保障等方面提出了明确的改革思路,但迫切需要确实能够解决实际问题的操作方案。此外,在农村卫生问题方面的研究,应结合农村的经济体制、社会结构和观念文化等方面的理论与实际进行深层次的探索,同时加强理论研究,并与实际密切结合。

(九)城市职工医疗保障制度改革

城市职工医疗保障制度改革是三大体系改革中的一项重要改革。目前在我国城市的医疗保险制度改革过程中也遇到了很多问题,包括医疗保险模式和医疗保险系统的选择问题,以及如何扩大医疗保险覆盖面、如何建立起稳定的筹资机制、如何提高医疗保障水平、如何控制医疗费用、如何合理使用医疗保险资金、如何降低医疗保险的管理风险和如何有效管理等,其中既有体制和政策问题,也有具体技术问题和操作问题。

本书将针对上述部分问题,在介绍基本经济学理论和方法的基础上,发现其中的经济规律和探讨产生这些经济行为的主要原因以及解决相关问题的可能途径与方法。

(吴明)

第二章 卫生服务需求

[教学目标]
1. 掌握一般的需求理论及有关概念
2. 熟悉卫生服务需求的特点及影响因素
3. 解释需求价格弹性的概念及意义
4. 了解卫生服务消费者行为理论的基本内容和意义

第一节 卫生服务需求的概念

一、卫生服务的需求与需要

(一) 需求的概念

人类为了生存和发展，需要消费各种物品。这些物品可以分为自由物品和经济物品两大类。经济学家把数量富有、不需要花费任何代价就能自由取得的物品，称之为自由物品，如阳光、空气、海水等；对数量稀缺、需要付出一定代价才能获得的物品则称之为经济物品。资源的有限或稀缺通常指经济资源的有限或稀缺，经济学的研究对象一般为经济资源。

经济物品都具有一定的价格，不同时期经济物品的价格水平有所不同。经济学将在一定时期内、一定价格水平下，消费者愿意而且能购买某种物品或服务的数量称为需求。可见，需求的形成有两个必要条件：一是消费者的购买愿望；二是消费者的支付能力。如果只有购买愿望而没有支付能力，或者虽然有支付能力而没有购买愿望，都不能构成消费者对某种物品或服务的需求。

卫生服务是人类赖以生存和发展的一类特殊物品，即服务。消费者为了获得卫生服务，同样需要付出代价。当消费者存在健康问题时，就有可能产生利用卫生服务的愿望，如果消费同时具有支付能力，就会构成对卫生服务的需求。在实际中，卫生服务需求通常用消费者实际利用卫生服务的数量来衡量。

卫生服务需求问题可以从个人需求和市场需求两个方面来讨论。卫生服务的个人需求是指一个人在一定时间内、在各种可能的价格水平下将购买的某种卫生服务数量，其实现类型及数量取决于消费者相对于价格、保障状况的收入水平（预算约束）、卫生服务的效果和个人或家庭的消费目标和偏好。卫生服务的市场需求表示在某一特定市场、在一定时间内、在各种可能的价格水平下所有消费者将购买的某种卫生服务数量，它是个人需求的总和。因此，凡影响个人需求的因素都会影响到市场需求。此外，市场需求还受消费者人数的影响。

当某种卫生服务的价格降低后，可能因每个消费者对于该服务需求量的增加而导致市场需求量的增加。但在一些情况下个人需求并不因为价格降低而增加，例如，对于某一个体并不会因为手术价格下降而做多次同样的手术，但过去因价格较高利用不起该种卫生服务的人则有可能利用服务。此时，市场需求量的增加是消费者数量增加的结果。

（二）需要的概念

卫生服务需要与卫生服务需求是两个紧密关联但又完全不同的概念。卫生服务需要是指从消费者的健康状况出发，在不考虑支付能力的情况下，尽可能保持或变得更健康所应获得卫生服务量。通常是由医学专业人员判断消费者是否应该获得卫生服务及获得卫生服务的合理数量。

广义的卫生服务需要包括由消费者个体认识到的需要和由医学专家判定的需要。两者有时是一致的，如表2-1中的A和D；有时是不一致的，如表2-1中的B和C。其中D为专家和个人都认为没有卫生服务的需要，因而不需要利用卫生服务；A为专家和个人都认为有卫生服务的需要，因而有必要得到卫生服务；C为个体认为有健康问题，需要利用卫生服务，但医学专家认为没有卫生服务的需要，这主要是由于个体疑病或存在无需利用医疗服务的极小健康问题所致；B为个体实际存在健康问题，尚未被个体所认知，但从医学的角度来看该个体需要利用卫生服务。

表2-1 个体与医学专家对卫生服务需要的确定

医学专家	个体	
	有卫生服务需要	无卫生服务需要
有卫生服务需要	A	B
无卫生服务需要	C	D

（三）需要与需求的区别及联系

卫生服务需要与需求两者之间的关系可以用图2-1表示。Ⅰ为没有认识到的需要，即机体出现了健康问题，但个体没有认识或感觉到，因而也就不会去利用卫生服务；Ⅱ为认识到的需要，但因种种原因（自感病轻、经济困难、交通不便、服务质量差、服务态度不好等）而没有转化为需求；Ⅲ为消费者愿意并且有能力购买，医生从专业的角度也认为有必要提供的卫生服务量，这部分构成了卫生服务利用的主体；Ⅳ为没有需要的需求，如医生创造或诱导而来的需求，这部分需求是没有必要的需求。Ⅰ和Ⅱ构成了卫生服务的潜在需求，潜

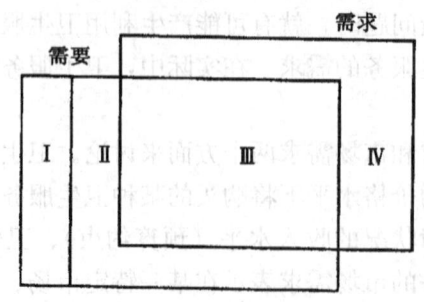

图2-1 卫生服务需要与需求的区别及联系

在需求水平在一定程度上反映了卫生服务利用障碍的大小，应采取措施减少潜在需求，使之转化为需求。例如，在贫困的农村地区，因对健康的认识水平很低、经济困难等，导致卫生服务的潜在需求水平很高，影响到农民的卫生服务利用和健康的改善，可通过提高文化水平、加强健康教育、提供医疗保障、控制医疗费用等手段减少潜在需求。

（四）政策意义

卫生服务需求和需要的政策意义在于它们可作为卫生资源配置的依据。由于需要与价格无关，根据需要配置卫生资源，有可能因支付能力的影响而导致所配置的资源利用率不高，即所配置的资源量大于实际使用量，资源呈过剩状态；而根据需求配置卫生资源，可以提高资源的利用效率，但一部分人因支付能力的问题利用不起卫生服务，导致卫生服务分配公平性的降低，并影响到低卫生服务支付能力人群的健康。实质上，这是在卫生资源配置过程中对两种资源配置手段（计划手段和市场手段）的选择。

二、卫生服务需求的特点

卫生服务是一种特殊的服务，它既有一般服务需求的特点，也有与其它服务的不同之处，卫生服务需求的特点主要表现在以下几个方面：

1. 消费者信息缺乏

在经济学中假设消费者是理性的经济人，即消费者在充分了解有关信息（产品或服务的价格、质量、功能或效果等）的前提下，所采取的行动可以使自己能够利用有限的资源获得最大的满足，即达到效用最大化。但对于很多种类的服务，如理发、美容、按摩、演出等，提供与消费行为是同时进行的，消费者可以根据价格信息和以往消费经验或他人的介绍、媒体宣传等效果信息来选择是否消费，但在消费过程开始后，通常不知道提供服务的准确数量、质量和最终结果，即存在着一定程度的信息缺乏，这是与一般商品所不同的特征。

由于卫生服务是具有高专业性和高技术性的服务，病人很难掌握复杂的医疗信息，在此方面就更是具有特殊性。首先消费者在患病后，并不能肯定需要什么样的卫生服务，应该利用什么样的卫生服务，一般都是在医生的安排下接受各种检查、服用各类药品等。至于这些检查、药品等服务是否必要，消费者自身很难作出正确的判断。第二，消费者对卫生服务的价格水平也缺乏了解，往往是在不知道准确价格的情况下接受卫生服务。第三，消费者对卫生服务的质量和效果没有准确的判断力，再加上很多卫生服务效果的产生往往具有滞后性，因此，消费者在支付费用时通常不了解某种诊治措施的成本效果。从这种意义上来说，卫生服务的消费者存在着明显的信息缺乏，消费者没有足够的信息来作出自己的消费选择。当然，对于不同类型的卫生服务，消费者信息缺乏的程度有明显不同。对于门诊一些常见疾病和服务，消费者拥有较多的信息，但对于疑难重病的诊治服务及高技术服务，消费者往往缺乏信息。

2. 卫生服务需求的被动性

由于存在着消费者信息缺乏，因而消费者在利用服务的种类和数量等方面的自主选择性不大。在卫生服务的选择上，医生拥有主权地位，他们作为患者的代理人为病人选择服务，消费者在消费过程中往往只是被动地接受医生为他们所选择和提供的服务。此外，卫生服务需求的被动性不仅是因为消费者缺乏医学知识，还因为消费者因病伤或痛苦到医疗机构就诊，是为了减轻痛苦、恢复健康，甚至是为了挽救生命，因而往往带有求助心理，对医生形成一种依赖，希望通过医生所提供的服务来维护和增进健康。因此，卫生服务的供需双方存在着救援与被救援的关系，卫生服务需求者与供给者之间并不存在平等的交换关系。这也是导致需求被动性的主要原因之一。

3. 卫生服务利用的效益外在性

卫生服务的利用不同于其他普通物品或服务的消费。消费者在市场购买一般物品（如水果），并消费这种物品后，这种物品给消费者带来的好处或效益只有消费者本人享受到。但对于一些卫生服务的消费则有所不同。例如，肺结核病的治疗，当患者利用了卫生服务并治愈疾病后，等于切断了传染病的传播途径，根除了传染源，不仅自己受益，也会使与之有接触的人群受益，即卫生服务的利用在消费者之外取得了正效益，体现了卫生服务利用的效益外在性。反之，假如消费者自身没有意识到疾病的严重性或没有支付能力而没有利用卫生服务，则不仅患者本人的健康受损，也会影响到周围与之接触者的健康。

4. 卫生服务需求的不确定性

由于存在着个体差异，同一个患者在不同时期患同样疾病，或者患同一种类型疾病的同质患者，在临床症状、体征、生理生化指标等方面都可能有所不同，再加上同一患者在不同时期以及不同患者生理特征、健康状况、心理状况及生活环境的不同，使得疾病的表现非常复杂。因此，卫生服务的需求具有不确定性，即很难预测具体的患病时间、疾病的类型、严重程度和需要卫生服务的类型与数量，卫生服务的需求是因人而异的。

5. 卫生服务费用支付的多源性

由于卫生服务需求的不确定性，每个人在一生中都可能会遇到难以预测到的、突发的重大疾病风险，很多个体及其家庭往往难以在短时间内用现期收入支付高额的医疗费用来应对这种风险。对于具有不确定性且高风险性的医疗服务需要通过信用消费（如医疗保险）来解决医疗费用的支付问题。此外，为了使国民能够获得基本的卫生服务以及解决贫困人口对卫生服务的低可及性问题，政府和一些社会组织也会在卫生服务上有所投入。因此，卫生服务费用是通过政府、社会、保险和个人共同支付的。

卫生服务的多源支付，或通过政府投入带来收入在卫生服务方面的再分配，或通过医疗保险达到风险转移、损失共担的目的。实质上都是一部分人的收入部分的转移给卫生服务的消费者。由于卫生服务消费者不再按照实际的卫生服务费用进行支付，因此改变了卫生服务消费者的消费行为以及卫生服务供给者的提供行为，最终带来的是在卫生服务需求数量、质量和费用等方面相应的变化。

第二节 卫生服务需求分析

一、需求分析

（一）需求分析与需求模型

需求分析的目的是发现影响需求的主要因素及其影响程度，以解释不同特征人群卫生服务利用的特点、差异和变化，并预测未来卫生服务的需求水平。

通过需求分析，可以建立起需求水平与影响因素之间的计量模型，以反映某种商品或服务的需求量与影响该种商品或服务的诸多因素的关系。以医疗服务的需求模型为例，可以用一般函数形式表示：

$$Q = f(X_1, X_2, \cdots\cdots, X_n)$$

式中：Q 为需求量，X_n 为各类（种）影响因素。

（二）卫生服务需求的影响因素

1. 一般的经济学因素

根据传统经济学消费者理论，卫生服务需求受到卫生服务的价格、收入、货币储蓄、相关物品（服务）的价格、消费偏好及对物品（服务）未来供应情况的预期等因素的影响。

1) 卫生服务价格

卫生服务的需求受卫生服务价格的影响。通常，价格越高，需求量越低；价格越低，需求量越高。

2) 需求者收入

需求者的支付能力是随收入水平改变而改变的。收入越高，消费者对卫生服务的支付能力越强，在价格不变的情况下，通常对卫生服务需求也越高；反之，亦然。

3) 货币储蓄

同样收入的消费者，货币储蓄额高，则可用于消费的货币量就少，在价格不变的情况下，对商品或服务的需求水平相对低，反之，亦然。货币储蓄水平与消费价值观有关。例如，中国居民对未来的预期支出水平较高，因而更倾向于为今后需要在多方面（如住房、子女教育和医疗服务）支出的高额费用而储蓄。

4) 相关物品（服务）的价格

相关物品（服务）包括互补物品（服务）和替代物品（服务）。一般来说，某物品（服务）的需求量与其替代品价格成正向变动，即替代品的价格上升，该物品（服务）的需求量也会升高。例如，富含维生素 A 食品的价格升高，则消费者就会更多地使用维生素 A 药品，对维生素 A 药品的消费就会增加。某物品（服务）的需求量与互补品的价格成反向变动，即互补品价格上升，该物品（服务）的需求量随之下降。例如，注射器作为注射液的互补品，当其价格上涨时，可能会导致注射液需求量的减少。

5) 消费偏好

消费者对某种商品或服务都会有自己的主观价值判断，对某种商品或服务存在着偏爱心理，称为消费偏好。偏爱心理产生的原因，一是产品或服务存在着实际差异，如在质量或性能上存在着较大差别，二是主观因素所致，如受广告、商标、包装、服务态度、地理位置等因素的影响，同时，在很大程度上历史、社会、文化、家庭等因素往往会对人们的偏爱心理产生综合影响，从而使消费者宁愿购买某种产品或服务，而不愿意购买另一种产品或服务。例如，不同的人对中医和西医存在着不同的消费偏好，一些人患病后更倾向于看中医，而另一些人则更愿意利用西医服务。

消费者对卫生服务存在着质量偏好。因为卫生服务的提供关系到人的健康和生命，任何低质量或不适宜的卫生服务都可能给人的健康带来不利影响，甚至危害生命。而对于其它商品或服务，如果存在质量问题可以退换或得到经济上的赔偿，但不适宜或低质量的卫生服务对健康所带来的损害可能是永久性的，甚至是不可逆转的，是致命的。因此，卫生服务一经提供是不可退换的。对于患者即使接受了劣质的卫生服务存活下来,并获得了经济赔偿,但健康的损害是金钱所不可替代的。所以卫生服务的性质决定了消费者非常注重卫生服务的质量,在寻求卫生服务的过程中,往往寻求他们认为是高质量的卫生服务。

卫生服务质量是指卫生服务提供的效果,即与规定的要求相比较,卫生服务提供的优劣程度。例如,是否达到了健康目标,或健康状况是否得到了改善。但是,消费者认为的"高"质量卫生服务与真正的高质量卫生服务往往不相一致,主要是由于消费者很难对卫生服务的真实质量进行正确的判断。首先,存在着信息不对称,患者只具有很少量的医学信息,他们往往不知道应该获得何种卫生服务,服务的效果如何;第二,由于存在着个体差异,对卫生服务的需要存在着不确定性,所提供的卫生服务往往因人因时而异,因而所带来的结果也常常具有不确定性,这本身就给判定卫生服务的质量带来一定难度;第三,卫生服务的效果具有不可对比性,对于同一个人患同样的疾病,由于病情的发展受多种因素的影响,因时而异,即使给予相同的治疗,其结果也不一定相同,因而难以比较,比较的结果也不一定代表真正的质量,更何况患不同的疾病和/或采取不同的治疗则更难比较,如果是从其它病人处获得治疗结果的信息,则用这种间接体验来反映服务质量的真实性就会更低。第四,很多卫生服务效果的产生往往带有滞后性。因此,消费者往往不知道或很难知道获得最好质量的卫生服务的感觉,但同时他们又对卫生服务的质量十分重视,因而只能寻找可以判定质量的代表物,包括投入要素的质量(如医生的工作年限、职称,医院的设施水平及环境)、价格(认为一分钱一分货,高价格就是高质量,如更愿意使用高价格药品)、医生的服务态度以及是否能够满足消费者要求等,并据此做出追求高质量卫生服务的决策。

目前对质量的理解有二:一是在提供同样服务下的健康改善,二是用高技术或卫生资源作为高质量的替代。前者能够真正反映卫生服务的效果,后者确实是改善健康状况的必要条件,但不是充分条件。

卫生服务提供者救死扶伤的职业道德、提供劣质卫生服务给他们带来的风险压力(如声誉受损、经济赔偿损失等)以及消费者的质量偏好但又缺乏对服务质量的正确判定,再加上各种利益对卫生服务提供者的诱惑,均刺激他们通过高投入(如高技术的应用)来提高卫生服务的"质量",最终是将高技术、高投入与卫生服务的高质量完全等同起来。如果缺乏对卫生服务成本的控制,一个"好医生"就会尽可能多的为病人提供服务,提供高技术服务,以期达到提供"高"质量服务的目的。如果在供方之间存在竞争,在现行补偿机制、服务价格及医生收入分配制度等方面政策或制度下,就会促使"质量"的进一步提高,结果是成本的提高和医疗费用的升高。

6) 对未来物品(服务)供应情况的预期:

对未来物品(服务)供应情况,包括对价格和供给量的预期,也影响着当前的需求量。例如,在我国的城镇地区即将开展医疗保险改革的前夕,消费者预计今后自付医疗费用水平会上升,很多人在医改之前突击检查、突击开药和突击住院,医疗服务的需求量会明显上升。

2. 健康状况

根据迈克·格罗斯曼的观点,卫生服务需求来自更基本的健康需求。他认为,消费者对健康的需求出于两个原因:①健康是消费物品(服务),它可以使消费者感觉良好;②健康是一种投资物品(服务),健康状态将决定消费者可以利用的时间量。生病天数的减少将增加用于工作和业余活动的时候,对于健康投资的报酬是生病天数减少的货币值。健康状态下降使消费者感到不适,对消费者来说也面临各种损失,包括货币和精神上的损失。健康状况不佳者往往需要利用卫生服务来增进健康，以减少损失。因此，健康状况是卫生服务需求发生的决定因素，但由于并不是所有健康状况不良者都对自身的健康损害有所认识，也不是认识到自身健康状况不良都去利用卫生服务，因而健康状况不是卫生服务需求发生的充分条件。

健康状况受很多因素的影响，这些影响健康的因素在很大程度上也影响着消费者对卫生服务的需求水平。影响健康的主要因素包括人口生理特征、社会文化因素、经济因素等。

从人口学角度考虑，在其它因素不变的情况下，人口的数量是决定卫生服务需求最重要的因素之一。人口数量的增加必然导致卫生服务的利用增加，此外人口结构的改变也会对卫生服务利用水平有影响。由于老人患病频率较高，慢性病较多，患病的严重程度也较高，因而对卫生服务利用也相对较多。人口中老年人的构成比例增加，会导致卫生服务需求的增加。

性别对卫生服务需求的影响是不确定的。从男性从事职业特点来看，一些危险性高或有职业毒害的工作多由男性来承担，因此，男性遭受生产性灾害和职业病的机会较多。但从女性生理特点来看，养儿育女也会增加卫生服务需求，当然这主要是针对育龄妇女来说。仅就住院率来看，一些研究结果表明，男性住院率高于女性，而女性平均寿命又比男性长，女性一生的卫生服务需求时间自然也会延长。在其他条件不变情况下，女性由于寿命比男性长，因此，潜在的卫生服务需求比较多。另一些研究结果表明，由于女性对疾病的敏感性较强，因此，在同样的健康状况下，会比男性更多地利用卫生服务。

婚姻状况对卫生服务需求有一定的影响。独身、鳏寡、离婚者比有配偶者的卫生服务需求多，尤其当家庭病床能够代替住院的条件下，有配偶者的住院时间缩短，陪同去门诊治疗代替住院或需要在家疗养的人比以前增多。另外这部分人群中一部分由于身心受过伤害，比有配偶者更易发生身心疾病，使得他们对卫生服务的利用增加。

文化水平对卫生服务需求的影响存在着两种不同的观点。受过较多教育的人，对健康的认识水平较高，其预防保健和早期诊疗的知识较多，因此，会增加对卫生服务的需求；但由于他们掌握更多的预防保健知识，就会更多的采用自我医疗，从而减少了对卫生机构的卫生服务的利用。受教育较少的人，其预防保健和早期诊疗的知识较少，因此，对一般卫生服务的需求不高，一旦有了健康问题则往往较严重，对卫生机构的卫生服务的利用也会更多。

消费者住房布局、结构、规模等条件对卫生服务需求也会产生影响。住房条件差，如背光、通气性差、潮湿、阴冷等情况下的居住条件，消费者易患佝偻病、哮喘等疾病，传染病的发病率也较高，这将导致对某类卫生服务利用的增加。

3. 供给状况

在其它因素不变的前提下，供给状况将会对卫生服务的需求产生直接影响。卫生服务供给的类型、数量、结构、质量和费用、卫生机构的地理位置等是否与消费者的需求相匹配，将直接影响到卫生服务的需求水平，供不应求和供非所需就会抑制人们对卫生服务利用。

4. 医疗保健制度

在其它条件不变的前提下，不同的医疗保健制度对卫生服务需求的影响不同，免费医疗、部分免费医疗与完全自费医疗患者相比较，前者由于没有支付就医所需的全部医疗费用（等于0价格或低价格购买卫生服务），因而与自费患者相比，通常会更多的利用卫生服务。实质上不同的医疗保障制度是通过改变医疗服务的价格对需方的医疗消费行为，进而对需求量产生影响。

在医疗保险系统中，对需方采用不同的医疗费用分担形式和分担比例，将在不同程度上影响着需方的医疗服务消费行为和医疗服务的需求水平。例如，设立起付线目的之一是对医疗服务需方的行为产生影响，但影响的有效程度取决于起付线的高低。起付线过低，可导致人们过多地利用医疗服务，即所谓的"道德损害"，起不到增加消费者费用意识的作用；但若起付线过高，又会使许多正常的医疗服务需求被抑制，一部分人的基本医疗难以得到保证。又例如，采用共付的方法，让病人承担一部分医疗费用，目的是增强病人的费用意识，改变病人在免费情况下过度利用医疗服务的消费行为。但如果病人自付比例较高，将会抑制病人的正常需求，尤其对于收入较低的病人，由于无力支付所应共付的那部分医疗费用而影响到他们对医疗服务的利用；但如果病人仅自付很低比例费用，则起不到增加病人费用意识、自觉减少过度利用医疗服务行为的目的。国外有资料表明，当病人自付比例低于20%时，对病人的需求行为影响不大。

5. 时间

指用于卫生服务的时间，包括到卫生机构在路途上花费的时间、在卫生机构内的等候时间（等候挂号、等候就诊、等候交费、等候检查和等候取药等）以及就诊时间。时间对卫生服务需求的影响可以从两个方面来考虑：

一是对于某类卫生服务项目，提供的时间长，意味着成本相对高，有可能价格也高，从而对需求产生影响。

二是时间的机会成本。机会成本是指在作出一种选择或决策时所放弃的东西，称为这一选择或决策机会成本。利用卫生服务需要花费一定的时间，有可能因此而放弃收入、升迁的机会等，这就是卫生服务利用的机会成本。卫生服务的机会成本越高，对需求量的影响越大。但不同类型的人卫生服务的机会成本不同，在其它条件不变的前提下，时间机会成本高的人卫生服务需求水平低于时间机会成本低的人。

时间成本对卫生服务需求的影响具有两方面的政策意义：①随着服务价格的降低（如提供免费或部分免费的卫生服务），卫生服务需求将对时间成本更为敏感。如果提供的卫生服务量不能够满足消费者的需求，可能的解决方法就是把卫生服务分配给能够有时间候诊的人。低时间成本的人比高时间成本的人更有可能得到卫生服务；②要想增加某些人口对卫生服务的利用，除了降低货币价格外，还要通过降低他们的时间成本来增加他们对卫生服务的利用。如将诊所或医院设在更接近这些人群地方以减少就诊往返时间，在机构中减少患者的候诊时间等。

6. 供给者的双重身份

与一般商品或服务不同，卫生服务消费者由于缺乏足够的信息等原因，通常在卫生服务的选择过程中不拥有主权地位，也常常不能够做出理性的选择，只能通过医生来选择卫生服务利用的类型和数量。因此，医生具有双重身份，既是病人选择卫生服务的代理人，同时又是卫生服务的提供者，所以医生的决策成为决定卫生服务选择是否合理的关键因素。医生的决策通常取决于几方面的因素：对病人的需要进行专业判断、病人的支付能力以及医生的自身利益。假如医生是多提供卫生服务或提供某种类型卫生服务的受益者，他们就会出于自身的利益多提供服务或倾向于提供某种服务，甚至提供不必要的服务。在经济学中称为诱导需求或需求的创造。

医生诱导需求理论是1976年加拿大卫生经济学家蒙伊文斯首先提出，是指医生在自身利益驱动下，利用其自然的专业主权地位增加消费者对卫生服务的不必要的利用，从而导致对卫生服务需求的增加。诱导需求理论是建立在经验观察的基础上。如果某一地区的医生数增加，无论是服务价格还是服务数量也会随之增加。例如，美国的研究发现，外科医生每增加10%，外科手术量就会增加3%～4%；医生人数每增加10%，卫生服务的费用增加4%。

这与提供量增加导致服务价格下降而需求水平升高的传统经济理论相悖。诱导需求理论对此的解释是，医生在面临较高服务需求时，没有必要提供可要可不要的额外服务，但当医生数增加以及服务提供量也随之增加时，服务的价格就会降低，这将会导致医生收入的减少，医生为了维持其收入水平，利用患者的信息缺乏，就会向患者推荐和提供额外的服务。

二、需求曲线

(一) 需求曲线

在经济分析中，常常重点研究需求量和价格之间的关系。在其它条件不变的情况下，某种商品或服务的需求量随着价格的上升而减少，随着价格的下降而增加，需求量与价格之间存在着反方向变动关系，这就是需求定理。如果用表格的形式描述需求量与价格的关系，这种表格就称为需求表。我们还可用图形的形式来表示需求量与价格之间的关系，即需求曲线（图 2-2），它是一条自左上方向右下方倾斜的曲线。其函数表达式为：

$$Q_d = f(p)$$

其中，Q_d 表示某种商品或服务的需求量，p 表示该种商品或服务的价格。该函数既可以是线性函数，也可以是非线性函数。

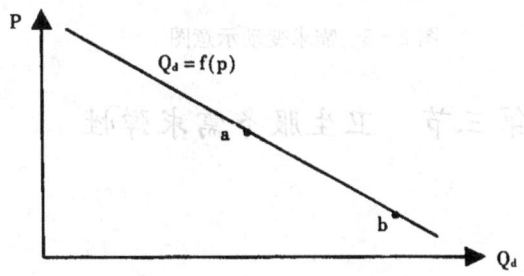

图 2-2 需求曲线

但是，在实际中也有例外，即需求量随价格的升高而增加。通常出现在以下几种情况下：

一是为了炫耀，如购买钻石、高档物品、利用高档服务等，消费较高的价格商品或服务，代表了需求者具有一定的地位和身份，如果价格降低到人人都购买得起的时候，有可能导致在一定范围内需求量的减少。

二是受对于价格预期的影响。消费者为避免以后因价格不断升高而导致更多的支出，就会在价格上涨的初期增加需求；反之，如果预期价格下降，则会持币观望，等待价格的进一步下降，因而在价格降低的初期出现需求将不变甚至下降的情况。

三是对质量与价格关系的认识。出于"一分钱一分货"的心理，认为价高则质高，即将价格作为衡量质量的标准，反而价格降低后导致需求的下降。例如，中国的很多患者认为药品的价格越高效果越好，因而更倾向于购买高价格的药品。

(二) 需求的变动

需求的变动有两种含义：一是需求量的变动，二是需求水平的变动。

卫生服务需求受到许多因素的影响。在其它因素不变的前提下，卫生服务价格变动引起的需求数量的变动称为需求量的变动，在图形上，这种变动表现为价格－需求数量组合点沿需求曲线的移动，如在图2－3中需求曲线D_1上的a点到b点。

在卫生服务本身价格不变的前提下，其它因素的变动（如收入的改变）所引起的需求数量的变动称为需求水平的变动，在图形上，这种变动表现为整个需求曲线的移动。如图2－3中，收入增加可以导致需求曲线从D_1向右移动到D_3，而收入降低可以引起需求曲线从D_1向左移动到D_2。即在同一价格水平下，其它因素的变动将带来需求的升高或降低。

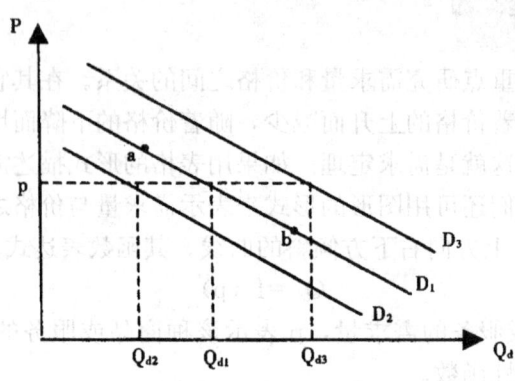

图2－3 需求变动示意图

第三节 卫生服务需求弹性

一、弹性的概念

弹性是指反应性。这是经济学家对经济活动变化进行分析时常用的一个概念。通常用弹性系数来反映弹性的大小，它表示当两个经济变量之间存在函数关系时，因变量的相对变化对自变量的相对变化的反应程度，是衡量因变量的相对变化对自变量的相对变化灵敏程度的指标。弹性系数的计算公式为：

$$弹性系数 = \frac{因变量的相对变动}{自变量的相对变动}$$

弹性分为点弹性和弧弹性两种。弧弹性是衡量自变量发生较大程度变动时，因变量的变动程度的指标。若两个经济变量间的函数关系为Y＝f（X），以△Y和△X分别表示因变量Y和自变量X的变动量，以E表示弹性系数，则弧弹性公式为：

$$E = \frac{\triangle Y/Y}{\triangle X/X} = \frac{\triangle Y}{\triangle X} \times \frac{X}{Y}$$

若经济变量的变化量趋于无穷小，则弹性就等于无穷小的变动率与无穷小的变动率之比，其比例称之为点弹性。点弹性的公式为：

$$E = \frac{dY/Y}{dX/X} = \frac{dY}{dX} \times \frac{X}{Y}$$

弹性系数是一个纯数，本身可以不受分子、分母计算单位的影响，因为它是两个百分率之比，所以，不同物品（服务）的弹性系数可以直接进行比较。

二、需求的价格弹性

(一) 需求价格弹性的概念

需求弹性可分为需求的价格弹性、收入弹性和交叉弹性，它们分别说明需求量变动与价格、收入和相关物品（服务）价格变动之间的关系。其中最重要的是需求的价格弹性。所以，一般所说的需求弹性就是指需求的价格弹性。

需求的价格弹性是指需求量变动对价格变动的反应程度，其大小可用需求的价格弹性系数来衡量。需求价格弹性系数的计算公式为：

$$需求价格弹性系数（Ed）=-\frac{需求量变动率}{价格变动率}$$

公式中负号的含义为价格与需求量的变动方向相反。价格上升，需求量下降；价格下降，需求量上升。通常取其绝对值来表示。

(二) 需求弹性的种类

对于不同的商品或服务，其需求量对价格变动的反应性是不一样的，有些商品或服务的价格变动不大就会引起该商品或服务需求量的较大变化，而另一些商品或服务，即使价格发生较大变化，其需求量仍然变动不大。经济学家根据弹性系数的大小，将需求弹性分为五类，表2-2列出了需求弹性的五种类型及其特点。

当需求弹性系数>1时，称为富有弹性，表示需求量的变动率大于价格的变动率；当需求弹性系数<1时，称为缺乏弹性，表示需求量的变动率小于价格的变动率；当需求弹性系数=1时，称为单位弹性，表示需求量的变动率等于价格的变动率；当需求弹性系数=0时，称为完全无弹性，表示价格的变动对需求量变动无影响；当需求弹性系数为∞时，称为完全弹性，表示任何价格的微小变动都会引起需求量的无限变动。

表2-2 需求价格弹性的类型及其特点

种类	价格与需求量之间的关系	弹性系数	以弧弹性为例
完全弹性	价格的微小变动引起需求量的无限变化	∞	价格微小变动 需求量无限变动
富有弹性	需求量变动率大于价格变动率	>1	价格由2→3 需求量由50→20
单位弹性	需求量变动率等于价格变动率	1	价格由2→3 需求量由30→20
缺乏弹性	需求量变动率大于价格变动率	<1	价格由2→3 需求量由25→20
完全无弹性	价格变动对需求量变动无影响	0	价格变动，需求量不变

(三) 影响需求弹性的因素

1. 商品或服务的可替代程度　如果存在替代品，且越容易被替代，则其需求弹性就越大，反之，则越小。例如，餐馆服务与自己在家做饭之间存在着替代，当餐馆服务提供饭菜的价格上升后，对餐馆服务的需求水平就会明显下降，而用在家做饭作为替代，反之，亦然。

2. 对商品或服务的需要强度　如果需要强度大，即是生活的必需品，其需求弹性小，反之，是奢侈品，则需求弹性大。如煤气和水，是人们生活中所必不可少的，即使价格上涨，对需求量的影响也不会太大。

3. 商品或服务的支出在收入中占的比重　对于高价格的商品或服务，通常占收入的比重大，如汽车、商品房等，弹性较大，反之，如铅笔、食盐等，则弹性较小。例如，挂号费在消费者预算中所占比重很小，故挂号费的变动不会引起门诊量的很大变动；而CT检查费在消费者预算中所占比重较大，故CT检查费的变动会引起该项检查需求人数较大的变动。

4. 商品的使用时间　对于使用时间较长的物品，通常不会随意更换，如汽车、大型家具等，其需求弹性较大，而对于使用寿命较短的非耐用品，则需求弹性较小。

大多数卫生服务的需求是缺乏弹性的，其弹性系数一般在-0.2～0.7之间。但不同的卫生服务其需求弹性有所不同。通常外科服务、疑难重症的诊治服务、急诊服务等涉及到患者的生死存亡，是患者所必需的，因而需求弹性相对较小；而内科服务因更容易找到替代性治疗措施，特需服务或一般性的保健服务因属于非必需服务，因而需求弹性均相对较大。

第四节　卫生服务消费者行为理论

在需求分析中得知，在其它条件不变的前提下，需求量与价格之间呈反向变化。那么，是什么原因导致了需求量与价格之间的这种规律？是消费者在家庭或个人预算约束的前提下，根据其消费偏好进行消费选择的结果，因而它反映了消费者的消费行为。因此，消费者行为分析及其行为的结果是经济学研究中的重要内容。

一、效用理论

消费的目的是为了获得最大的满足，每个人对不同物品或服务的满足程度不同，对同一物品或服务不同人满足程度也不尽相同，经济学中用"效用"来衡量人们消费某种物品或服务时所感受到的心理满足程度。经济学中有两种衡量效用的基本方法。

（一）基数效用分析法

又称边际效用分析法。这种方法假设效用是可以用基数测量与加和的，如1、2、3、4、……，并且每个人都能说出某种商品或服务给自己带来的效用大小。我们把在一定时间内，消费者消费商品或服务的总满足程度之和称之为总效用。如果用TU表示总效用，用Q表示消费量，则可以用一个总效用函数来表示两者的关系，即$TU=f(Q)$。

以卫生服务为例。设卫生服务消费量及带来的相应总效用如表2-3所示。

表2-3　卫生服务的总效用与边际效用

卫生服务消费量Q（次数）	总效用TU	边际效用MU
0	0	0
1	12	12
2	18	6
3	21	3
4	22	1
5	22	0
6	20	-2
7	16	-4

从表中数据可以看出，当所消费的卫生服务数量 Q 增加时总效用 TU 也随着增加；当卫生服务消费增加一定程度时，总效用 TU 达到最大值，如果再增加卫生服务消费量，总效用 TU 反而下降。我们可以以用图 2—4 中的总效用曲线来表达这种关系。

从上表中卫生服务消费增长幅度与总效用变动幅度看，两者是不同步的，这里就引入一个边际效用的概念。边际效用是指卫生服务消费增加（或减少）一个单位，所引起的总效用的增加（减少）量。从上表中数据可以依次计算出边际效用（MU），即表中的第三列数据。边际效用呈递减趋势，即每增一个单位的消费，其相应增加总效用△TU 比前一个消费单位增量所引起的总效用增量△TU 要小，这就是经济学中的边际效用递减规律。该规律可以用边际效用曲线来表示，如图 2—5。

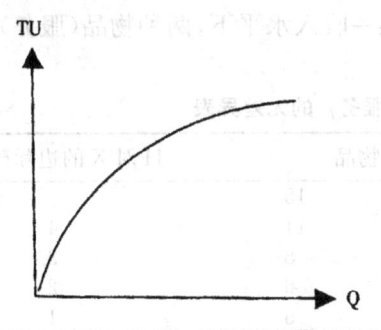
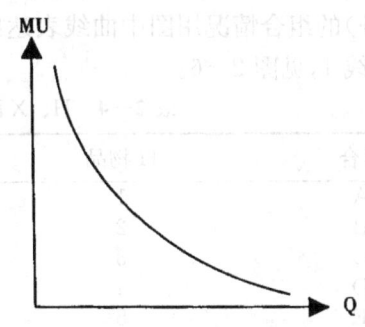

图 2—4　总效用曲线　　　　　　　图 2—5　边际效用曲线

边际效用递减规律具有以下特点：

1）边际效用的大小与消费者欲望的强弱成同向变化。例如，当一个人非常饥饿时，吃第一碗饭的边际效用最大，随着饥饿感的消失，想吃饭的欲望逐步减弱，因而最后几碗饭的边际效用也迅速减小。

2）边际效用的大小与消费量成反向变化。消费欲望随着满足感的增加而递减，因而消费量越多，边际效用越小。

3）边际效用的大小与特定时间有关。欲望有再生性和反复性。例如，从饥饿到吃饱，边际效用可以从很大变为 0，但经过一段时间后，又会因饥饿重新产生对食物的消费欲望，边际效用会再次增大。因此，边际效用的递减是有时间性的。

4）边际效用为正值。正常的消费者通常不会花钱购买给自己带来负效用的消费品。当一种消费品的效用变小或趋近于 0 时，消费者就会变更消费物品或服务的类型，转而消费其它能够给自己带来更大效用或新效用的物品或服务。

我们分析效用的目的，在于揭示消费者在市场上的购买行为。消费者之所以愿意付出一定的代价换取某种商品或服务，是因为这种商品或服务给他带来了一定的效用。消费者愿意付出的代价取决于商品或服务给消费者带来的边际效用，边际效用越大，消费者愿意付出的代价也越大。

（二）序数效用分析法（无差异分析）

序数效用的理论认为，效用是一种心理现象，难以度量。例如，一个人在消费某种物品或服务（包括卫生服务）时很难测量出某单位消费量对自己产生了多大的效用值。因此，在比较不同消费者使用某种物品（服务）带来的效用时，很难以此作为共同的衡量标准。为了解决这个问题，经济学家采用了序数效用分析法，也叫消费者无差异曲线分析。用这种方法时，不需要对不同物品（服务）的效用进行衡量，而只是根据个人的偏好程度对不同商品或服务带来的效用排序，即用序数（第一、第二、第三……）来表示满足程度的高低与顺序。

假设将消费者所有消费物品（服务）分为两类，一类是卫生服务 H，另一类是非卫生服务（或物品）X；卫生服务 H 的价格为 P_H，非卫生服务物品 X 的价格水平为 P_X。如果在收入水平相同的情况下，让消费者选择这两类物品（服务）H 与 X，那么在一定时期内，可以列出消费者对两种物品（服务）购买数量的不同组合，每一组合给消费者带来的总效用是相同的。

表 2—4 中 A、B、C、D、E 五种组合表示对消费者具有相同效用的消费组合。我们把两种物品（服务）的组合情况用图中曲线表达出来，就是某一收入水平下，两种物品（服务）的消费者无差异曲线 1，见图 2—6。

表 2—4　H、X 两类物品（或服务）的无差异表

组合	H 物品	X 物品	H 对 X 的边际替代率
A	1	15	
B	2	11	4
C	3	8	3
D	4	6	2
E	5	5	1

无差异曲线具有以下特征：

1. 是一条向右下方倾斜的曲线，表明在收入与价格既定条件下，为了获得同样的满足程度，增加一种物品（服务）的消费就必须减少另一种物品（服务）的消费，两种物品（服务）的消费数量不能同时增加或减少。

2. 是一条凸向原点的曲线。这需要用边际替代率来说明。消费物品（服务）的边际替代率是指消费者要保持相同的满足程度，增加一种物品（服务）的数量与必须放弃另一种物品（服务）的数量之比。例如，为了增加卫生服务 H 的消费，就必须放弃非卫生服务 X 的消费，增加的 △H 与放弃的 △X 之比就是边际替代率，用 MRShx 表示，MRShx＝△H/△X。边际替代率呈递减的规律，这一规律说明连续增加某一种物品（服务）时，消费者所愿意放弃的另一种物品（服务）的数量是递减的。这是因为随着消费某种物品或服务数量的增加，其边际效用降低，以该种物品（服务）所能替代另一种物品（服务）的数量越来越少。例如，当卫生服务消费量较少时，增加少量卫生服务消费所带来的效用可以替代放弃较多非卫生服务消费所减少的效用，但在卫生服务的消费量达到较高程度时，可以用消费较少量的非卫生服务来代替较多的卫生服务消费。

3. 不同的无差异曲线表示不同水平的效用，代表消费者不同的满足程度，离原点越远的无差异曲线所代表的满足程度越高，反之，则满足程度越低。

4. 任何两条无差异曲线不能相交，否则与上述特征相矛盾。

二、消费可能线（预算线）

无差异曲线群表示消费者在不同水平上的满足程度，但由于受到收入和价格水平的限制，人们的满足程度不可能无限增大。在个人收入和价格水平一定的情况下，消费者如何达到最大效用，可通过消费可能线来分析。

(一) 消费可能线

消费可能线是指在收入与物品（服务）的价格既定前提下，消费者所能够买到的各种物品或服务数量的最大组合。

通常，消费者必须在收入和价格一定的条件下决定自己的消费行为，其消费量取决于如何分配自己的收入用于购买各种价格既定的商品或服务。假设卫生服务的价格为 Ph，非卫生服务物品的价格为 Px，我们用 M 表示总收入，那么，如果消费者把全部收入都用于购买 X 物品，他可以购买 $M/Px=X_1$ 量的 X 物品，如果全部用于购买卫生服务，则可以购买 $M/Ph=H_1$ 量的 H 服务。如图 2－7，将 X_1 与 H_1 相连成一线，这就是一条消费可能线。

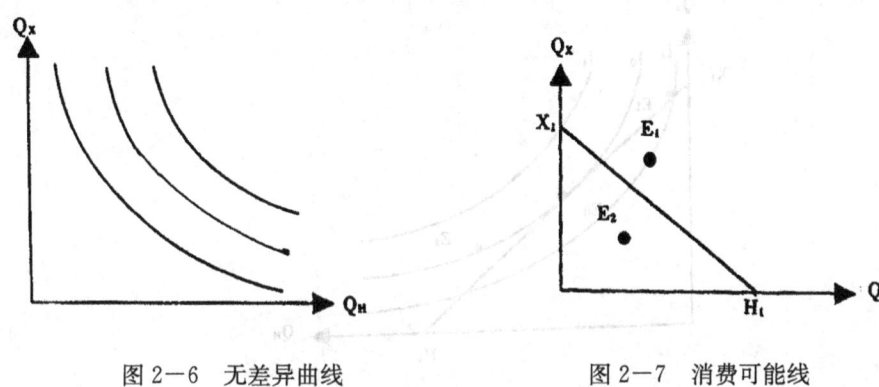

图 2－6　无差异曲线　　　　图 2－7　消费可能线

在这条消费可能线上任何一点，消费者购买两种物品（服务）的支出总和都等于其总收入。显然，消费者如果将收入全部用于购买两种物品或服务，其各种最大组合必然在消费可能线上。在这条线以外的任何一点，如在消费线右侧任意一点 E_1，都会超出消费者的收入水平，是消费者收入所无法达到的；而在这条线以内的任何一点，如在消费者可能线左侧任意一点 E_2，消费者的实际支出水平低于收入，尚有消费的潜力。

(二) 消费可能线的移动

消费可能线是由一条收入和价格决定的曲线，因而如果收入或价格发生了变化，会直接影响到消费者对商品或服务的可能消费量，在图形上表现为消费可能线的移动。其移动情况由图 1－8 中的 A、B、C 表示。

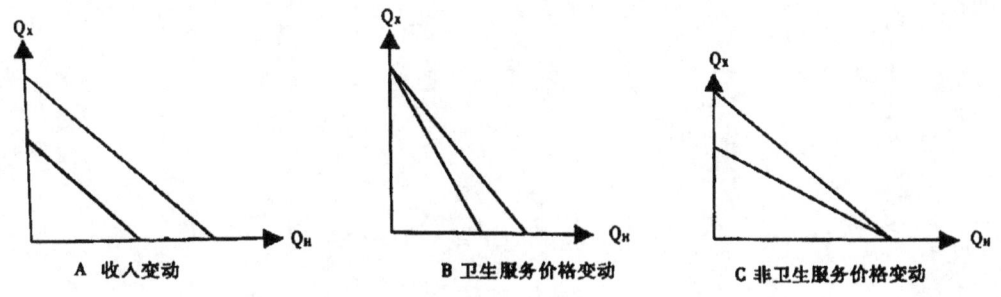

图 2－8　收入与价格变动对消费可能线的影响

在价格不变的前提下，收入增加，消费可能线右移，收入减少，消费可能线左移。在收入不变的情况下，卫生服务价格升高，消费可能线从 B_1 变为 B_2，卫生服务价格降低，消费可能线从 B_1 变为 B_3。反之，非卫生服务价格的变动，也会引起消费可能线的变化（图中的C）。

三、消费者均衡

无差异曲线表示了消费者的消费愿望，主观上消费者可以对各种物品或服务进行选择，以求得到最大的满足。但客观上受收入和价格（消费预算）的限制，消费者不可能任意选择商品或服务，消费预算线则表示了消费的最大可能性。如果将两条线放在一个图中，就可以确定预算内哪种购买组合可以给消费者带来最大的效用。

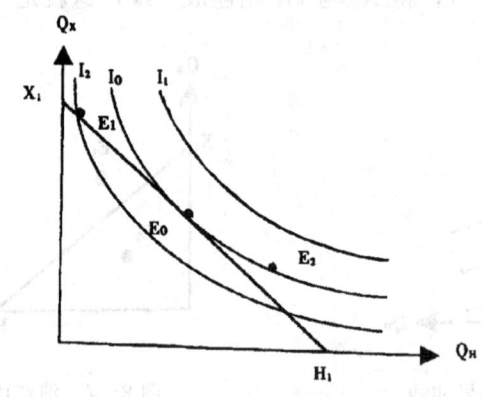

图 2—9 消费者均衡

如图 1—9 X_1H_1 为消费可能线。I_0、I_1、I_2 分别为三条无差异曲线，表示不同的满足程度，即效用水平。其中 E_0 点为 I_0 与 H_1X_1 切点。从图中可以看出，E_0 点是最佳点，在这一点上，消费者用现有收入，在现行价格水平下，可以获得最大满足，除此之外，其余点都不能达到最理想的消费状态。例如，有 E_1、E_2 两点，在 E_2 这点，物品（服务）组合虽然获得的满足程度与点 E_0 相同，但该点超出了现有收入水平，显然这种组合是可望而不可及的；而 E_1 点在 I_2 上，消费支出没有超出预算，但 I_2 在 I_0 的下方，因而满足程度不如 E_0。因此，只有 E_0 点是最理想的，可以在预算约束下达到效用最大化。我们称这点为消费者均衡点。

（吴明，汪宏）

第三章　卫生服务供给

> [教学目标]
> 1. 掌握一般供给理论、概念及有关内容
> 2. 熟悉卫生服务供给的特点及影响因素
> 3. 解释供给价格弹性的概念及意义
> 4. 了解生产函数的作用及分析方法
> 5. 熟悉卫生服务供给者行为分析的基本内容

卫生服务供给与卫生服务需求是相互对应的，卫生服务需求是卫生服务供给产生的前提条件，而卫生服务供给则是卫生服务需求得以实现的基础。卫生服务供给具有许多一般性服务供给所具有的特征，因而，在许多方面符合一般服务的供给规律。但由于卫生服务具有特殊性，所以其供给又形成了自己独特的规律。通过对卫生服务供给规律的分析。可以揭示各种具有不同供给目的的供给者的供给行为模式及对卫生服务供给量的影响，可为卫生政策的制定及卫生资源的合理配置提供依据。

在本章中首先介绍卫生服务供给的概念和目的，并运用微观经济学的基本原理和方法，对卫生服务供给的特点、影响因素、变动规律及各类卫生服务供给者的行为进行系统分析，旨在探讨如何合理地利用有限的卫生资源提供卫生服务，并提高卫生服务的供给效率。

第一节　卫生服务供给的定义与特点

一、卫生服务供给的概念

一种商品或服务的供给是指商品或服务的提供者在一定时期内，一定价格水平下，愿意且能够提供的商品或服务的数量。根据定义，如果提供者对某种商品或服务有提供的愿望，而没有提供的能力，则不能形成有效供给；或者有提供商品或服务的能力，但没有提供的愿望，也构不成供给。因此，作为供给应具备两个条件：有供给愿望和有供给能力，二者缺一不可。

卫生服务供给的定义与一般商品或服务相同，即卫生服务供给也应具备上述两个条件：一是有提供卫生服务的愿望，二是有提供卫生服务的能力。例如，某医生有提供手术服务的愿望，同时也具备提供手术服务的能力（如有一定的技术、手术条件与其配合的其他医务人员），则该医生所提供的手术服务数量就是手术服务的供给量。

与卫生服务需求相同，卫生服务供给问题也可以从单个卫生机构的供给和市场供给两个方面来讨论。单个卫生机构的供给是指卫生机构在一定时间内、在各种可能的价格水平下愿意且能够提供的某种卫生服务数量。卫生服务的市场供给是指在一定时间内、在各种可能的价格水平下提供某种卫生服务的所有提供者愿意且能够提供的该种卫生服务的数量，它是单

个卫生机构供给的总和。因此，凡影响到卫生机构供给的因素都会影响到市场供给。

二、卫生服务供给的特点

卫生服务是一种特殊的消费品，因而，它既有一般服务所具有的特点，如提供服务的即时性，也有其自身所特有的特征，如无误性、供给者的主导性等。通常卫生服务供给具有以下特点：

（一）即时性

服务消费与产品消费不同。在产品消费过程（生产－交换－消费）中，生产行为与消费行为在时间上和空间上是相互分离的，消费者可以有更多的机会了解信息，是否购买取决于需方，需方占有主权地位。而在服务消费过程中，生产行为和消费行为是同时发生的，在生产和消费之间没有时间上的间隔，没有独立的交换环节，即具有时空统一性。例如，在医生提供服务的同时，病人也在消费医生的劳动。这决定了卫生服务既不能提前生产，也不能够储存，只能在消费者消费卫生服务的同时提供服务。提供者提供卫生服务的过程，也是消费者消费卫生服务的过程。在此过程中，是否消费取决于需方，消费者可以根据价格信息和以往消费经验或他人的介绍、媒体宣传等效果信息来决定是否购买服务，但消费过程开始后，应获得多少服务、获得什么质量和成本效果的服务，则很大程度上取决于供方。此外，由于卫生服务提供的产品是无形的，是非物质形态的，消费者看到的是一种行为，而这种行为的结果往往又不是立即能够获得，因此，通常很难对结果进行评价。

（二）不确定性

由于存在着个体差异，同一个患者在不同时期患同样疾病，或者患同一种类型疾病的同质患者，在临床症状、体征、生理生化指标等方面都可能有所不同，再加同一患者在不同时期上以及不同患者生理特征、健康状况、心理状况及生活环境的不同，使得疾病的表现非常复杂。因此，对同一类型的疾病，应根据患者的具体情况，采取不同的治疗方案或治疗手段，即使患者的病情及其他影响患病的因素基本相同，也应具体情况具体分析，提供服务时应因人而异、因时而易。所以，卫生服务不能够象一般商品那样进行规范化的批量生产，也难以通过抽样检查产品的质量。这增加了对卫生服务质量管理的复杂性和难度。

（三）专业性和技术性

提供卫生服务需要有相关的专业知识和技术水平，只有接受过专门医学教育或培训并获得行医资格的人，才有资格提供某一类型的卫生服务。因此，卫生服务的供给受医学教育的规模、水平和效率的影响，也受到行医准入条件的限制，即在卫生领域存在着一定的进入障碍。这决定了对卫生人力的培养应有一定的预见性。卫生人员的培养数量过少，将会导致在较长时期内卫生服务的提供数量不足，医生或医疗机构的垄断性增加，服务的质量及效率均有所下降，居民的健康受到影响；相反，卫生人员的培养数量过多，则会在一定的时期内导致卫生服务的供给量大于需求量的局面，从而使诱导需求的现象加重。

卫生服务提供的专业性和技术性也导致需方很难掌握复杂的医疗信息，包括应该利用什么样的卫生服务，是否有必要利用这些服务，需要支付多少钱来获得这些服务，是否是成本效果好的服务等，结果导致供需双方信息不对称。

（四）垄断性

卫生服务的高度专业性和技术性是导致卫生服务提供具有一定垄断性的主要原因之一，即由于其他人不能够代替卫生服务的提供者提供卫生服务，因而，卫生服务的提供者具有一定的特权。如果卫生服务提供者在一个地区拥有特权，就会产生地区性垄断，这不仅会导致卫生服务提供的低质量及低效率，还导致卫生资源不能够得到有效的利用及卫生资源的不合理配置。卫生服务的垄断性还表现为一定程度的供方垄断，这是由于存在较严重的供需双方信息不对称所致。

（五）无误性与高质量性

卫生服务的供给涉及到人的健康和生命，其最终目的是为了维护和增进人们的健康，因而对卫生服务提供的准确性和提供质量应有一个较高的要求。由于任何低质量及不适宜的服务，都会给人的健康带来不良的影响，甚至危及生命，因而不允许提供这类服务。因此，要求卫生服务的供给首先应该准确无误，同时还应保证较高的质量。

（六）供给者的主导性

卫生服务的需求者因为缺乏足够的信息而不拥有主权地位，常常不能够作出理性的选择。所以，在卫生服务利用的选择上，卫生服务的提供者是需求者的代理人，处于主导地位，因而，卫生服务提供者的决策成为能否合理选择卫生服务项目的关键。如果多提供卫生服务可以增加利润，而卫生服务提供者又是利润增加的直接受益者，则他们就会在利益机制的驱动下，利用其自然的主导地位诱导消费者的需求，如多提供服务，提供高费用的服务，甚至提供不必要的服务，从而导致卫生服务供给量和需求量的增加。

（七）效益外在性

卫生服务的消费具有效益外在性，同样，卫生服务的提供也具有效益外在性，即提供卫生服务对他人造成了影响，但这种影响并没有从货币或市场交易中反映出来，提供者所获得的经济利益与提供该项服务所带来的总经济利益是不相同的。卫生服务的效益外在性包括两类：

当卫生服务的提供者所采取的经济行为对他人产生了有利影响，而自己却不能从中得到报酬时，便产生了卫生服务提供的正效益外在性。例如，对传染病患者提供治疗服务，可以控制传染病的继续传播，从而减少了因他人感染疾病所带来的费用。但是，为传染病患者提供治疗服务的卫生服务提供者仅从提供服务本身获得利益，并没有因此而获得额外收入或其它形式的补偿。因此，提供者从为传染病患者提供治疗服务中获得的经济利益小于提供该项服务的社会总经济利益。

当卫生服务的提供者所采取的经济行为对他人产生了不利影响，使他人为此付出了代价，而又未给他人以补偿时，便产生了卫生服务提供的负效益外在性。例如，药物滥用给患者健康带来的副作用以及产生抗药性的负面影响。提供者虽然从药品服务中获得了经济利益，但并没有因对患者健康产生不利影响而支付费用或进行补偿，因此而导致的健康损害的损失是由患者或政府、保险等来承担。因此，医生提供服务的社会总经济利益小于服务提供者直接获得的经济利益。

（八）非抗争性和非排他性服务供给的短缺性

在经济学中将产品分为私人产品和公共产品。私人产品在消费和使用上具有两个特点：一是具有抗争性，即如果某人使用了该产品，则其他人就不能再使用，增加消费者就要增加产品数量；二是具有排他性，即只有按该商品价格支付了货币的人才能够使用这种产品，不付钱者则不能使用。

在实际中还有许多具有非抗争性和非排他性特征的产品，称为公共产品，如公路，路灯等。一个人使用公共产品，其他人也能够使用，增加消费者的数量，不会引起产品成本的增加，即边际成本等于零，且该公共产品一经提供，出资者不能排斥其他人的使用。由于出钱者可以使用，不出钱者也可以使用，且出钱者无法阻止不出钱者的使用，即这种产品一经提供，无论出钱还是不出钱者均可获益。所以，人们都会试图"免费搭车"，不出钱而受益，因而个人对这类产品的需求很少，相应的提供者提供这类产品也不会获得理想的利润。因此，在市场机制的作用下，公共产品市场将会处于极度萎缩状态，甚至根本不存在，导致公共产品的提供数量远远低于社会所需要的数量。

许多卫生服务具有公共产品性质，如健康教育，疫区灭螺控制血吸虫病等，它们往往是一些最具成本效果的公共卫生措施，但在市场机制下这些成本低效果好的卫生服务却没有人愿意提供，往往发生供给短缺。此时，政府的作用应当加强，对于那些私人经济收益小于社会经济效益的服务，通常需要通过政府的投入才能有满足需要的供给量。

第二节　卫生服务供给分析

一、卫生服务供给的影响因素

许多因素都会对卫生服务的提供类型、数量、结构和质量产生影响，归纳起来有以下主要影响因素：

（一）社会经济发展水平

卫生服务供给的类型、数量、质量和方式等均与社会经济发展水平密切相关，受到社会经济发展水平的影响与制约。一方面，社会经济因素可以直接对卫生服务的供给产生影响，如果社会经济发展水平较低，则意味着没有足够的财力支持卫生资源投入的增加，所以，以卫生资源为基础的卫生服务的提供也就难以在数量上和质量上有所提高；另一方面，社会经济因素也可以通过对人口数、人口结构、居民收入水平、受教育程度、就业状况、生活条件等的影响来影响居民对卫生服务的需求，进而对卫生服务供给产生间接影响。

（二）卫生服务价格

对于一般商品或服务来说，价格是决定供给量的主要因素，尤其是对于追求利润的提供者。由于利润等于总收入减总成本，而总收入又等于价格乘以供给量，因此，在成本不变的情况下，随着价格的升高单位商品或服务的利润增加，这将促使提供者提供更多的商品或服务。相反，如果价格下降，单位商品或服务的利润降低，供给量就会减少。所以，供给量与商品或服务的价格呈同方向变化，价格越高，供给量越多，价格越低，供给量则越少。

如果卫生服务提供者提供卫生服务的目的是为了追求利润，则他们所提供卫生服务的数量必然会受到服务价格的影响，卫生服务的供给量随服务价格的改变而改变。还有一类卫生服务提供者，提供卫生服务的目的不是为了获得最大的利润，而是为了获取社会效益。因此，在保本的前提下将尽可能多地提供居民所需要的卫生服务，卫生服务的供给量并不一定随着价格的升高而增加，也不一定随价格的降低而减少。但是，通常在所提供服务的价格下降到低于成本的情况下，可能会减少服务的提供数量，甚至停止提供服务。当然，不排除亏本提供卫生服务的情况，之所以产生这种供给行为，可能是有其它一些特殊的目的，如占领市场，或者是用赢利性服务的利润弥补亏损性服务的成本。

对于某些具有较高固定成本的服务，如CT等大型仪器的诊治服务，价格与服务量之间存在着另一种关系。通常，如果服务价格明显高于成本，在利益机制的驱动下，供给者将尽可能多地提供该项服务，以获得更多的利润。但是，即使这类服务的价格低于成本时，提供者仍然尽可能多的提供服务。这是因为随着服务量的不断增加，单位服务的固定成本将不断降低，服务量越大，单位服务的固定成本就会越小，这样可以使由于价格低于成本所带来的亏损逐渐减少。假设不受设备使用次数的限制，理论上只要价格高于可变成本，通过增加服务量最终可以弥补成本，甚至盈利。因此，通常供给者会尽量多提供这类服务。

（三）卫生服务成本

在卫生服务提供价格不变的条件下，降低卫生服务的成本将使利润增加，从而促使卫生服务提供者提供更多的服务；反之，如果成本提高，而价格不变，将会使利润减少，甚至为负值，则卫生服务提供者不愿意提供这类服务，导致供给量降低。

目前我国医疗机构的收入主要来自于业务收入，包括药品收入、检查收入、技术劳务收入等，目前占医院收入的90%或更高。其中，技术劳务的价格水平很低，不能够弥补去除政府经常性补助后的服务成本，而药品服务和检查服务的价格却高出成本。因此，医院通过提供价格高于成本的药品服务和大型医疗设备的诊治服务来解决补偿不足问题。据统计，1997年城市医院药品收入、医疗服务收入（药品服务以外的医疗服务）和政府财政补助这三类收入大约占总收入的53%、39%和8%。但这种原本只是为解决医院补偿不足以维持医院简单再生产和一定程度上的扩大再生产的初衷，却为关心自身利益的提供者们所扭曲，变为不加约束的极力追求经济利益的行为，除了热衷于提供药品服务和大型医疗设备的诊疗服务之外，还出现了争相购买高精尖设备以及提供过度服务或提供不必要服务（如大处方，不必要检查与治疗等）的现象。这种不合理的价格结构导致医疗服务提供者在利益机制的驱动下，不适当地推动了有利可图的服务项目的发展，不仅带来供需关系和医疗服务提供结构的扭曲，也是导致医疗费用不断迅速增加的主要原因之一。

卫生服务成本的高低主要取决于生产要素的价格和技术进步。当生产要素的价格升高时，生产成本就会增加，供给量也就随之降低。例如，某种药品的价格升高，意味着医院的成本增加，如果国家对这种药品服务的价格进行控制，则医疗机构因利润空间减小甚至毫无利润而不愿意出售这种药品，导致该药的供给量下降。技术进步意味着生产率的提高，使单位服务的成本降低，若服务的价格不变，则提供单位服务的利润就会增加，服务供给量也随之提高。

（四）卫生服务需求水平

卫生服务需求是卫生服务供给产生的前提条件，如果卫生服务的需求量很低，即使提供者能够提供很大数量的卫生服务，也没有人来利用。因此，卫生服务的供给量应根据需求状况来确定，提供的数量和结构应与人们对卫生服务需求的数量和结构相匹配，这样才能够达到供需平衡。否则，供非所需将会导致卫生资源利用的低效率，而供不应求又会使需求难以得到满足，影响居民的健康，提供者也会因此而失去获取更多利润的机会。例如，健康者、处于高危状态者和患小病小伤者在人群中占了绝大多数（80%~90%），社区卫生机构所提供的服务就可以解决这些人的健康问题，因而对卫生服务需求量最大的本应是社区基层卫生服务。但目前在我国卫生服务主要是由高层级的医疗机构提供，且以医疗服务为主，尤其是高档次的专科医疗服务，与居民对卫生服务的需求不相匹配，导致卫生资源利用的低效率和较高的医疗费用。

此外，由于一些因素的影响（如公费医疗、医疗保险等），使得部分需求者的行为发生了改变，产生过度利用卫生服务的现象，并使提供者利用自己的主权地位来创造需求成为可能，导致卫生服务需求量的增加及卫生服务供给量的相应增加，其中包括了不合理的卫生服务提供。

（五）卫生资源

卫生资源包括卫生机构、卫生人员和设备等，卫生资源的投入是卫生服务提供的基础，卫生资源投入的数量、结构与质量将直接对卫生服务提供能力产生影响，进而影响到卫生服务的提供量。因此，在其它条件不变的情况下，卫生服务提供量依赖于卫生机构的数量和类型、卫生机构中卫生人员和设备的数量及种类、卫生人员的质量、人与物质要素的结构及匹配程度等，凡影响到卫生资源数量、质量及配置的因素，也会影响到卫生服务的提供。例如，严格的资源准入制度，可以从"源头"控制卫生服务的提供数量。

另一方面，卫生资源的配置具有与其它商品或服务所不同的特征。对于一般商品或服务的提供，资源配置的类型和数量主要取决于需求状况，即需求决定资源；而对于卫生服务，供方可在一定程度上利用其主权地位诱导需求，因而具有资源引导需求的特征。因此，在这个意义上，对卫生资源数量的控制就显非常重要。

此外，高投入数量和高卫生资源质量并不一定具有高的卫生服务提供能力；同样，高的卫生服务提供能力也并不一定带来高的卫生服务提供量。卫生资源不是卫生服务提供量产生的充分条件。

在诸多卫生资源要素中，医生是影响卫生服务提供量的关键因素。实际上应该提供卫生服务的种类和数量完全是由医生来决定的，医生认为需要提供则是实现卫生服务供给的前提条件；又由于卫生服务的需求弹性较小，再加上信息不对称，因而，卫生服务的供给量在很大程度上取决于医生的决定。如果医生的决定对患者有利，则卫生服务的提供相对合理，但有时医生出于对自己经济利益的考虑，往往向患者提供不必要的卫生服务，从而增加了不必要的供给量。

在卫生人员及其他要素不变的前提下，卫生服务的物质要素（主要包括仪器设备、卫生材料和药品）对卫生服务的供给量也产生较大的影响，即卫生服务的供给量随着物质要素数量的增加而增加。这与依附于物质要素的先进技术正逐步替代人的作用，以及患者以物质要素的先进程度来判定质量的心理和追求有关。虽然目前物质要素尚未达到全面代替人的要素的程度，但它们所起到的辅助诊疗作用的范围正日益扩大，对卫生服务供给量的影响也越来越大。

（六）卫生服务技术水平

卫生服务的技术水平是医学科学知识的应用能力，它影响到卫生服务提供的质与量，尤其是提供的质量。医疗技术水平的提高，有利于创造新的诊治方法，治疗那些在过去医疗技术手段所不能解决的问题，也有助于发现在过去医疗技术水平下所不能够发现的疾病。因此，在某种程度上可以说医疗技术水平的提高，不仅使医疗服务的质量有所提高，也使医疗服务的提供数量得到增加。另一方面，医疗技术水平的提高还可以提高对疾病的诊疗效率，从而使卫生资源能够得到更有效的利用，加大了医疗服务供给量增加的可能性。

（七）医疗保障制度

医疗保障制度对卫生服务的供给量也会产生较大的影响。一方面，通过对医疗服务的提供方采取不同的支付方式对医疗服务的供给产生直接影响；另一方面，又通过对医疗服务的需求方采取各种费用分担形式来影响需求方，从而对医疗服务的供给产生间接的影响。

对医疗服务供给方的支付方式包括按服务项目付费、按平均定额付费、按病种付费、按服务点数付费及总额预付等方式，不同的支付方式可在不同的程度上对医疗服务供给者的行为产生影响，从而影响到医疗服务的供给量。例如，采取按服务项目付费的支付方式，就会促使提供者多提供可以带来较高利润的服务。但如果采取按人头付费的支付方式，则提供者就会尽可能减少不必要医疗服务的提供，并尽可能提供基本的医疗服务，同时多提供预防保健服务，以减少人们对医疗服务的利用。

对医疗服务需求方所采用的费用分担方式包括设立起付线、对医疗费用进行共付、建立封顶线等，目的是通过利益机制使医疗服务的需求方自觉地约束自己的行为，减少对医疗服务的过度利用，从而可以通过对需方利用的控制间接影响卫生服务的提供量。

此外，在医疗保障制度的实施过程中还采取了一些其他约束供方行为的措施，如增加需求者对提供者的选择性，促进提供者之间的竞争，并减少不必要或低质量服务的提供；还有针对医疗机构采取分解处方、分解住院等不良经营行为的监督与控制措施，也在很大程度上影响到卫生服务供给量。

二、供给曲线

（一）供给曲线

卫生服务供给量受到很多因素的影响，如价格、成本、需求状况、卫生资源、技术水平和医疗保障制度等。因此，卫生服务供给量是所有影响因素的函数。假定其它因素不发生变化，仅考虑一种因素对卫生服务供给量的影响，即将卫生服务供给量看作为该因素的函数，则供给函数可以表示为：

$$Q_s = f(x)$$

式中 x 表示影响卫生服务供给量的因素，Q 表示卫生服务的供给量。该函数反映了在一定的时间内某因素与卫生服务供给量之间的关系。

在影响卫生服务供给量的诸因素中，价格是最重要的因素，它与供给量呈正向变化，即在其它因素不变的前提下，供给量随着价格的升高而增加，随着价格的降低而减少，这就是经济学中的供给定理或供给法则。供给者只有按照这种定理或法则提供产品或服务，才能够获得最大的利润。

价格与供给量之间的关系可用供给函数式 $Q_s = f(P)$ 的来表示，其中 P 为商品或服务的价格，反映了与供给量之间一一对应的规律。这种关系可以是线性的，也可以是非线性的。

价格与供给量之间的关系还可以用表格与几何图形来表示，即为供给表与供给曲线。如图3-1所示，供给曲线是一条自左下方向右上方倾斜的曲线，横轴 Q_s 表示商品或服务的供给数量，纵轴 P 表示商品或服务的价格，它反映了在一定时期内在不同价格水平下提供者愿意而且能够提供的商品或服务的数量。供给曲线可以是直线型，也可以是曲线型。如果供给函数是一元一次的线性函数，则相应的供给曲线为直线型，如果供给函数是非线性函数，则相应的供给曲线就是曲线型。

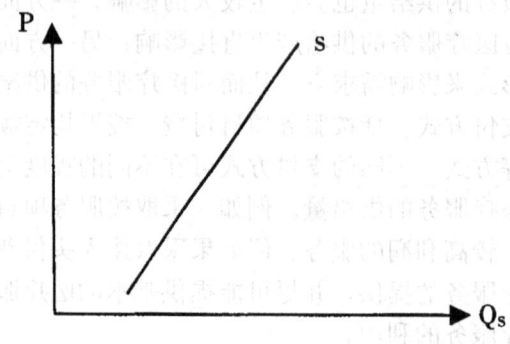

图3-1 卫生服务的供给曲线

（二）供给曲线的移动

供给曲线的移动是由供给数量的变动所致，供给数量的变动包括两种情况：供给量的变动和供给的变动，它们是两个不同的概念，因而，坐标系中几何图形的表示也不相同。二者之所以不同，是由于引起这两种变动的因素不同所致。

供给量的变动是指在其他条件不变的情况下，某商品或服务价格的变动所引起该商品或服务供给数量的变动，表现为供给量在一条既定的供给曲线上的移动，如在图2-3中的S曲线上，从 a 点到 b、c 点的变动。

供给的变动是指在某商品或服务价格固定不变的前提下，其它因素（如生产成本、相关商品或服务的价格、预期价格等）变化所引起的该商品或服务供给数量的变动，表现为整个供给曲线位置的变化，如图2-3中的S移动到S_1，或移动到S_2。供给曲线位置的变化，反映了在每一个既定价格水平下供给数量的增加或减少。当供给曲线从 S 平移到 S_1 时，表示供给数量的增加，如技术进步可以使生产成本降低，而成本的降低意味着利润的提高，因而，提供者愿意在同样的价格水平下提供更多的产品或服务，即在既定价格水平下，供给量曲线 S 上的 Q 增加到曲线 S_1 上的 Q_1；反之，当供给曲线从 S 平移到 S_2 时，表示供给数量的减少，即在既定价格水平下，供给量由曲线 S 上的 Q 减少到曲线 S_2 上的 Q_2。

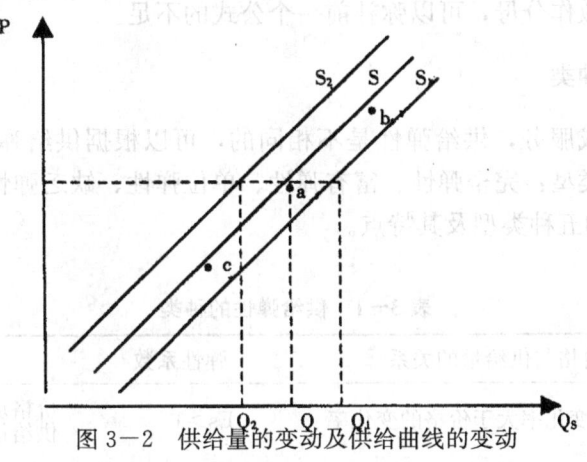

图 3-2　供给量的变动及供给曲线的变动

第三节　卫生服务的供给弹性

一、供给弹性的概念及计算

与需求弹性相同，供给弹性可分为供给的价格弹性、成本弹性和交叉弹性，它们分别说明供给量变动与价格、成本和相关物品（服务）价格变动之间的关系。其中最重要的是供给的价格弹性。通常所说的供给弹性就是指供给的价格弹性。在此，只介绍供给的价格弹性。

供给的价格弹性是指供给量变动对价格变动的反应程度，其大小可用供给的价格弹性系数来衡量。供给价格弹性系数的计算公式为：

$$供给弹性 = \frac{供给量变化的百分比}{价格变化的百分比}$$

表示价格变动 1% 所引起的供给量变动的百分比。

例 1，某种卫生服务的价格上升 1%，导致供给数量增加 0.5%，则该种服务的供给弹性为 0.5。

例 2，某种卫生服务的供给弹性为 1.1，表示该种服务的价格上升 1%，则供给数量增加 1.1%。

与需求弹性一样，供给弹性也分为供给的点弹性和供给的弧弹性。前者表示某种商品或服务供给曲线上某一点的弹性，后者表示某种商品或服务供给曲线上两点之间的弹性。假定供给函数为 Q=f (P)，以 Es 表示供给弹性系数，则供给点弹性系数的计算公式为：

$$Es = \frac{dQs/Qs}{dP/P} = \frac{dQs}{dP} \times \frac{P}{Q}$$

供给弧弹性系数的计算公式为：

$$Es = \frac{\triangle Qs/Qs}{\triangle P/P} = \frac{\triangle Qs}{\triangle P} \times \frac{P}{Q}$$

或

$$Es = \frac{\triangle Q_s}{(Q_1+Q_2)/2} \Big/ \frac{\triangle P}{(P_1+P_2)/2} = \frac{\triangle Q_s}{\triangle P} \times \frac{(P_1+P_2)}{(Q_1+Q_2)}$$

前一个计算弧弹性的公式，是以两点中的某一点的 Qs 和 P 值作为分母，但这种方法不精确，对于同一段弧选择不同点的 Qs 和 P 值作分母，计算出的弹性值是不相同的。而后一个公式采用算术平均数作分母，可以弥补前一个公式的不足。

二、供给弹性的种类

对于不同的商品或服务，供给弹性是不相同的，可以根据供给弹性系数 Es 值的大小，将供给弹性分为五种类型：完全弹性、富有弹性、单位弹性、缺乏弹性和完全无弹性。表 3－1 描述了供给弹性的五种类型及其特点。

表 3－1　供给弹性的种类

弹性类型	价格与供给量的关系	弹性系数	举 例
富有弹性	供给量的变化率大于价格的变化率	Es＞1	价格从 2→3 供给量从 20→50
单位弹性	供给量的变化率等于价格的变化率	Es＝1	价格从 2→3 供给量从 2→30
缺乏弹性	供给量的变化率小于价格的变化率	Es＜1	价格从 2→3 供给量从 20→25
完全弹性	价格变化引起供给量的无限变化	Es＝∞	价格从 2→3 供给量无限大
完全无弹性	价格变化对供给量无影响	Es＝0	价格从 2→3 供给量无变化

三、供给弹性的影响因素

对于一般性商品或服务的供给弹性主要受时间和产品调整的难易程度等因素的影响：

（一）时间

在影响供给弹性的众多因素中，时间因素是一个很重要的因素。当商品或服务的价格发生变化时，提供者对供给量的调整往往需要一定的时间。一般在短时间内，生产规模难以有很大的改变，只能通过有限地调整人力和原材料，或提高现有投入的利用效率来增加供给量，但供给量通常不会有太大的变动，因而，供给弹性相对较小。但是，在较长的时期内，生产规模的变动、人力和原材料等投入的增减，甚至转产，都是可以实现的，供给量可以有时间对价格的变化作出较充分的反应，因而，供给弹性为富有弹性。

（二）产品调整的难易程度

通常产量易于调整的产品供给弹性较大，产量难于调整的产品供给弹性较小。而产量调整的难易程度又受以下因素的影响：

1. 生产周期　在一定时期内，对于生产周期较短的产品，提供者有可能根据市场价格的变化及时地调整供给量，相应的供给弹性就较大。相反，生产周期较长的产品，难以随价格的提高及时地增加供给量，则供给弹性较小。

2. 生产成本　如果提高产量引起边际成本的较大增加，则供给弹性就较小；如果提高产量只引起边际成本的少量增加，或随产量增加单位成本变小，则供给弹性较大。

3. 生产规模　产品生产需要的规模大，尽管价格提高，提供者难以在短时期内扩大生产的规模，所以，产品的供给弹性就小；反之，产品生产所需要的规模小，则供给量易于随价格的变化而调整，产品的供给弹性就大。

4. 生产的技术状况　是指产品的生产是采取劳动密集型方法，还是采取资本或技术密集方法。如果产品需要采用劳动密集型的方法进行生产，则在劳动力资源丰富的地区，增加产量只需增加劳动力，可以在短期内随价格提高而大幅度提高供给量，产品的供给弹性就比较大；如果产品的生产是采取资本或技术密集型的方法，则因涉及到技术设备更新改造问题在短期内难以随价格提高而增加供给，因而，产品的供给弹性就较小。

（三）需求弹性

对需求弹性较小的产品，其需求量对价格变化的反应不敏感，价格改变对需求量的影响并不大，因而即使供给量有可能在短期内进行较大幅度的调整，但没有相应的需求，供给量也不会有较大的改变，因此，这种产品的供给弹性也较小；相反，需求弹性较大的产品，随价格的改变需求量的变化较大，如果供给量能够在短期内进行相应的调整，供给量则会随着价格的变化而变化，因而供给弹性较大。

当然，在考虑上述因素对产品调整难易程度的影响时，通常是在固定了其他因素对供给弹性的影响之后，考察一种因素所起的作用。因此，所谓供给弹性的大和小往往是相对的。

四、卫生服务的供给弹性

对于卫生服务来说，总体上看供给弹性是较小，这是因为卫生服务是由具有相关专业知识和一定技术水平的卫生技术人员来提供的，而具备这种专业知识并达到一定的技术水平又需要经过较长的时间（如医生至少5年，护士至少3年），即卫生技术人员的培养周期较长，成本较高。当卫生服务价格升高后，在短期内只能通过加大现有卫生人员的工作量来增加卫生服务的供给量，但是难以使卫生人员的数量在短期内有较大的提高。此外，提供卫生服务还需要其它方面的技术和资源（如房屋、仪器、药品等），其中房屋和大型设备的数量因成本较高，在短期内也很难有较大变动，这也是卫生服务供给弹性较小的原因之一。

但是，对于不同类型的卫生服务，供给弹性是不相同的，一些卫生服务属于富有弹性，而另一些卫生服务则属于缺乏弹性。相对于CT服务而言，感冒治疗服务、一般性体格检查等属于劳动密集型服务，因而供给弹性相对较大；而CT检查则属于资本密集型服务（因为不易增加设备和人员），则供给弹性相对较小；基本医疗服务与特需医疗服务相比前者供给弹性相对较大，而后者因需一定的设备及人员，因而供给弹性相对较小，但后者也可能因需求弹性相对较低而影响到供给弹性；一般性医疗服务与急诊医疗服务相比，前者的需求弹性相对的较大，则供给弹性相对较大；而后者的需求弹性较小，则供给弹性也较小。

第四节 卫生服务供给者行为理论

在这一节中,将从供给方面研究供给者的行为,探讨供给者如何合理地运用稀缺资源,选取最佳的生产方案,以取得最大的产出,即解决如何生产问题,并解释提供者行为与供给曲线的关系。

一、生产理论

(一) 生产函数

1. 生产要素的概念

生产过程就是从生产要素投入到产品产出的过程。在市场经济学中,生产要素一般被划分为劳动、资源、资本和供给者才能四种类型。其中,劳动是指人类在生产过程中提供的体力和智力的总和;资源不仅包括土地,而且包括了自然界一切可以开发和利用的物质资源;资本具有两种表现:实物形态和货币形态,前者称为资本品,如房屋、仪器、原材料等,后者称为货币资本;供给者才能指供给者组织管理生产活动的能力,即使各种要素按照一定的方式组合起来,在生产中发挥出所应发挥的功能。

卫生服务的提供是一种特殊的生产过程。卫生服务的投入包括医生、护士和其它卫生人员等劳动力的投入,土地、房屋、设备、仪器和资金等资源和资本的投入,以及反映供给者才能的组织管理技术。卫生服务供给的产出是为改善居民健康而提供的各种卫生服务,包括医疗服务、预防保健服务和康复服务等。在卫生服务的多种投入要素中,房屋、大型仪器和设备等在短时期内无法进行数量的调整,称为不变投入;而医生人数、护士人数、药品、卫生材料等要素在短期内可以进行数量的调整,称为可变投入。当然,一种投入要素是不变投入还是可变投入是相对的,主要取决于时间的长短,时间越长,可变的投入要素就越多。例如,房屋,在短时期内很难改变其数量,属不变投入,但在较长的时期内可以调整,可视为可变投入;医生的培养至少需要5年,因而在5年之内很难在数量上有很大幅度的增加,为不变投入;但在较长时期内可视为可变投入。

2. 生产函数

在生产过程中,生产要素的投入量和产品或服务的产出量之间存在着一定的关系,这种关系可以用生产函数来表示。

1) 生产函数的概念

生产函数表示在一定时期内、在技术条件不变的情况下,生产要素的投入数量与所能生产的产品或所能提供服务的产量之间的关系,它反映了某种商品或服务投入与产出的内在联系。例如,一所医院的设备、流动资金、雇佣的医生及其他人员、租用土地等,构成了医疗服务供给的生产要素投入,而产出是这些投入所能提供的最大服务量,生产函数描述了它们之间的关系。

假定 X_1、$X_2\cdots X_n$ 为生产过程中n种生产要素的投入量,Q 表示最大产出,则生产函数可表示为:

$$Q=f(X_1、X_2,\cdots,X_n)$$

表示在既定生产技术水平下生产要素的组合（X_1、X_2，…，X_n）在每一时期所能生产或提供服务的最大产量。如果假设生产中只使用劳动（L）和资本（K）这两种生产要素，则生产函数可写为：

$$Q=f(L, K)$$

需要注意的是，任何生产函数都是以一定时期内的生产技术水平作为前提条件的，如果生产技术水平发生改变，原有生产函数也会随之改变，形成新的生产函数，即形成新的生产要素投入与产出的关系。

2) 几种常见的生产函数

（1）线性生产函数　线性生产函数即生产要素的投入和产出的关系呈线性关系，可表示为：

$$Q=aL+bK$$

式中　L——劳动投入数量，
　　　K——资本投入数量。

（2）柯布、道格拉斯生产函数　柯布、道格拉斯生产函数是由数学家柯布和经济学家道格拉斯于本世纪30年代初提出来的。该生产函数形式简单，但具有经济学研究中所需要的良好性质，因此，是经济分析中常用的一种生产函数。柯布、道格拉期生产函数的一般形式为：

$$Q=AL^{\alpha}K^{\beta} \quad 0<\alpha<1, 0<\beta<1$$

式中 Q 代表产量，L 和 K 代表劳动和资本的投入量，A、α 和 β 为三个参数。

α 和 β 的经济含义是：当 $\alpha+\beta=1$ 时，分别表示劳动和资本在生产过程中的相对重要性，即由劳动和资本所带来的产出量分别在总产出量中所占的比重。通常劳动力对产出量的贡献大于资本。了解各类生产要素对产出量的贡献，可以为今天确定资金的投入方向（劳动力或资本）提供依据。

利用 α 与 β 之和可以判断卫生机构的规模报酬情况，以反映在其他条件不变的情况下，卫生机构内部各种生产要素按相同比例变化所引起卫生服务产出量的变化，然后决定是继续对卫生机构的增加投入，还是减少投入。规模报酬的变化情况可分为三类：

$\alpha+\beta>1$，为规模报酬递增，此时卫生服务产出量的增加幅度大于对卫生机构增加投入使其规模扩大的幅度，例如，卫生人力和资金增加100%，卫生服务产出量的增加大于100%。规模报酬递增的主要原因是卫生机构扩大投入规模可以带来生产效率的提高。因而，在这种情况下可继续增加对卫生机构的投入。

$\alpha+\beta=1$，为规模报酬不变，此时卫生服务产出量的增加幅度等于卫生机构规模扩大的幅度，例如，卫生人力和资金增加100%，卫生服务产出量也增加100%。说明在现有技术水平下卫生机构的生产效率已达到最高。

$\alpha+\beta<1$，为规模报酬递减，此时卫生服务产出量的增加幅度小于对卫生机构增加投入使其规模扩大的幅度，例如，卫生人力和资金增加100%，卫生服务产出量的增加小于100%。规模报酬递减的主要原因是卫生机构规模过大，使得提供卫生服务的各个方面难以协调，运转不良，从而降低了生产效率。在这种情况下不应再继续增加对卫生机构的投入。

（二）一种可变投入的生产函数

一种可变投入的生产函数是假设其他生产要素的投入量不变,考察一种生产要素投入量的变动对产出量的影响,可用于反映短期内生产要素投入与产出量之间的关系。例如,只有医生数量的变动,而护士数、药品材料、仪器设备等生产要素的投入量不发生变化,通过一种可变投入的生产函数考察医生数量变化对医疗服务的提供量的影响。

1. 总产量、平均产量与边际产量

总产量(TP):指与一定的可变投入相对应的最大产量,如表3—2中的第三列,在资本量不变的情况下,不同医生数所对应的总门诊数。

平均产量(AP):指单位可变投入的产量,即总产量与可变投入量(L)之比,如表3—2中的平均门诊数,为总门诊数与医生数之比。

边际产量(MP):指增加一单位可变投入量所引起的总产量的改变量,即$MP=\triangle TP/\triangle L$,如表3—2中的边际门诊数,为总门诊数的增量比医生数的增量。

根据表3—2可以做出反映总产量、平均产量和边际产量关系的图3—3。图中的三条曲线具有如下特点:

表3—2 一种可变投入生产函数的总产量、平均产量与边际产量

资本量(K)	医生数(L)	总门诊数 (人/日)(TP)	平均门诊数 (人/日)(AP)	边际门诊数 (人/日)(MP)
10	0	0	0	0
10	1	40	40	40
10	2	100	50	60
10	3	180	60	80
10	4	240	60	60
10	5	275	55	35
10	6	300	50	25
10	7	300	43	0
10	8	280	35	−20

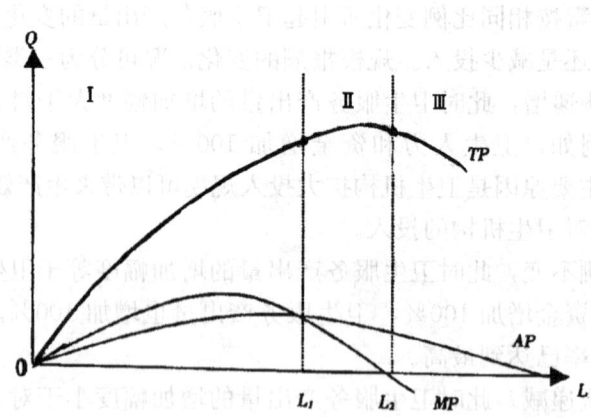

图3—3 一种可变投入生产函数的产量曲线

1)随投入量 L 的增加,TP、AP 和 MP 都是先递增,到一定程度后就分别递减。

2)当 AP 上升时,MP>AP;当 AP 达到最大值时,MP=AP;当 AP 下降时,MP<

AP。这说明边际产量大于平均产量时，平均产量就增加，反之，平均产量就降低；而当平均产量与边际产量相等时，平均产量达到最高值。

3) 当 MP=0 时，总产量 TP 达到最大。

4) 当 TP 下降时，AP 继续下降，而 MP 为负值。

2. 边际收益递减规律

从表3-2的数字可以看出：随医生数的增加，平均门诊数也在逐渐增加。开始增加一名医生，门诊人数增加得相对较多；如果再增加一名医生，门诊人数虽能继续增加，但增加的幅度却有所下降；随着医生数的不断增加，门诊人数的增加量逐渐减少，最后达到零，甚至为负值。这就是边际收益递减规律，即当其它投入要素的数量保持不变时，如果一种投入要素不断地等量增加，那么超过一定数量后，产出量的增量将会越来越小，即该种投入要素的边际产量是递减的。当然在实际中，门诊人数的增加量不可能出现负值，这只是说明在边际产量达到零值时，再增加医生的数量，将会使效益降低。

3. 生产的三个阶段

根据可变投入的总产量曲线、平均产量曲线和边际产量曲线之间的关系，可将生产分为三个阶段（图3-3）：

第Ⅰ阶段：可变投入从 0 增加到 L1。在这一阶段，平均产量始终是上升的，边际产量大于平均产量，总产量也是增加的。说明在这一阶段不变投入量相对过多，而可变投入相对缺乏，只要增加可变投入量就可以使不变投入的效率得到充分发挥而使总产量有所增加。因此，通常生产者将会在此时期增加可变投入，以增加总产量，并将生产扩大到第Ⅱ阶段。

第Ⅱ阶段：可变投入从 L1 增加到 L2。在这一阶段，平均产量呈下降趋势，边际产量仍大于0，总产量也继续增加，但速度递减，即这一阶段是从平均产量最大到总产量达到最大。通常生产只进行到第Ⅱ阶段，至于在此阶段可变投入的最佳投入数量究竟在哪一点，还需要结合成本、收益和利润进行分析后才能够确定。

第Ⅲ阶段：可变投入增加到 L2 以后，在这一阶段，平均产量继续下降，边际产量为负值，总产量开始降低，此时，每减少一个单位的可变投入都能够提高总产量。这说明相对于不变投入量来说，可变投入量相对过多，很不经济，应停止对可变投入的增加。因此，生产不能够进行到此阶段。

由此可见，可变投入量并不是越多越好，当可变投入量增加到一定程度时，再增加可变投入量，就会降低可变投入的利用效率。只有当可变投入量与不变投入量相匹配时，才能够获得最大产量。

例如，对于某医疗机构，在医生数较少的情况下，虽然诊疗设备很多，但没有医生的使用，服务量的增加就会受到限制。这时增加医生数量可使服务量迅速增加，且服务量的增加量大于医生数量的增加量，说明这一医疗机构的医生是短缺的，应增加医生人数以提高诊疗设备的使用效率。但随着医生数的继续增加，医生数与诊疗设备的配置比例将逐渐趋于合理，一旦二者的比例达到合理水平后，再增加医生数，医生与诊疗设备的比例就会出现失调，医生数的增加量将会高于服务量的增加量，说明医生人数过剩，利用效率差，应停止增加医生数量或减少医生数量。

（三）两种可变投入的生产函数

在长时期内，生产者可以调整全部的生产要素，因而产出量也会随之发生变化。为了使问题简化，假定生产某种产品或提供某种服务只投入两种要素，资本与劳动，这样就可用两种可变投入的生产函数来反映在一定技术条件下两种可变投入的组合与产出量之间的关系。与一种可变投入的生产函数不同之处在于，产出量不是一个变量的函数，表示产出量随资本量和劳动量的变化而变化。生产者通过对两种可变投入进行不同的组合，可以得到不同的产量。

以表3－3的数据为例。由表可见，两种可变投入的不同组合，既可以有不同的服务产出量，也可以有同样的服务产出量，如4位护士与1台仪器的服务量和2位护士与2台仪器的服务量是相同的，均为30单位服务量/小时，即增加一台仪器的投入，可减少2位护士的投入，或增加2位护士的投入，可减少1台仪器的投入。这说明两种投入是可以互相替代的，增加一种生产要素的投入量可减少另一种生产要素的投入量，在产量一定的情况下，生产者可以对两种要素进行不同的组合。

但是，对于多种组合来说，到底选择哪一种组合最好？生产要素的最优组合将会说明这个问题。

表3－3　护士与仪器的不同组合与服务产出量（单位服务量/小时）

护士人数（人）	仪器数（台）			
	1	2	3	4
1	5	11	18	24
2	14	30	50	72
3	22	60	80	99
4	30	80	115	125
5	34	84	140	145

二、生产要素的最优组合

在前面讨论一种可变投入的生产情况时，曾根据可变投入量的变化所引起的产出量的变化，将生产划分为三个阶段，并指出生产者应将生产选择在第二阶段。在所投入的资本与劳动均为可变投入时，不存在这种对生产的划分，但存在生产的经济区域与非经济区域的划分。生产的经济区域是指如果把生产选择在这一区域内，将不会造成资源的浪费，即将生产要素投入的组合维持在生产的经济区域内在经济上是可行的。但经济上可行并不表示经济上的最优。生产者应该在生产经济区域内的无穷多个可行点中选择一个最优点，也就是在既定的成本下使产出最大，或者是在既定的产出下使成本最小。

（一）等产量线

等产量线是指在技术水平不变的条件下，生产同一产量的两种生产要素投入量的各种不同组合的轨迹。例如，在表3－4中，两种可变投入（医生与其它卫生人员）可以进行多种组合得到相同的服务量Q＝400（人/日），即在技术条件不变的情况下，提供400人/日的服务量，可以选择a、b、c和d等各种要素投入组合。将这些点连成一条曲线，即为等产量线（图3－4），表示两种生产要素的不同组合给生产者带来同等的产量。它的作用与需求者行为理论中的无差异曲线相同。

在同一坐标平面上可以有无数条等产量线。如图3－4中的Q、Q_1和Q_2，但不同的等产量线所代表的产量是不相同的,等产量线越远离原点,表示产量越大,反之,则表示产量越小,即 $Q_1 > Q > Q_2$。

等产量线具有以下特点:

1. 曲线向右下方倾斜　表示增加一种投入（如医生人数）,需减少另一种投入（如其它卫生人员数）,或者说减少一定数量的投入所带来的损失需通过增加另一种投入来弥补。

2. 曲线凸向原点　表示当医生很少时,增加少量的医生人数,就可以减少很多的其它卫生人员的投入,如医生人数从10增加到20,就可以减少其它卫生人员30人；但当医生人数较多时,即使增加很多医生,也只能减少很少量的其它卫生人员,如医生人数从30增加到40,只能够减少0名其它卫生人员。这种现象是由于边际收益递减规律所致,我们将其称为边际技术替代率递减规律。即当一种投入不断增加时,它所能替代的另一种投入的数量就会越来越少。因此,用医生代替其他卫生人员是有限度的,而用其它卫生人员代替医生也是有限度的。

3. 任何两条等产量线不能相交

表 3—4　医生与其它卫生人员不同组合的等服务量

组合方式	医生数 X_1	其他卫生人员数 X_2	服务
A	10	60	400
B	20	30	400
C	30	20	400
D	40	10	400

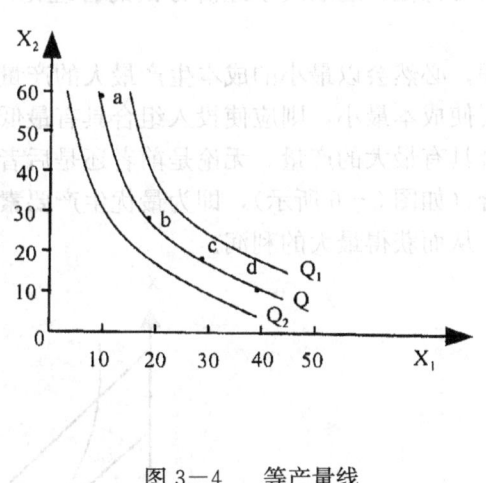

图 3—4　等产量线

但是,生产者是否能随心所欲地选择可以使产量达到最大的投入和要素组合呢？同样,医疗机构的管理者是否可以利用能够使该机构所提供的服务量达到最大时的医生与其它卫生人员的最佳组合呢？回答是否定的。因为在生产要素市场,生产要素是有价格的,生产者对生产要素的购买支出构成了生产成本。为了获得较高利润,生产者在选择投入要素组合时,不能只考虑产量,还应该考虑成本。同样,医疗机构的管理者在选择医生与其它卫生人员的组合时,也不能只考虑服务量,也要考虑成本。

(二) 等成本线

等成本线是指在既定成本和生产要素价格的条件下,生产者所购买的两种生产要素的各不同组合的轨迹。例如,某所医院每日支付人员工资 900 元,医生（X_1）工资为 30 元/日,其他卫生人员（X_2）的工资为 20 元/日,如果全部聘用医生,可聘 30 人（图 3-5 中的 A 点）,如果全部聘用其他卫生人员,则可聘 45 人（图 3-5 中的 B 点）,连接 AB,即为等成本线。等成本线在横轴上的截距表示全部成本可购买到的 X_1 的数量,在纵轴上的截距表示全部成本可购买到的 X_2 的数量,直线上的各点表示可买到 X_1 和 X_2 的不同组合。

在同一坐标平面上,可以有无数条等成本线,如 C、C_1 和 C_2,但不同的等成本线所代表的成本是不相同的,离原点越远,表示购买要素的投入越大,反之,则越小。

在等成本线上的点,是既定成本购买 X_1 和 X_2 两种投入的各种最大组合。在 AB 线以外,如 M,要聘用 20 名医生和 25 名其他卫生人员,需 30×20+20×25=1100 元,而医院只有 900 元,因而是无法实现的。在 AB 线以内,如 N,要聘用 10 名医生和 15 名其他卫生人员,需 30×10+20×15=600 元,虽然可以实现,但不是购买 X_1 和 X_2 的最佳组合。因此,只有在 AB 线上,才是既定成本购买 X_1 和 X_2 的最大组合。

(三) 生产要素的最优组合

生产的经济区域表明了生产者的选择范围,但并没有解决最优问题,因为生产者的最优选择不仅取决于技术方面的可行性,还取决于经济方面的合理化,即既要考虑到生产函数,也要考虑到成本。

生产者为取得最大利润,必然会以最小的成本生产最大的产量。由于投入是可以互相替代的,所以产量一定时,要使成本最小,则应使投入组合具有最低成本;成本一定时,要使产量最大,则应使投入组合具有最大的产量。无论是前者还是后者,投入组合都是在等产量线和等成本线切点上的组合（如图 3-6 所示）,即为最优生产要素组合。它能使生产者以最小的成本获得最大的产量,从而获得最大的利润。

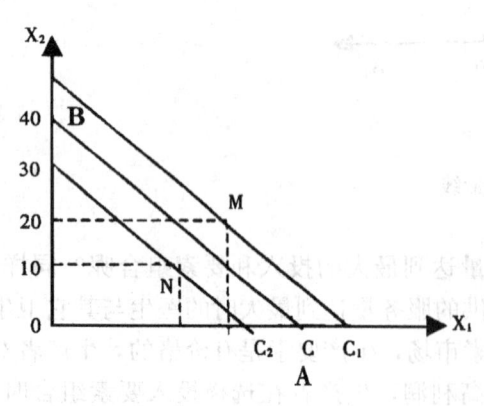

图 3-5　等成本线

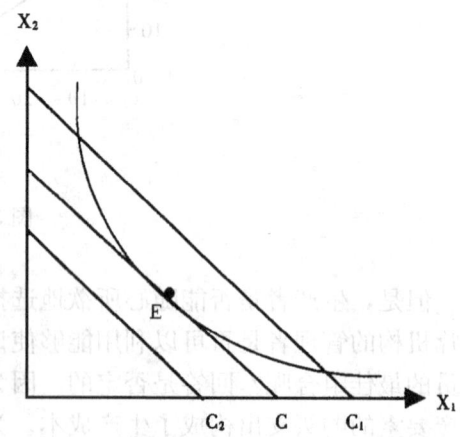

图 3-6　生产要素的最优组合

生产要素的最优组合原则是：两要素的边际产量之比等于两要素的价格之比，即可实现在既定成本条件下产量最大化，或在既定量条件下成本最小化。它表示生产者可以通过对两要素投入量的不断调整，使得最后一单位的货币成本无论用于购买哪一种生产要素所获得的边际产量相等。

二、成本理论

在这一部分内容中，主要分析成本对供给量的影响。

我们知道利润为总收入与总成本之差，而总成本又等于平均成本乘以供给量，即：利润 ＝总收入－总成本＝PQ－AC×Q，其中 P 为价格，Q 为供给量，AC 为平均成本。所以，平均成本将影响到利润。那么，平均成本在什么情况下可以使利润达到最大？我们可以用一个例子来说明。

假设某医疗机构每诊治一位患者的收入是 12 元，其边际收益（MR）也为 12 元，总固定成本为 12 元，与服务量相对应的总变动成本、平均变动成本、平均成本及边际成本的数值见表3－5。

对供给者行为的分析就是考察它选择多大的产出量。从表中数据可以看出，当服务量为 6 个单位时，该机构的利润最大，为 24.50 元。如果利用边际分析的方法，可以理论上解释这种现象。假定该机构开始仅提供 4 个单位的服务，则只能获得 19.00 元的利润，如果增加 1 个单位的服务量，可增加收入 12 元，即边际收益为 12 元，增加的成本为 6.75 元，因而增加的利润为 5.25 元，使总利润上升到 24.25 元。由于利润仍会上升，因而该机构还会增加服务量。当服务量为 6 个单位时，利润达到最高点，因为超过这一点，由于边际成本将大于边际收益，使增加的收入不抵增加的成本，所以，总利润反而随服务量的增加而减少。由此可见，如果医疗机构提供服务是为了追求利润最大化，则其所提供的服务数量在边际收益大于边际成本的情况下，会不断地增加，直到边际收益等于边际成本为止，此时利润达到最大。

因此，该医疗机构将选择提供 6 个单位的服务作为其供给量，而这种行为是该医疗机构追求利润最大化所致。

表 3－5　某医疗机构收入、成本、利润和服务量

服务量	总固定成本	总变动成本	总成本	平均固定成本	平均变动成本	平均总成本	边际成本	总收入	边际收益	利润
0	12	0.00	12.00							
1	12	6.75	18.75	12.00	6.75	18.75	6.75	12	12	－6.75
2	12	10.50	22.50	6.00	5.25	11.25	3.75	24	12	1.50
3	12	13.25	25.25	4.00	4.42	8.42	2.75	36	12	10.75
4	12	17.00	29.00	3.00	4.25	7.25	3.75	48	12	19.00
5	12	23.75	35.75	2.40	4.75	7.15	6.75	60	12	24.25
6	12	35.50	47.50	2.00	5.92	7.92	11.75	72	12	24.50
7	12	54.25	66.25	1.70	7.75	9.46	18.75	84	12	17.75
8	12	82.00	94.00	1.50	10.25	11.75	27.75	96	12	2.00
9	12	120.75	132.75	1.33	13.42	14.75	38.75	108	12	－20.75
10	12	172.50	184.50	1.20	17.25	18.45	51.75	120	12	－60.50

利用上述结论，可以进一步推导不同价格下的供给量。医疗服务的价格上升时，即边际收益增加，例如，从12元增加到20元。当服务量为6时，由收入的增加量大于成本的增加量（边际收益＝20元＞边际成本＝11.75元），因而该医疗机构就会增大服务量，直到边际收益＝边际成本时为止，此时的供给量为7。反之，如果降低服务价格，则提供者会减少提供量到6以下（视价格降低情况而定）。实际上边际成本曲线就是营利性提供者的供给曲线。

由此可以得出：随着价格的增加，供给量也增加，随着价格的降低，供给量也减少。这就是供给曲线所描述的规律。供给曲线所描述的规律是供给者的追求利润的行为所致，供给者的行为解释了在价格与供给量之间存在这种关系的原因。

三、卫生服务供给者行为分析

前面介绍了供给者如何有效的利用资源，选取最佳生产方案，以最少的投入获得最大的产出。但这一理论只适用于在完全竞争市场条件下追求最大利润的提供者，而卫生服务市场不属于完全竞争，许多情况下卫生服务的提供者提供卫生服务不都是为了追求最大利润，一些卫生服务机构的收入也不完全来自于市场（服务收入），因此，卫生服务提供者的行为还具有自己的特点。

（一）营利性卫生服务供给者的行为

如果卫生服务供给者处于完全竞争市场，所提供的卫生服务属于一般性服务，且提供卫生服务的目的是为了获得最大的利润，则该提供者的行为与前面所介绍的内容相符合，可用前面所介绍的理论进行解释，即供给者应根据生产函数和成本来确定合理的投入范围和最优要素组合，使提供者的投入方案既在技术上可行，又在经济上合理，以达到最优，这样才能够以最少的投入获得最大的产出。此外，还要通过成本分析，明确成本与服务量的关系，以确定最佳服务提供量。

但是，即使卫生服务供给者提供卫生服务的目的是为了获得最大利润，在实际中还会有许多其他方面的收入来源，如政府拨款、捐赠等非服务性收入。如果非服务性收入的数额是固定的，即不随服务量的增减而变化，则可以将其看做是供给者总收入的增加，或总成本的减少。

仍以前述例子为例。如果该医疗机构可以得到每服务量5元的非服务性收入，则在表3-6中所示的每一单元的服务量上均增加了5元，利润一栏中的每一水平也同样增加了5元，这等于总收入的增加，但总成本与变动成本并未受到影响，边际收益与边际成本没有发生变化，所以最大服务量仍然是6个单位。这说明非服务性收入不会影响营利性卫生服务机构的供给行为，只对每提供单位服务的利润产生影响。

如果非服务性收入水平与所提供的服务量有关，则随供给量的增加，边际收入（包括服务性收入和非服务性收入）也相应增加，而该卫生服务机构的行为也由于考虑了两种来源的边际收入而发生变化，最大服务量有可能随之增大。

（二）非营利性卫生服务供给者的行为

一些卫生服务供给者提供卫生服务不是以营利为目的，是非营利性的，或者为了达到一定的社会效益、追求效用极大化等。供给者提供卫生服务的目的不同，所表现的行为也有所不同。

1. 非营利性或以社会效益为目的的供给者行为

卫生服务的供给者若是非营利性或是以社会效益为其提供卫生服务的目的，则他们就会追求卫生服务数量与质量的极大化。如果目的是使卫生服务的供给量达到最大化，则只要保持不亏本（总收入＝总成本）即可，因而在总收入＝总成本达到之前，服务量将会不断增加，直到二者相等为止。从表3－5可以看出，该医疗机构的服务量可增加8个单位。因此，在服务成本相同的情况下，追求供给量最大化的卫生服务供给者所提供的卫生服务量，一般大于同样规模而追求利润最大化的卫生服务供给者。

对于营利性卫生服务提供者，增加非服务性收入并不会使其改变服务的提供量，因为这种非服务性收入与工作量的大小无关。但对于非营利性卫生服务提供者则有所不同。仍用前述例子进行分析。假设该医疗机构得到25元的固定资助，且这笔收入与服务量无关，当服务量为9单位时，总收入是108元，加上25元，为133元，正好大于这一水平上的总成本132.75元；但当服务量为10时，总收入120元，加上25元，也只有145元，不能弥补总成本（184.50），所以该医疗机构的服务量会增加到9单位而不是10单位。这25元也相当于总成本的减少，结果导致供给量的增加。

由此可见，如果给予追求服务量最大化的非营利性卫生服务机构固定资助，即使这一资助会与服务提供量无关，也会使该机构的服务提供量增加。

卫生服务的质量与数量常常是不可分割的两个方面，对于卫生服务的提供来说，有时质量比数量更为重要，因而卫生服务的供给者应提供尽可能高质量的卫生服务。但在实际中，不能无限制地既增加数量又提高质量，在其它条件固定不变的情况下，要达到一定数量的产出，卫生服务的质量和数量之间存在着各种不同的组合，可用生产可能性曲线来表示（图3－7）。从这条曲线上可以看出，如果增加卫生服务的数量，则卫生服务的质量就会降低，反之亦然。当卫生服务机构的规模一定和投入一定时，若一味追求卫生服务的供给数量，就会使卫生服务质量有所降低；反之，若提供较高质量的卫生服务，也会影响到卫生服务提供的数量。因此，如果资源的投入数量可以在一定程度上反映质量，在卫生服务机构的规模一定和投入一定的情况下，必须在卫生服务提供的质量与数量之间进行权衡，但应在保证一定质量的前提下，再追求卫生服务的提供数量。

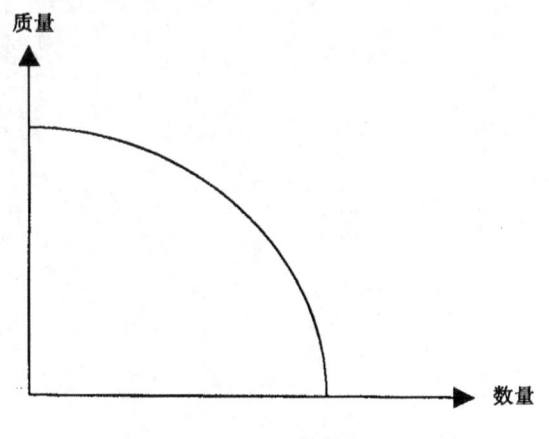

图3－7 生产可能性曲线

2. 追求效用极大化的供给者行为

根据效用最大理论，一些卫生服务的提供者提供卫生服务的目的是追求效用极大化，而不是为了经济利益。效用可以分为二部分，一种是无形的效用，一种是有形的效用。例如，某医院致力于冠状动脉搭桥术的研究与实践，目的是使其所提供的这类服务在全国闻名，这就是一种无形效用。通常追求无形效用的提供者对提供该种服务的直接成本收益考虑不多，因此，他们的行为和该种服务的提供量不能够用前述理论和规律去描述。对于医院来说有形效用主要体现在设备的先进程度上，如有无CT、有无核磁共振等，通常医院将有无这些先进的设备作为衡量该医院技术水平高低的指标。目前在我国的一些医院不考虑经济效益，为了攀比，无视需求水平的高低而盲目购置大型仪器设备，结果导致设备的利用效率很低。因此，追求有形效用的行为易导致卫生资源的浪费，也易产生诱导需求现象的发生。

（吴明）

第四章 医疗服务价格

> [教学目标]
> 1. 掌握均衡价格的概念
> 2. 阐释均衡价格的形成和价格的功能
> 3. 熟悉医疗服务价格的影响因素
> 4. 分析补贴政策与价格的关系
> 5. 了解我国医疗服务价格及其改革

在卫生服务需求和卫生服务供给两章中均涉及到价格问题。在市场经济体制下，以价格为核心的市场信号和作为市场活动主体的需方与供方构成了市场的基本要素，价格作为卫生服务需求和供给的主要影响因素影响着需方和供方的行为，反过来供需双方的行为又会对价格水平产生影响。在市场中，需求量、供给量和价格三者之间的互动作用构成了经济运行的内在机理，在调节资源配置过程中发挥着重要作用。在医疗服务市场中，医疗服务价格的形成及作用是什么？哪些因素影响着医疗服务价格？医疗服务价格如何进行管理？医疗服务的价格政策对医院行为以及医疗市场的作用和效果是什么？这将是本章重点介绍的内容。

第一节 价格的形成及其作用

一、均衡价格

在第二章和第三章中分别介绍了需求和供给与价格之间的关系，即需求量与价格呈反向变化关系，供给量与价格呈正向变化关系。在市场中这两个关系是同时发生的。如果同时考虑需求、供给与价格之间的关系，就可以看到在市场中，需求量和供给量是如何决定商品或服务的价格，以及价格又如何对需求量和供给量产生影响。

（一）均衡价格的概念

均衡原是物理学名词，是指当一物体同时受到方向相反，但力量相等的两个外力的作用时，就会处于一种静止状态，称为均衡。

市场均衡是指需求量和供给量相等状态下的均衡，即当提供者愿意提供的数量恰好等于需求者愿意购买的数量时，供给量与需求量的交汇点就是市场均衡点。此时，需求者愿意支付的价格与供给者愿意接受的价格是完全一致的，该价格称为均衡价格。如果用图形表示，则为需求曲线和供给曲线的交叉点所对应的价格（图4—1）。图中，P为价格，Q为需求量或供给量，S和D分别为供给曲线和需求曲线，E_0是均衡点。

（二）均衡价格的形成

均衡价格的形成是市场供求关系自发作用的结果。当价格 P_1 高于均衡价格时，供给量大于需求量，产生了供给剩余，这会引起供给者之间的竞争，并导致其行为发生改变：降低价格和减少提供量，而价格的降低可以带来需求量的增加，最终实现市场均衡，价格下降到均衡价格水平。当价格 P_2 低于均衡价格时，供给量小于需求量，产生了需求剩余，这会引起消费者之间的竞争（供不应求），供给者的行为随之发生改变：提高价格和增加提供量，价格的提高又会使消费者减少购买量，最终实现市场均衡，价格上升到均衡价格水平（图 4-1）。

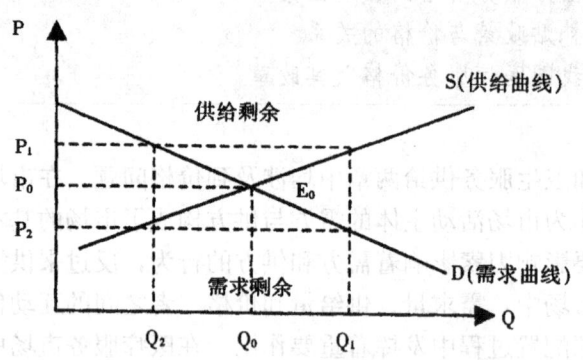

图 4-1　均衡价格及其形成

一般情况下，当价格位于均衡点时，市场相对稳定，否则，市场上的供求量就会发生变化，最终使价格趋于新的平衡，或恢复原有平衡。

（三）局部均衡与一般均衡

对于某种商品或服务，在特定地域内，在供需关系自发作用下所形成的市场均衡称为局部均衡。但在实际中存在着无数个市场。提供者在某一市场中提供某种产品或服务需要一定的生产要素，形成要素市场的需求；而消费者在市场中购买该种商品或服务需要支付货币，一方面受收入预算的限制减少了对其它商品或服务的购买，而影响到其它产品市场，另一方面又需要付出劳动获得收入来支付该商品或服务的价格，形成另一要素市场的提供方。图 4-2 形象地表示了两种市场之间的关系及供给者和消费者在两种市场中的角色与作用。

例如，CT 服务的价格提高，会带来提供量的提高及对 CT 设备需求量的增加，进而引起 CT 设备价格的上升、CT 设备生产要素价格的提高、生产要素原材料价格的提高、……；引起提供者的收入增加、对其它商品或服务消费量的增加、这些消费品或服务价格的升高、……；导致消费者利用 CT 服务的支出增加、对其它商品或服务消费量的减少、这些消费品价格降低、生产要素价格降低、……；如此等等。

可见，一个市场均衡状态的改变会引发其它相关市场均衡状态的变化以及与相关市场密切联系的其它市场的变化，即引发了许许多多市场的一系列变化，这种调整会一直不断进行下去，直到最后所有的市场都重新达到均衡状态或新的均衡状态，即达到了一般均衡。

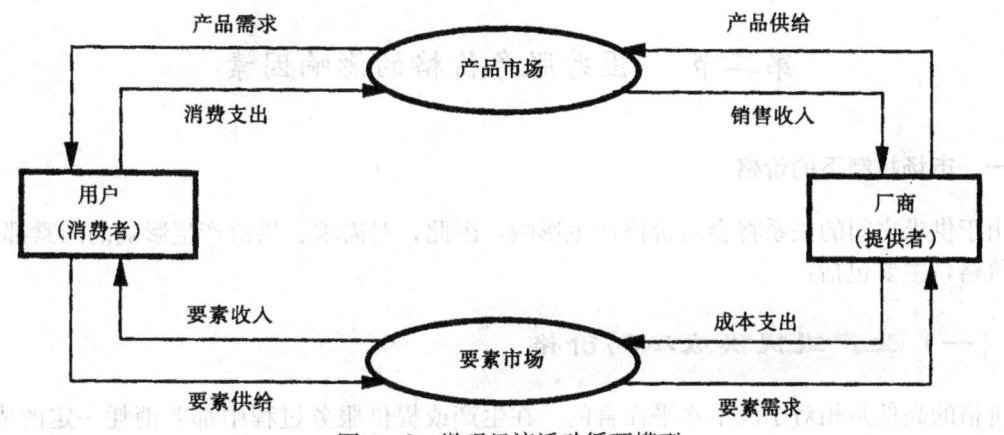

图 4－2　微观经济活动循环模型

二、价格的功能及作用

(一) 传导信息

价格可以反映市场的供求状况，价格的变化反映了市场中商品或服务的短缺或过剩状态，提供者根据价格的变化调整自己的生产或提供，包括生产或提供的类型与数量（生产什么）、生产或提供需要的资源种类、数量及组合状况（如何生产），直到均衡价格形成。因而一种产品或服务的价格变化会导致其它产品或服务供求状况的改变和价格的调整，导致市场均衡从局部均衡发展为一般均衡。因此，一种产品或服务的价格水平，不仅影响这种产品或服务提供本身，还会对其它产品或服务产生影响。在此过程中，价格起到了传导信息的作用，它是价格诸多功能中的最基本功能，价格其它功能的实现是以价格的传导信息功能为前提条件的。

(二) 资源配置

价格通过其传导信息功能引起提供者和消费者行为的改变，进而导致供需关系的变化和新价格的形成。由于提供生产或服务需要一定的资源，因而在此过程中，资源的投入与流向也会随供给量的变化而改变。当价格上升时，提供者会增加提供，因而会增加资源的投入，资源流向这种产品或服务；当价格降低时，提供者会减少提供，因而会降低资源的投入，资源流出该领域而流向其它产品或服务。因此，价格的变化可以调节整个社会中各类资源的配置，成为市场机制发挥其调节资源配置作用的关键因素。

(三) 促进技术进步

商品的价值是由社会必要劳动时间和社会平均生产成本所决定的，价格是商品价值的货币表现。如果某个生产者的个别劳动时间和个别生产成本低于社会必要劳动时间和社会平均生产成本，在同样的价格下就可以获得更多利润，在市场竞争中具有较大的降价空间，可通过价格手段扩大市场份额，因而在竞争中处于有利的地位。不断采用新技术以降低生产成本、提高劳动生产率，是降低个别劳动时间和个别生产成本的有效手段。在此过程中价格起到了促进技术进步的作用。

第二节　医疗服务价格的影响因素

一、市场机制下的价格

由于供求之间的关系将会对价格产生影响，因此，对需求、供给产生影响的因素都会影响到价格，主要包括：

（一）生产或提供成本与价格

价格的高低是相对于成本水平而言的。在生产或提供服务过程中都要消耗一定的成本，包括各种在人力和物力上的投入。如果提供者完全依靠市场来获得收入，则这些成本的消耗将只能通过价格来补偿。当提供者的生产或服务成本高于价格时，意味着提供产品或服务无利可图，在通常的情况下提供者是不愿意提供这种产品或服务的。因此，对价格产生直接影响的因素就是成本，在一定程度上决定着提供者所能接受的最低价格，成本高价格也高。例如，在我国的医疗服务中，药品、检查等服务的价格高与成本，而医生服务的价格却低于成本，不能够弥补去除政府经常性补助后的服务成本，因此，医院更愿意提供药品服务和大型医疗设备的诊治服务来解决补偿不足问题。

（二）需求水平

市场价格的形成与需求水平有密切关系。需求水平主要取决于购买意愿和支付能力，如果一个地区收入普遍较低，或缺乏购买意愿，例如，健康状况较好，不需要更多的医疗服务，则高价格的医疗服务利用量将会受到抑制。反之，经济发展水平较高的地区，可以在一定程度上提高医疗服务的价格而不会对需求产生很大影响。因此，价格的制定需要考虑需求水平。

（三）需求价格弹性与价格

需求价格弹性对价格水平有较大影响。在经济学中可以根据需求的价格弹性将产品或服务区分为富有弹性和缺乏弹性。富有弹性表示需求量的变动率大于价格的变动率，因此，当价格变化时对需求量的影响较大，即价格的变动不大就会引起该商品或服务需求量的较大变化。缺乏弹性表示需求量的变动率小于价格的变动率，因而价格变化对需求量影响不大，即使价格发生较大变化，其需求量仍然变动不大。

增加总利润不外乎依靠三个途径：提高价格、降低成本和增加提供数量，即：总利润＝（价格－成本）×提供数量。对于富有需求弹性的产品或服务，由于需求量对价格变化反应敏感，价格过高，需求量会明显减少，同时还会在一定程度上影响提供产品或服务的规模，造成规模不经济而导致成本提高，因而总利润也未必因提价而增加；反之，亦然，即降价可以作为提供者扩大市场份额、增加利润的有效手段。因此，这种产品或服务的市场价格水平需要在价格、成本和提供数量之间进行平衡后（目的是使总利润达到最大）来确定。而对于缺乏弹性的产品或服务，需求量对价格变化反应不敏感，即使提价需求量不会减少很多，因此，提供者出于经济利益的考虑会作出提高价格的选择，尤其是对于需求价格弹性很低的生活必需品，如医疗服务、水、电、煤气等。如果价格过高，就会对需方的利益造成损害，因此，这类物品或服务的价格常常是政府管制的对象。

（四）市场性质与价格

在经济学中将市场分为四类：完全竞争市场、垄断市场、寡头垄断市场和垄断市场。从完全竞争市场到垄断市场，提供方对价格的控制程度逐渐增强。在垄断市场中，提供者几乎是唯一的，且无替代产品，所以很容易利用其这种垄断地位操纵价格，即直接提高价格，或通过改变销售量来控制市场价格：以销售量的减少来抬高市场价格，以销售量的增加来压低市场价格。但对于需求价格弹性很低的产品或服务，垄断会导致价格在一定范围内的进一步上升，而需求者别无选择，只能接受升高的价格，因此，价格也会受到政府的管制。而在完全竞争市场，每一个提供者都无法控制市场价格，只能被动的接受价格，竞争使得每一个提供者难以利用提高价格的手段获得更高的利润。对于医疗服务，由于存在着天然的行业垄断性，因而总体上看，医疗服务的价格很难通过市场经济主体的充分竞争而形成。如果价格完全靠市场作用来形成，则易导致在一定程度上的垄断价格。当然，不同类型的服务需求的价格弹性存在着明显的差异，需求价格弹性相对较高的医疗服务（见第二章内容）价格形成可以通过市场竞争或有限竞争来实现，部分需求价格弹性很低的服务则以管制价格为主。

（五）医疗保险与价格

医疗保险对价格的影响可以从两个方面来分析。对于参加医疗保险的消费者，由于保险为其支付了全部或部分的医疗费用，等于降低了他们在利用医疗服务时应直接支付的价格。例如，购买共付保险后，每次看病付钱仅支付一部分医疗费，其余部分由保险公司支付。若某项医疗服务价格为10元时，个人需求为Q_1个单位，如共付率（C）为50%，消费者仅需支付5元钱，相对来说这种医疗服务便宜了，消费者可以用同样的钱数利用更多单位的医疗服务，比如可以看Q_2次病而不是以前的Q_1次。因此，有了共付保险后，个人卫生服务需求发生了变化，利用卫生服务消费者的数量也会发生变化。共付率C越高，即消费者使用卫生服务时自付比例越低，那么相对来说这种服务越便宜，对消费者医疗服务需求影响越大。

但是从提供者的角度来分析，由于有了医疗保险，相当于在利用医疗服务时价格降低，因而消费者对价格反应变得不太敏感，需求弹性较没有参加保险时有所降低，尤其是自付比例很低的人，因此，即使价格有较大幅度的提高，只要消费者自己支付的钱在收入仅占很小比例，就不会对需求产生很大影响。在80年代，实行双轨价格，即自费低价，公费劳保医疗相对高价，但在其它条件相同的情况下，后者的消费量反而高出前者很多，就说明了这一点。

（六）信息与价格

在前面的有关章节中提到，医疗服务存在着明显的信息不对称，医疗服务的需求与提供存在着不确定性，因而需方几乎没有判断医疗服务价格与质量关系的能力，即使了解同一种医疗服务是否存在不同提供者价格和质量关系的不同，也需要花费更多的时间和费用（高成本）进行比较后才能实现。消费者拥有的信息量少在一定程度上弱化了提供者之间的竞争，有可能导致价格的上升。在价格受到政府管制的我国，提供者会在提供类型和数量上"作文章"，也会导致自费者所支付医疗费用的增加。

有人提出，解决这种问题的方法是通过增加消费者拥有的信息量，包括服务的价格、费用和效果方面的信息。一方面，可以增加提供者之间的竞争，促使他们降低价格或费用。例如，在我国的一些城市公布了医院某种手术或住院治疗措施的费用以及相关的技术或治疗指标，病人可根据这些信息选择花费低但效果好的医院去就诊，通过增加病人对医院的选择性在这些医院之间引入了竞争，结果一些医院在很短的时间内就降低了该种手术或住院治疗措施的费用。另一方面，向消费者提供信息，可以降低消费者获得信息的成本，包括时间成本和货币成本，减少在此方面对消费者的利益损害。但也有人提出，应该向消费者提供什么信息的"度"不易把握，主要是很多医疗服务的效果不易在不同的医院之间进行比较和判定。如果只公布费用信息，又可能会带来误导消费者购买低费用的服务而忽视质量的问题。

（七）诱导需求与价格

供方可以创造需求是医疗服务与其它一般商品或服务不同之处。按照古典经济学的原理，供给增加，破坏了原有的市场平衡，价格将会相应降低。但在医疗领域中的经济规律有时与之相悖。医疗服务提供者为了在供给增加时仍保持自己的目标收入，就会利用自身的天然垄断地位"创造需求"，导致随供给增加，需求水平上升，使价格不变，甚至升高。

二、政府管制价格

政府管制价格是指政府根据需要和目标运用行政手段规定并强制执行的某些产品或服务价格的政策。在前面的有关章节中提到，医疗服务具有信息不对称、低价格弹性等与一般商品或服务不同的特征，这就决定了很多医疗服务的价格不能完全由提供者自主定价，即在医疗领域价格机制对供需行为和资源配置存在着调节失灵，因而需要政府通过价格管制来干预市场价格，目的是调节医疗服务的提供、消费、资源配置和收入分配。价格管制包括了服务市场的价格管制和要素市场的价格管制，前者直接影响医疗服务的供给与消费，后者对医疗服务的成本产生影响。

（一）管制价格的主要形式

政府所采用的价格管制形式通常有以下几种：

1. 最高限价

政府规定某些产品或服务价格的上限，产品或服务的实际提供价格只能在此价格以下变动，但不能高于这个价格。通过对最高价格的控制，使价格不能任意上涨。该价格总是低于市场均衡价格。例如，对于需求价格弹性不高的必需品或服务，包括医疗服务、水、电、煤气、房租、基础教育等，可以根据社会经济发展状况、需求状况、需方的承受能力和产品或服务的成本水平等确定最高限价，利用这种价格管制形式使市场提供消费者可以支付得起的产品或服务，以达到保护消费者利益的目的。此外，最高限价还可以起到反垄断、保证国家和社会公共产品需要、提高产品或服务分配的公平性以及抑制通货膨胀等作用。有时限价也会被政府用于作为限制某个行业发展或控制某种产品数量的一种手段。

2. 最低限价

政府规定某些产品或服务价格的下限，产品或服务的实际提供价格只能在此价格以上变动,但不能低于这个价格,目的是保护某类提供者的利益、鼓励某种产品或服务的生产或提供。当政府认为通过市场供求关系自发决定的某种产品或服务的价格太低,不利于该行业的发展时,就会对该产品或服务实行最低限价。因此,实质上是一种支持价格,它总是高于市场均衡价格。对于我国的一些农产品,如粮食,就采用这种价格管制方式。由于我国目前农村粮食生产的生产规模较小以及生产资料的价格较高,因而生产成本相对较高。近年来随着经济发展、生活水平的提高,人们对粮食的直接需求水平降低,粮食的市场价格降低。过低的粮食价格导致农民收益降低,损害了农民种粮的积极性。但粮食是一种特殊物资,其生产关系到国家的安全,必须保证供给和储备,如果价格过高,农民不愿意生产,就会影响提供量,因此,政府采用最低限价的价格管制形式,以稳定农业的发展。

在图4-3中,P_0表示市场均衡价格,在此价格下,消费者愿意购买的数量和提供者愿意提供的数量均为Q_0。P_1表示政府管制价格—最低限价,在此价格下,消费者的支付价格和提供者的提供价格都是P_1,而提供者愿意提供的数量为Q_1,高于均衡价格下的提供数量Q_0,消费者愿意购买的数量为Q_2,低于均衡价格下的购买数量Q_0,因而因管制价格高于市场价格导致了在提供量与需求量之间产生了差额Q_1-Q_2。如果政府不希望减少生产量,则这部分供给剩余(Q_1-Q_2)由政府购买。因此,最低限价往往会增加政府的财政支出。但如果采取最低限价的产品或服务需求弹性很低,价格在一定范围内高于市场价格不会产生较大的供给剩余。

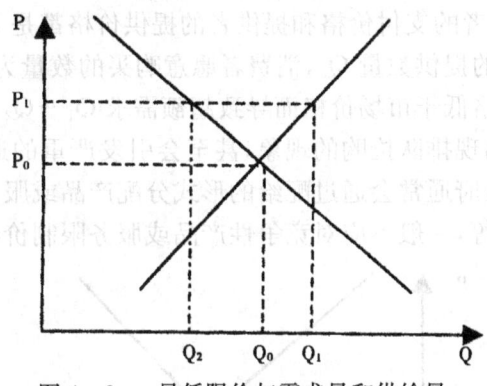

图4-3 最低限价与需求量和供给量

3. 绝对控制

政府对某种产品或服务直接规定一种价格,提供者必须严格地按照这种价格提供产品或服务,不能够提高或降低价格。我国在计划经济体制下就实行的是这种价格绝对控制的管制方式。政府可以通过这种严格的价格管制,直接调节产品服务的供求状况以及资源配置。当政府希望某种产品或服务增加提供时,可以提高价格,如果为了保证消费者有能力购买,如基本生活品或服务,就可以规定较低的价格。

4. 双面管制

政府对某些产品或服务价格既规定上限也规定下限,产品或服务的实际提供价格只能在此范围内变动,但不能超出这个价格范围。目的是防止价格的暴涨暴跌。

(二)政府管制价格存在的主要问题

由于价格是政府通过确定的,因而破坏了市场中价格随供求状况而进行调整的功能,价格信号所传导的信息不再是市场机制作用下的供求状况信息，根据价格信号变化后所调整的供求关系也不再是市场机制作用下的供求关系。因此，管制价格往往影响到市场对经济的自行调节功能。如果政府制定的管制价格不合理，不仅不能达到政府目标，还会带来一系列问题。此外，管制本身也存在一些问题。主要表现在以下几个方面：

1. 资源配置不合理，利用效率不高。

在管制价格下，市场信号不能发挥其正常调节资源配置的作用。当供不应求时，在市场机制作用下价格会上升。但在管制价格下（最低限价除外），提供者会因价格信号保持不变或变化不大而不增加提供或增加有限提供，造成市场产品或服务数量短缺，既影响到提供者的积极性，阻碍了更多资源配置到效益好的产品或服务领域，也会给提供者创造了"皇帝女儿不愁嫁"的机会，影响到产品或服务的质量，而消费者则需要排队购买。反之，当供给过剩时，在市场机制的作用下价格会降低，但在管制价格下（最高限价除外），提供者会因价格信号保持不变或变化不大而不减少提供或减少的数量有限，导致市场产品积压，服务利用水平较低，造成资源的浪费。

2. 商品短缺

在竞争性市场中，如果政府不对价格进行干预，则有市场均衡价格 P_0，在此价格下，消费者愿意购买的数量和提供者愿意提供的数量均为 Q_0。如果政府实行最高限价或严格的管制价格 P_1，在此价格下，消费者的支付价格和提供者的提供价格都是 P_1，而提供者愿意提供的数量为 Q_2，低于均衡价格下的提供数量 Q_0，消费者愿意购买的数量为 Q_1，高于均衡价格下的购买数量 Q_0，因而因管制价格低于市场价格而导致超额需求 Q_1-Q_2（图4-4）。超额需求的存在说明市场供给短缺，会出现排队抢购的现象，甚至会引发严重的通货膨胀，或导致黑市交易的出现。在这种情况下，政府通常会通过配给的形式分配产品或服务。因此，除非在特殊情况下，如战争、通货膨胀严重等，一般不应对竞争性产品或服务限制价格。

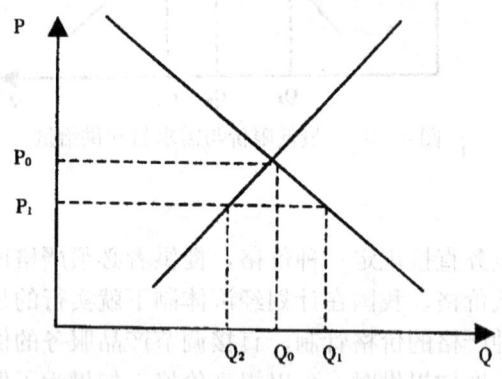

图4-4　最高限价与需求量和供给量

3. 较高的管理成本

管制价格的制定是建立在一系列充分调查和分析的基础上，否则，不合理的管制价格既不能实现政府的目标，还会导致资源配置不合理和提供效率低下。但各种产品或服务的种类如此之多，中国的市场如此之大，且各地区经济发展不平衡，再加上各种因素导致的市场供需关系的不断变化，要制定出适合各地区情况的各类产品或服务的合理价格并随市场供求关系的变化而相应调整，是相当困难的，也需要很高的调查和分析成本。

4. 导致寻租行为的产生

寻租是一种通过非经营性活动而获利的行为。在此过程中，一方是希望通过寻租活动获得比开展经营性活动更多利益的提供者，另一方是被作为寻租对象的拥有权力的个人或机构。寻租活动的实质就是一种"钱权交易"，它的出现意味着腐败或不正之风的产生。在一个非完全管制的社会，如果用行政力量干预市场活动，就可以在很多地方制造出商品的差价，这些差价被称为"租金"。例如，钢材的双轨制，以政府管制价格（通常低于市场价格）购买钢材的提供者，因低成本提高了产品在市场中竞争能力，因此，往往将差价中的一部分拿出来进行寻租，以获得低价钢材。又如，我国部分药品价格是政府管制价格或需要经过政府有关部门批准，生产企业为使价格能够最大程度的高于生产成本，也会通过寻租活动达到目的。

三、补贴政策与税收政策

为支持某一产品或服务的发展，除采用最低限价的价格管制政策外，还可以采用其它方法，如对产品或服务实行补贴政策。补贴政策与最低限价政策不同之处在于，前者是通过对生产者的补贴降低了生产成本，但价格仍通过市场中供求关系的自发调节而形成，并没有对市场的价格机制产生影响，也没有对市场价格形成产生直接影响，只是因生产者成本降低、增加产量而对市场价格的形成产生间接影响，但仍然是市场价格；而后者则由于政府直接对价格的干预，弱化或破坏了市场价格机制的作用。同理，政府为限制某个行业的发展，或控制某种产品或服务的数量，除采用最高限价外，也可以利用对该行业产品征税的形式，但最高限价影响或破坏了市场价格机制作用的正常发挥，而征税没有对市场价格的形成产生影响，影响的只是生产成本，使提供者因生产成本提高，利润降低而减少提供量。

对于部分产品或服务，政府还同时实行最高限价或严格价格管制政策和补贴政策。例如，我国政府在80年代以前，对医疗服务实行低价政策，目的是让居民能够支付得起利用基本医疗服务所需的医疗费用。但低价政策导致医院医疗服务成本高于价格，政府则通过对医院提供补贴的形式补偿因提供医疗服务所带来的政策性亏损。但由于限价或控制价格导致价格信号不再发挥作用，医疗机构不能根据市场信号调整自己的行为，带来医疗服务提供低效率等一系列问题。

第三节 我国的医疗服务价格及其改革

一、我国医疗服务价格政策调整的回顾

我国医疗服务价格政策的变化可以分为三个阶段：

（一）第一阶段

从1953年到1957年，政府规定卫生事业是福利性事业，政府向居民提供免费的预防保健服务，并建立了职工公费医疗和劳保医疗制度，资金来自于政府和企业，向行政事业单位和企业职工提供免费医疗服务。在此期间，政府逐渐增加对医院的投入，并对医院实行免税政策。虽然在1956年制订的暂行收费标准，使医疗服务价格较以前有较大幅度的降低，一

些服务的价格低于成本，但由于政府实行差额预算补助（结余上缴，亏损由上级政府补助的预算办法），再加上药品的批零差价收入，医院可以保持收支平衡，并使国民能够享受低价的医疗服务。

（二）第二阶段

从1958年到1980年。政府为了进一步提高卫生服务的福利性，以达到全民实行免费医疗或低价医疗的目标，自1958年起，三次大幅度降低医疗服务的价格（表4—1）。在此期间的卫生经济政策也进行了相应的调整。在1960年，国家对医院由差额补助变为职工的工资全部由政府承担，即所谓的包工资。此外，在此期间政府还承担医院的基本建设投资、设备购置和维修。实行的是"全额管理、定项补助、结余上缴"的政策。医疗服务的价格低于不含工资的成本，尽管药品的批零差价收入可以作为医院的收入，但由于药品零售价格的降低，实际上医院的这部分收入也相应减少，对成本的补偿作用减弱，而政府补助的增加并没有随着医疗服务价格调整幅度同步进行。因而医院虽然可以保持收支平衡，但无资金用于医院的发展和固定资产的维护。导致一些医院的房屋失修、设备老化，病人的就医环境恶化。

表4—1　　1956～1980年医疗服务价格变化

项目	1956	1958	1960	1972
挂号费	0.4～0.5元	0.3元	0.2元	0.1元
床位费	甲：2.50元			1.00元（北京，上海）
	乙：2.00元	1.00元	降低20%～30%	0.40～0.70元（其它地区）
	丙：1.50元			乡卫生院：0.20元
手术费		大手术：40元		大手术：30元
	—	中手术：30元		中手术：20元
		小手术：10元		小手术：8元

摘自：魏颖、杜乐勋主编《卫生经济学与卫生经济管理》，人民卫生出版社，1998：295—296

（三）第三阶段

从1980年至今。在此阶段我国的经济体制发生了很大变革，从过去的计划经济体制向社会主义市场经济体制转轨，各类社会产品和服务的价格以及价格管理体制也发生了改变。医疗服务提供系统首先面临的就是服务成本的提高，包括卫生材料、设备和水电煤气等价格的不断提高，人员工资也在不断增加。尽管政府对医疗机构的补偿政策做了一定的调整，即县及县以上医院实行"全额管理、定项定额补助、结余留用、超支不补"的经济管理政策，原则上基本建设和设备购置资金仍由政府承担，来自药品批零差价的收入仍可作为医院的收入，虽然在一定程度上调动了医疗机构提供医疗服务的积极性，但由于政府对医院的人员工资补助在医院总收入中的比例逐年减少，医疗服务的价格仍维持原有的低价政策。因而，医疗机构补偿不足的问题日趋严重，导致医疗服务提供的低质量与低效率，出现了因卫生资源短缺而导致的"看病难，住院难，手术难"的三难现象。因此，医疗服务的价格调整势在必行。

1983年价格实行"双轨制",即对自费病人和公费劳保医疗病人实行不同的收费标准,前者的收费价格不变,后者实行按不含工资的成本收费,目的是在增加个人经济负担的情况下,改善医疗机构的补偿状况。

1985年对新项目和高新技术按不含工资的成本进行定价,鼓励新技术的使用,并改善医院的补偿状况,但也促使医院争相购买大型设备,并过度提供大型诊疗设备服务的现象出现。

医院在一些医疗服务的价格严重背离成本的情况下,采用分解收费的方式提供服务,导致医疗费用的逐步上升。针对这种情况,政府从1988年开始整顿医疗服务收费,调整了4100项医疗服务的收费标准,1991年又再次进行了调整,规定了6000多项医疗服务的价格。

由于两种收费制度带来医院之间"贫富"不均、自费病人"吃"公费劳保医疗病人医疗费等问题,再加上医疗服务成本的上涨抵消了双轨制给医院带来的利益,因此,到1992年收费标准并轨,自费病人和公费劳保医疗病人按照同一种价格收费。

以后又结合医院等级评审,对不同等级医院实行不同的收费标准。这对于利用价格调整病人流向、改善医疗机构的补偿状况起到了很大作用。

二、我国医疗服务价格的作用分析及存在的问题

医疗机构运作动力的产生取决于其作为经济人所具有的追求自身经济利益的趋利动机,在正常情况下表现为希望以最小投入获得最大的产出(利润或服务数量、质量等),因而所考虑的核心问题是服务的成本、价格和提供量。如果服务的价格低于成本,通常没有人愿意提供,反之,则尽可能多的提供。因此,医疗机构在提供医疗服务过程中的各种行为均源自于它们追求自身经济利益的动机,医疗机构不同的收入来源或对医疗机构采取不同的补偿机制和价格政策,影响着医疗机构的收入和支出结构,进而对卫生资源配置和利用效率以及医疗费用的水平与结构产生影响。

目前我国医疗机构的收入主要来自于财政补助(经常性补助和专项补助)和业务收入,后者由药品收入、检查收入、技术劳务收入等构成,即采用了复合补偿形式。随着市场经济体制的建立与发展,医院总收入中经营收入的比重逐渐增加,而用于弥补人员成本的经常性财政补助比重却不断下降。目前城市医院财政补助(包括经常性补助和专项补助)的收入约占总收入的8%(1997),这对于医院"庞大"的人员成本无异于杯水车薪。同时,技术劳务价格水平很低,不能够弥补去除政府经常性补助后的服务成本,而药品服务和检查服务的价格却高出成本。因此,医院只能通过提供价格高于成本的药品服务和大型医疗设备的诊治服务来解决补偿不足问题。据统计,1997年城市医院药品收入、医疗服务收入(药品服务以外的医疗服务)和政府财政补助这三类收入大约占总收入的53%、39%和8%。

医疗机构的这种收入结构反映了不同收入来源及价格结构对医疗机构提供各类服务的激励作用及其结果。由于财政对医疗机构的补偿不足,医院所提供的服务又不能够完全按成本收费,医院只能通过提供药品服务和大型医疗设备的诊治服务来解决补偿不足的问题。但这种原本只是为解决医院补偿不足以维持医院简单再生产和一定程度上的扩大再生产的初衷,却为关心自身利益的提供者们所扭曲,变为不加约束的极力追求经济利益的行为,除了热衷于提供药品服务和大型医疗设备的诊疗服务之外,还出现了争相购买高精尖设备的现象,再加上医院等级评审的影响,这种竞争购买的趋势至今没有停止。有了设备就要提供服务,如

果需求不足，就过度提供高技术服务，导致高精尖设备的过剩和医疗费用的上涨。此外，药品加成政策是导致医院过度提供药品服务或提供不必要服务（如开大处方）主要原因之一。市场补偿的方式在一定程度上确实促进了医疗机构提供医疗服务的积极性，增加了医疗机构的收入；但另一方面，这种由此而带来的不合理的价格结构，导致医疗服务提供者在利益机制的驱动下，不适当地推动了有利可图的服务项目的发展，不仅带来供需关系和医疗服务提供结构的扭曲，也是导致医疗费用不断迅速增加的主要原因之一，并为在药品和医疗设备购买和使用方面寻租行为的存在创造了供方条件。

三、医疗服务价格管理改革政策

为解决目前因价格不合理所带来的一系列问题，满足人们群众的基本医疗服务需求，促进医疗机构之间有序竞争和医疗技术进步，降低医疗服务成本减轻社会医药费用负担，政府加大了医疗服务价格改革的力度。2001年国家计委和卫生部出台了新的医疗服务价格管理和药品价格管理的政策，主要内容包括：

（一）关于改革医疗服务价格管理的意见

1. 调整医疗服务价格管理形式

充分发挥市场竞争机制的作用，对医疗服务价格实行政府指导价和市场调节价，取消政府定价。前者即为最高限价，后者为市场价格。对非营利性医疗机构提供的医疗服务实行政府指导价，对营利性医疗机构提供的医疗服务实行市场调节价，医疗机构根据实际服务成本和市场供求情况自主制定价格。

2. 下放医疗服务价格管理权限

中央政府的有关部门负责制定国家医疗服务价格的方针政策、作价原则，规范医疗服务价格项目名称和服务内容。价格制定由省级价格主管部门和同级卫生行政部门负责，制定和调整本辖区非营利性医疗机构的医疗服务指导价格；或省级价格主管部门和同级卫生行政部门只制定和调整主要医疗服务的指导价格，其它医疗服务的指导价格，由地、市级价格主管部门会同卫生行政部门制定和调整。

3. 规范医疗服务价格项目

全国实行统一的医疗服务价格项目名称和服务内容。医疗机构必须严格按照国家规定的医疗服务价格项目和服务内容提供服务。

4. 改进医疗服务价格管理方法

根据医疗服务的社会平均成本，结合市场供求状况及其他因素制定和调整医疗服务指导价格的基准价和上下浮动幅度。

政府指导价要引入市场竞争机制，对不同级别的医疗机构和医生提供的医疗服务实行不同的指导价格，适当拉开差价，以引导患者选择医疗机构和医生，促进医疗机构和医生不断提高医疗服务质量和技术水平。放宽特需医疗服务的指导价格，以满足不同层次患者的需求。

（二）关于改革药品价格管理的意见

1. 调整药品价格管理形式

药品价格实行政府定价和市场调节价。前者包括列入国家基本医疗保险药品目录的药品及其它生产经营具有垄断性的少量特殊药品，如精神、麻醉、预防免疫、计划生育等药品，其它药品实行市场调节价，取消流通差率控制，由经营者自主定价。

2. 药品价格管理上引进市场竞争机制

政府定价原则上要按社会平均成本制定，对供大于求的药品，要按社会成本定价。要按社会先进成本定价。要规范销售费用率和销售利润率，使经营者能够合理补偿成本并获得合理利润。流通环节的进销差率和批零差价合并计算，实行差别差率，并逐步调整流通差率总水平。

政府定价药品，由价格主管部门制定最高零售价格。药品零售单位（含医疗机构）在不突破政府制定的最高零售价格的前提下，制定实际销售价格。

市场调节价药品，由生产企业根据生产经营成本和市场供求机制制定零售价。药品批发、零售单位（含医疗机构）要在不超过生产企业制定的零售价格的前提下，制定药品实际销售价格。

3. 建立药品价格管理的灵敏反应机制

减少中央定价品种、数量，除国家基本医疗保险药品目录中的甲类药品、生产经营具有垄断性的少量特殊药品的价格，由国家计委制定外，国家基本医疗保险药品目录中的乙类药品价格，在中央定价原则下由省级价格主管部门制定。国家基本医疗保险药品目录中的民族药价格委托省级价格主管部门制定。中药饮片、医院制剂的价格由省级价格主观部门确定管理形式。

对已由政府定价的药品，价格主管部门要根据企业生产经营成本、市场供求及实际流通差率变化等情况及时进行价格调整。

（吴明）

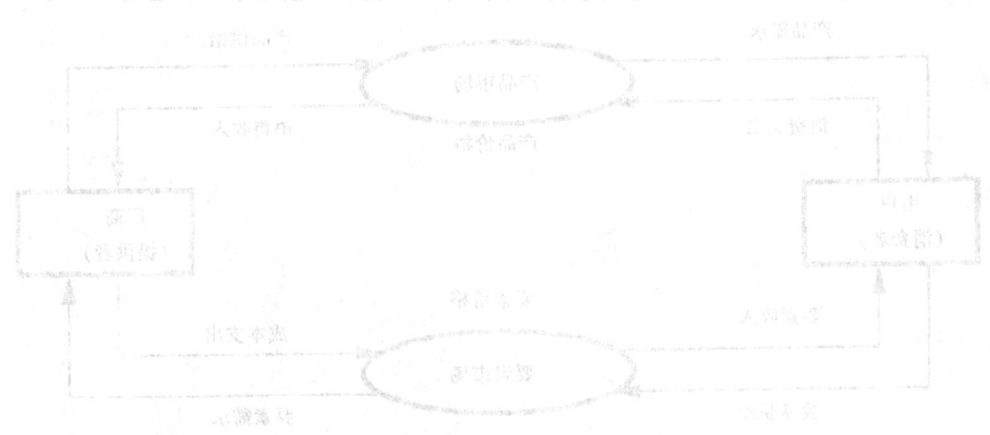

第五章　政府在卫生领域中的作用

> [教学目标]
> 1. 说明市场机制的概念及作用
> 2. 列举市场机制发挥作用的基本条件和市场失灵的表现
> 3. 简述政府干预的目的和范围
> 4. 了解市场经济中的政府职能
> 5. 分析政府在卫生领域中的作用和存在的问题

第一节　市场与市场机制

一、市场及市场机制

(一) 市场的概念

狭义的市场是指商品交换的场所。广义的市场指商品交换关系的总和，是买卖双方相互作用、共同决定物品或服务价格与数量的过程。

以价格为核心的市场信号（包括需求、供给、产品或服务的价格以及生产要素的价格）以及作为市场主体的消费者和提供者是市场构成的基本要素。在市场中，市场主体从自身利益出发，根据各种市场信号采取各自的经营行为、投资行为或消费行为，使得商品或服务在市场中遵循一定的价格在买卖双方之间进行交换。各市场要素之间的关系见图 5-1。

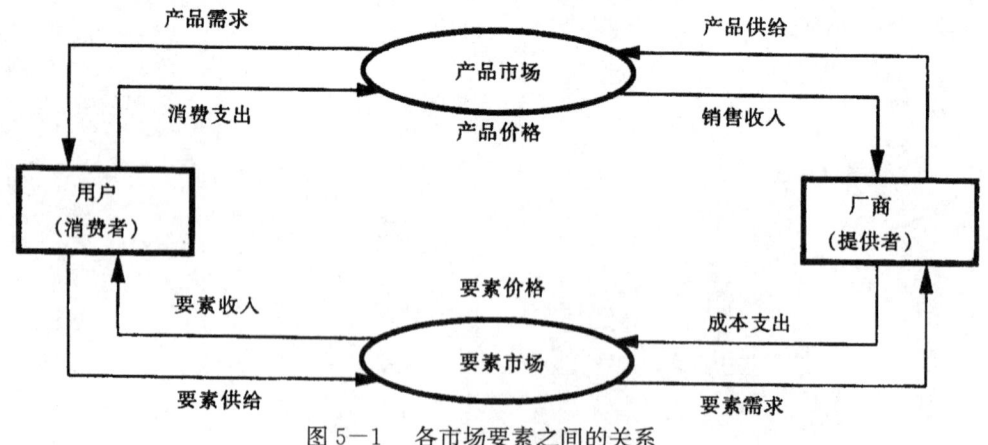

图 5-1　各市场要素之间的关系

(二) 市场机制

各市场构成要素相互作用、相互制约，构成了经济运行的内在机理，即所谓的市场机制，它是市场经济活动中各种调节作用的总称。通过市场机制的作用，实现市场对社会经济运行和社会资源配置进行有效调节的作用，并使社会资源以某种格局在社会中得到配置。

但市场各要素的存在，并不意味着市场作为社会资源配置的一种特定方式，在对经济运行和资源配置过程中起基础性调节作用。只有市场各要素相互作用时，才能够推动经济运行和实现对社会资源的调节和配置。

(三) 市场机制的作用

市场机制主要包括了供求价格机制、竞争机制和风险机制。市场机制调节的基本模式如图5-2。一定的市场供求状况对应于一定的价格水平，供求关系发生变化后价格也会随之发生改变，即当供大于求时价格上升，供小于求时价格下降。价格变化导致市场主体的行为发生相应的改变：当价格上升时，生产者为获得更多利益而增加生产，市场中的供给量增加，而消费者因价格上升减少购买，需求量下降；当价格下降时，提供者因收益减少而减少供给量，同时需求量上升。因此，市场主体调整行为的结果又导致供求关系的改变。如此循环往复，使供求关系趋于平衡，使价格趋于均衡价格。在此过程中，社会资源流向经济效益好的产品或服务。这就是供求价格机制的作用。

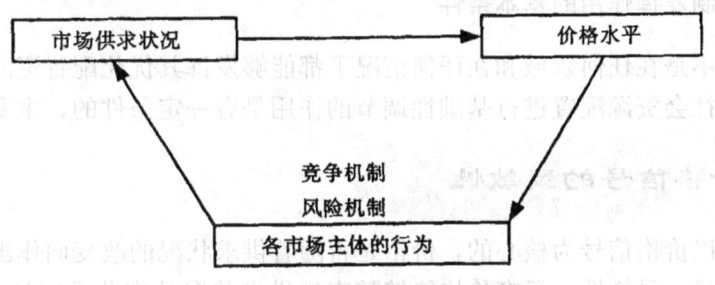

图5-2 市场机制调节的基本模式

在供求价格机制的作用过程中，各市场主体围绕一定的价格水平展开竞争，主要包括了两类竞争：

1. 在部门内生产同种商品的各生产者的竞争

商品的价值是由社会必要劳动时间和社会平均生产成本所决定的。如果某个生产者的个别劳动时间和个别生产成本低于生产该商品的社会必要劳动时间和社会平均生产成本，就可获得更高的利润，在竞争中处于有利地位（有更大的降价空间和更多的资本扩大生产），因而可以占有更多市场份额。反之，将亏本以至破产。所以，生产同种商品的生产者之间必然展开激烈的竞争。竞争的方式是不断采用新技术、提高劳动生产率，降低生产成本。竞争的结果，导致该种商品的生产率提高，社会必要劳动时间缩短，单位商品的成本降低，社会资源流向生产效益高的生产者。在此过程中，社会资源在该生产部门内的各生产者之间实现更合理的配置和有效使用。

2. 在部门之间生产不同种商品的各生产者的竞争

当某种商品供不应求时，价格上升，价格的变化可以给提供者带来更高的利润，因而除了本部门的生产者会增加供给外，其它利润较低部门的生产者也会向该部门投资以获得较高利润，这就促使生产要素向该部门的流动和转移。反之，若该部门商品供大于求时，价格下降，导致利润降低，则本部门的生产者就会减少生产，并将生产要素向其它利润高的生产部门转移。结果使社会资源在各部门之间的配置趋于合理，使用效率不断提高。

可见，竞争机制充分发挥作用的标志就是优胜劣汰。

此外，在市场经济条件下，每一个经济主体都必须承担风险，他们每时每刻都面临着盈利、亏损和破产的可能。风险以利益的诱惑、亏损和破产的压力推动生产者努力改善管理，更新技术，降低成本和提高盈利水平。这就是风险机制的作用。

亚当·斯密在《国富论》中对市场机制是这样描述的：每个人考虑和重视的都是自己的利益，为追求自身的利益而采取相应的经济行为，就像被一只看不见的手引领着，去尽力达到一个并非其本意想达到的目的，结果促进了整个社会的经济运行。

（四）市场经济

市场与市场经济并非等同概念，市场的存在并不意味着就一定存在市场经济。市场经济是一种与计划经济相对的社会经济运行与资源配置方式，它是就整个社会的经济运行与资源配置的基本特征而言的，是与计划经济完全不同的一种社会经济组织与协调形式和资源配置手段。当社会经济运行与资源配置是由市场机制起基础性调节作用时，则称为市场经济。

二、市场机制发挥作用的基本条件

市场机制并不是在任何领域和在任何情况下都能够发挥其优化配置资源作用的，市场机制正常发挥其对社会资源配置进行基础性调节的作用是有一定条件的，主要包括：

（一）价格信号的灵敏性

市场信号是以价格信号为核心的，价格是否随着供求状况的改变而作出相应和及时的变动反映了价格信号的灵敏性。只有价格能够随市场供求状况的变化及时地发生相应的变化，市场本身才能实现对社会资源配置的有效调节。反之，固定不变的价格不能够行使其市场信号的传递功能，供给者和需求者不能够根据价格信号来调整自己的行为。当供大于求时，价格没有降低，提供者继续生产和提供；当供小于求时，价格没有升高，提供者没有增加生产和提供。因此，价格的扭曲将会带来市场主体行为的连续扭曲，并导致资源的不合理配置和社会资源的严重浪费。

（二）完备的市场主体

市场体系是产品市场和要素市场的总称。当要素市场的供求关系与价格发生变化时，对产品市场的提供者来说意味着成本的改变，而生产或提供成本的改变又会引起产品或服务价格与供求关系的变化。反之，产品市场供求关系和价格的变化，将首先影响到要素市场的需求与价格，进而导致该市场中新供求关系和价格的产生。在两类市场相互作用和相互影响的关系中，市场机制的调节功能才能够实现。若不存在完备的市场体系，某个市场或两个市场的市场信号僵化，如产品市场的价格被严格管制，或生产要素依靠政府配给获得，则市场主体就不可能按照市场规律进行决策和采取相应行为，市场机制难以发挥其调节社会资源优化配置的有效作用。

（三）经济主体具有充分的经营决策权

经济主体具有充分的经营决策权是指他们能够自主决定生产什么，如何生产，并为决策的结果承担责任。只有市场主体真正能够自主经营、自负盈亏，并在此基础上形成自我发展、自我约束，才能对各种市场信号的变化作出正确而灵敏反应，市场机制才能够起到其调节资源配置的作用。否则，市场信号将不能够变为或改变经济主体的经济行为，也就谈不上如何有效利用资源进行生产，最终实现对资源调节和配置的目的。

（四）公平竞争的市场秩序

竞争机制的作用是给市场主体以压力，使他们不断提高管理水平和生产或提供效率，并迫使经济效益低下的经济主体退出市场，使社会资源配置到经济效益高的经济主体。要使竞争机制的功能真正得以发挥，就必须保证各相互竞争的市场主体进行公平的竞争，即站在同一条起跑线上平等竞争。否则，竞争的结果不是择优汰劣，使资源得到优化配置，而是变为择劣汰优，导致资源配置的不合理。例如，假冒伪劣产品、回扣等，竞争的不是价格、质量和生产效率，而是不良的经营手段。

产生不公平竞争的主要原因有二：

1. 未形成规范化的市场秩序

市场调节并不等于经济运行的无序和放任自流状况，市场机制像一只看不见的手，操纵着整个社会经济的运行。由于个人理性的有限性以及人性中的机会主义倾向，需要对市场交易方式、市场主体的权利与责任等进行统一的规范，并对执行情况进行监督。否则，不仅交易成本增大，而且影响到市场机制发挥其优化配置资源的作用。因此，在市场发展过程中，逐渐形成了各种制度，包括制度环境和制度安排以及制度的实施机制。例如，童叟无欺，不能够以次充好等。如果没有形成这种规范，总会有人采取机会主义行为，结果市场主体之间的合作将使一方不可避免的面临风险或不确定性，并导致交易成本的增加，难以形成市场主体之间的公平竞争。

2. 市场主体之间存在着不平等的竞争地位

在市场中，一些市场主体实力较强，如资金雄厚，拥有较多的资源数量，可占有更多的市场份额，最终可以导致垄断。当市场主体的实力增加到一定程度后，就可以利用自身的这种地位去影响、控制、甚至操纵市场。而实力较弱的市场主体则无力竞争，或竞争力很弱，只能被动地接受受到影响或受到控制的价格，并根据受到影响的供求关系调整自己的生产或提供量，结果市场份额逐渐缩小，甚至最终丧失市场。这样形成了各市场主体之间竞争的不平等，市场机制发挥作用的结果是"弱肉强食"。

（五）供求双方处于基本平衡和平等地位

当市场供求关系处于基本平衡状态，供需双方掌握的信息相差不大时，市场机制对资源的正常调节作用才能发挥出来。如果供给量明显大于需求量，则需方在竞争中处于有利地位，拥有更多的选择，即所谓的买方市场，导致供方之间形成激烈竞争，市场机制虽然可以发挥其调节资源配置的作用，但也以资源的巨大浪费为代价。如果供给量明显小于需求量，则供方在竞争中处于有利地位，即所谓的卖方市场，可导致供方之间的竞争弱化，产品或服务的价格较高但质量有可能下降。此时市场机制不再能够发挥其优化配置资源的作用。因此，市场机制对资源配置的调节只是在一定程度上的微调。

此外，当供需双方所拥有的信息存在严重差异时，一方拥有的信息明显多于另一方，则拥有信息多的一方占有主权地位，在交易中就会占有有利地位，具有较大获益优势。如果对他们没有一定的约束，在市场机制的作用下，易导致拥有少量信息的一方利益受损。

第二节　市场失灵与政府作用

一、市场失灵

在前面的一节中说明了市场机制在调节社会资源配置过程中的作用。但是，市场机制并不是万能，市场机制发挥其优化配置资源的作用是有条件的，在不能满足这些条件的情况下，市场机制不仅不能够使资源达到有效配置，还会产生负作用，导致资源配置状况的恶化，这种情况称为市场失灵。

市场失灵的主要原因有：

（一）市场机制对某些领域的调节作用很微弱

主要表现为以下几方面：

1. 信息不对称

信息不对称是指在市场中买方与卖方所掌握的信息是不一致的，一方掌握的信息多，而另一方掌握的信息少。对于一般商品或服务，通常卖方掌握的信息多于买方，如电视机的卖者比买者更了解所出售产品的信息（性能或功能、材料、质量、外观、色彩、价格、生产企业等）。但在某些市场，买方掌握的信息反而多于卖方，如医疗保险市场，投保人更了解自己的健康状况，而保险人对投保人健康状况的了解通常不如投保人。

在信息对称的情况下，买卖双方对自己所购买或出售的产品或服务信息有相同的了解，在供求双方都接受的价格下，提供者出售了自己愿意出售的数量，消费者也购买了自己愿意购买的数量，买卖双方的意愿在价格机制的作用下，通过市场的自由交易而实现。

但是，一旦供求双方所拥有的信息不对称时，虽然供求双方也都接受了某一价格，但由于二者的地位不平等，在一定价格下成交，往往对信息量大的一方有利，对信息量小的另一方不利。在这种情况下的均衡结果，导致社会资源的配置是无效率或低效率的，不能够达到资源配置的最优化。

2. 效益外在性

效益外在性又称外部性，是指某个经济主体的经济活动对他人造成影响，但这种影响并没有从市场交易的成本或价格之中反映出来。外部性分为正外部性和负外部性。

1）正外部性

正外部性指有利的外部性，即某个经济主体的经济活动使他人或社会受益，但受益者无须花费任何代价，该经济主体也没有因此而获得更多利益。例如，传染病的治疗服务，戒烟产品或服务。

具有正外部性产品或服务的经济学特点为：直接消费者（提供者）对消费（提供）效益的估计与消费（提供）的实际效益是不相同的，消费（提供）的总效益大于消费者（提供者）个别消费（提供）效益之和，即 $1+1>2$。由于消费者（提高者）在消费（提供）该产品时仅考虑到自己的利益，不会去考虑总效益或社会效益，如果一些因素影响到消费或提供，如肺结核病患者因经济困难，支付不起治疗的费用或没有认识到该病具有传染性而不去就医，结果往往是对该产品或服务的需求量小于社会最佳需求量，从而使社会对该产品或服务的需求不足，供给也不足，一部分资源没有配置到效益好的地方。

2）负外部性

负外部性指不利的外部性，即某个经济主体的经济活动使他人或社会受损，但并没有因此而承担成本。例如，化工厂排放污水，损害了周围的农田，给农民带来损失，农民要保持原有的产量就要增加成本，但化工厂并没有承担这种成本，因而会继续维持原有产量。

具有负外部性产品或服务的经济学特点为：个别消费者或生产者没有考虑由于他们的经济行为给别人或社会带来的负效应（外在成本），而由其他人承担了额外的成本，因此，该类消费者（生产者）消费（提供）的产品或服务总和高于社会最佳需求量（提供量），即 $1+1<2$。该消费者或生产者没有因为成本的增加而减少消费或生产，社会资源仍以原有的数量配置到这些消费品或产品上，导致资源配置和使用的低效率。

3. 公共产品

在第三章中已经介绍了公共产品，它具有非抗争性和非排他性，即一个人使用公共产品，其他人也能够使用，增加消费者的数量，不会引起产品成本的增加，边际成本等于零；且该公共产品一经提供，出资者可以使用，但不能排斥其他人的使用。由于出钱者可以使用，不出钱者也可以使用，且出钱者无法阻止不出钱者的使用，即这种产品一经提供，无论出钱还是不出钱者均可获益。所以，人们都会试图"免费搭车"，不出钱而受益，因而个人对这类产品的需求很少，相应的提供者提供这类产品也不会获得理想的利润。因此，在市场机制的作用下，公共产品市场将会处于极度萎缩状态，甚至根本不存在，导致公共产品的提供数量远远低于社会所需要的数量，资源没有配置到社会需要的地方。

（二）垄断

自由竞争导致生产的逐步集中，发展到一定程度就会产生垄断。垄断组织的行为已不再是依据市场信号调整自己的行为从而获取经济利益，而是反过来操纵市场信号，并借此牟利。此外，一些行业具有天然的垄断性，如医疗服务，提供者利用这种垄断性来影响市场价格和提供数量，提供对自己有利的产品或服务，但这样做常常会损害消费者的利益。因此，垄断会导致市场信号以至整个市场机制调节发生严重扭曲，使市场机制难以发挥其优化配置资源的作用。

（三）市场机制的调节与社会经济利益不一致

市场机制的调节是建立在各微观经济主体对自身经济利益追求的基础上，但是由于各微观经济主体不可能洞察国民经济的全局，并根据全局的利益来决定自己的经济行为，而且他们自身的经济利益并不一定就符合和社会整体的经济利益，甚至可能与宏观上的资源配置需要相悖。因此，市场机制对微观经济主体作用的结果可能会损害国民经济的全局利益或社会的整体利益。例如，医院和医生为追求自身的经济利益而过度提供服务和提供不必要的服务，自身的利益虽然得到了满足，但对国家、企业和消费者的利益造成损害。

（四）市场调节的滞后性

市场调节是一种事后调节，从价格形成、信号反馈到调整产品的生产需要一定的时间，尤其是对于供给价格弹性较低的产品或服务，需要的时间就会更长，再加上企业或个人往往不可能掌握所有的相关信息，因而微观决策常带有一定的被动性和盲目性。这在生产周期较长的企业或部门表现得尤为明显。所以，仅仅依靠市场机制的调节不能够保持国民经济的总供求关系的平衡，即使最终可以达到，也需要很长的时间。

（五）市场调节的消极性

在前面的章节介绍了市场机制对社会经济运行和资源配置的调节过程，即供求关系发生变化导致价格的变动，各市场主体根据价格信号调整自己的行为，进而又引起供求关系的改变。但是，在这种周而复始的供求关系变动和价格波动的背后，存在着社会劳动和资源的巨大浪费。当供大于求时，提供者不得不降价，甚至以低于成本的价格出售，相对于投入得到的收益有所减少；当供小于求时，价格升高，消费者不得不多支出货币来获得同样数量的产品或服务，但产品或服务的质量和生产效率并不一定高。

因此，市场对于社会资源供求平衡的调节是作为一个总的过程逐渐完成的，是以过程中无数次的不平衡或经济运行的紊乱为代价的，往往造成社会资源的损失和浪费，有时甚至是巨大的，是社会难以承受的损耗。

（六）市场机制的作用导致收入上的差别

市场交易原则上是平等的和等价的，但由于人们的素质、所拥有的资源存在差异，因而收入水平会有所差别。市场的自发调节反而往往容易引起收入差距的扩大，从而影响到人们在支付能力上的差别。因此，市场机制在提高效率方面可以发挥其有效作用，但往往难以实现社会的公平目标。

二、政府干预的范围

综上所述，市场机制不是万能的，它发挥优化配置资源的作用是有条件的，如果不满足这些条件，就会出现市场失灵。此时，就需要政府的作用。因此也提出了一些有待研究的问题：政府究竟应该履行哪些职能？政府的干预范围是什么？即政府干预的目的和目标、干预的领域和干预的程度是什么？政府如何进行干预？即采用何种途径、方式和措施来有效的履行自己的职责和实现干预的目标？这些问题都涉及到政府干预与市场机制调节的结合点，以及如何运用看得见的手（政府作用）和看不见的手（市场机制）进行调节，以达到资源优化配置，并保证社会目标实现的目的等问题。

（一）经济人理论

人采取各种行为的动机有多种，如为了经济利益、地位、权力、名誉、他人或社会的利益等等，在特定场合可能是其中的一种动机起主导作用，影响着人们的行为。在经济社会里，人采取行为的基本动机通常是出于自身经济上的考虑，即使是其它非经济动机也往往是以一定的经济实力为前提的，通常不以他人利益或社会利益作为其行动的动机。这就是经济学中"经济人"的假设。

那么，以自身利益作为行动的动机与他人利益和社会利益存在怎样的关系呢？从理论上讲，三者存在着以下三种可能的关系：

1) 在增进自我利益的同时实现他人和社会的利益；
2) 在不损害他人和社会利益的前提下实现自我利益；
3) 损人利己。

前两种情况都不会损害他人和社会的利益，通常对社会是有利的。而第三种情况对于整个社会来说总体利益为零，甚至为负，往往是不受任何约束的经济人采取行为的结果。

由此可见，经济人行为究竟给他人和社会带来什么影响，取决于社会的经济体制、制度框架以及包括法规在内的具体竞争规则。如果法律严明、奖惩分明，可使人行为规范，而无法可依或执法不严会带来诸如偷窃、伤人等一系列不遵守社会规范的行为。公平竞争的体制促使人努力工作，提高了社会效率，而平均主义的分配体制必然导致懒惰，社会效率降低。例如，在改革开放之前，我国的分配体制是"大锅饭"，社会收入不高、平均且不变，因此，出现了很多在工作时出勤不出力、懒散、只要没人看到就怠工等现象。这就是在那个时代典型的经济人行为。假设人的效用函数为：$u=u(i, t)$，其中 u 为个人效用，i 为收入，t 为闲暇时间，即个人效用的大小取决于收入水平和闲暇时间，要增加效用需要通过增加收入和/或增加闲暇时间来实现。在收入水平较低的情况下，如果存在增加收入的途径，人们会减少闲暇时间、增加劳动时间获得收入以提高效用。但在传统体制下，收入水平不高且多年不变，没有促使人们努力工作、增加收入的激励作用，因此，人们为提高效用水平，只有通过增加闲暇时间来实现。这导致当时的劳动生产率低下。

所有这些都是经济人的自利行为在不同规则下产生的不同结果。不同的制度框架和竞争规则，就会产生不同的行为模式。因此，问题的本身不在于个人是否追求自身利益，而在于制度和规则是否促使或限制其追求。在这个问题上，亚当·斯密认为，自利和利他是同一过程的两方面效应，人们在追求自身利益的同时也增进了他人和社会的利益，而不应该将两者对立起来。因此，关键是建立一个什么样的制度框架和具体的竞争规则来规范人们的行为，使每个人在不损害他人和社会利益的前提下实现自身的利益，并使社会整体利益在个人利益得到满足中得以实现。

（二）政府的任务和干预范围

在市场经济体制下，政府不必为了社会利益去限制人们追求自身利益的行为，而是建立起规范人们行为的制度框架和竞争规则，即政府的任务是通过制度使人们在追求自身利益的过程中不损害他人和社会利益，最终目的是即使个人利益得到满足，又使社会利益得以实现。

通常市场有以下几类缺陷：一是市场本身的固有缺陷，即在本节第一部分中介绍的市场失灵；二是市场发育不完善出现的功能障碍，例如，产权不明晰，一些市场的价格信号不灵敏；三是政府干预过多或不适当干预造成的市场功能障碍。在市场经济体制下，政府的作用就是针对这三类市场缺陷采取行为。

对于市场本身固有的缺陷，政府应该采取各种手段弥补市场失灵。例如，直接投资或购买公共产品，对正效益外在性产品给予补贴，通过转移支付缩小收入差距，通过制度（包括法律）的建立进行反垄断，通过经济法规和经济政策及其它财政手段解决宏观总量平衡问题。

对于发育不完善的市场，政府应采取相应措施去促进市场的发育，即建立起使市场机制能够发挥其优化资源配置作用的市场环境，包括建立和健全市场规则，促进产权的明晰等。但在这种情况下，有时政府往往采取措施代替市场直接进行资源的配置，如向效益不好的企业投资，或采用行政手段使企业兼并等，但结果不仅没有改善资源状况，反而带来了很多其它问题。实际上，市场发育不良带来的问题只能靠市场本身的完善来消除，政府只能通过促使市场尽快完善来解决问题，直接干预反而影响了市场的完善，妨碍了市场机制的正常作用，有时往往适得其反。

对于政府干预过多或不适当干预造成的市场功能障碍是指政府在本应该由市场机制发挥作用进行资源配置的地方插手资源的配置过程，结果带来了政策性市场扭曲，反而妨碍了市场机制功能的正常发挥。例如，在我国政府过度的价格管制、许可证制度、人事制度和其它行政性市场进入障碍等。这类市场缺陷不是市场本身的问题，而是政府行为的问题。纠正这类市场缺陷的方法就是政府退出市场机制能够发挥其优化资源配置的领域。

第三节　市场经济中的政府职能及在卫生领域中的作用

一、市场经济中的政府职能

在市场经济体制下，政府在参与经济活动中主要履行以下两大职能：

（一）基本职能

政府的基本职能是指政府凭借其政治权力维护社会秩序、保证国家机器正常运转的政权职能。具体内容及与经济活动的关系为：

1. 保证国家机器的正常运转

政府凭借其政治权力，通过税收等手段，筹集一定的资金（财政收入的一部分）来确保政府各职能部门（包括行政、外交、警察、军队等）的各项职能能够正常发挥，这是社会主义市场经济体制正常运转的前提条件。

2. 建立和健全法律体系

法律是维护社会秩序和社会稳定的必要条件，也是保证市场机制发挥作用的所必需的。在市场中，供需双方在商品交换中必须遵循一定的规则，才能够使市场主体进行公平的竞争，并降低交易成本，使市场机制正常发挥其优化资源配置的作用，法律是市场规则的重要组成部分。因此，相关法律体系的建立是营造使市场机制更好发挥作用环境的重要手段。

3. 建立和完善政策体系

政策体系是指政府各项政策的制定、政策的贯彻实施以及各种政策环境的总称，包括财政政策、货币政策、收入分配政策、产业政策以及各部门政策、地区政策等。政府通过各项政策来调节经济活动，并保证经济活动向有利于国家或社会目标实现的方向进行。

（二）经济职能

政府的经济职能是指政府作为国有资产的所有者和经济活动的宏观管理者，在公益事业（如公共产品与公共服务）和维护社会经济稳定等方面所应履行的职能。政府的经济职能主要通过以下职能来实现：

1. 资源配置职能

社会需要包括了对私人产品的需要和对公共产品的需要，在市场机制作用下公共产品市场极度萎缩，因而市场机制无法解决公共产品的提供问题，而公共产品又是社会所必需的。因此，政府应凭借所掌握的权力、财力和信息，本着公平和效率兼顾原则，使社会资源在公共产品与私人产品之间得到合理分配。

2. 收入再分配职能

在市场经济体制下，资源配置是根据个人所掌握的生产要素份额大小来分配的，消费品也是按照个人提供的要素和劳动的数量与质量分配的。由于个人掌握的原始生产要素不同，个人才能和努力程度也不同，结果导致收入的不均。在此方面政府主要通过税收、转移支付、补助等方式，将一部分人收入调整给另一部分人，形成新的收入分配格局，以减少社会成员在收入方面的不均程度。

3. 宏观经济调控职能

市场机制对社会资源配置的调节是一种微调，它不能实现或保持国民经济的总供求关系的平衡，即使最终可以达到，但需要很长时间，并以社会资源的浪费为代价。因此，需要政府利用经济法规和经济政策，辅以必要的行政管理，对国民经济的总量进行调控，以维护宏观经济的总量平衡。

4. 经济监管职能

政府依据法律、计划、政策、制度等手段对经济运行的方向和各个环节进行监管，以便及时纠正不良的市场行为。

二、市场经济中的政府财政职能

政府的经济职能主要是通过政府的财政职能来实现的。政府的财政职能主要包括：

（一）资源配置职能

政府通过财政收支对社会经济资源的配置和使用产生影响。一是通过对公共产品的直接投资或购买，来实现公共产品的提供，以满足国民对公共产品的需要，或通过对于对国民经济发展具有"瓶颈"效应的行业或企业投资，以达到控制目的，并通过这种形式来调节社会资源的配置。二是利用财政政策来影响生产、提供和消费，进而达到调节资源配置的作用。

政府通过税收政策对生产什么、如何生产和生产组织形式等产生影响。例如，对农产品实行减税或免税政策，以鼓励农产品的生产；对资本征税，则生产者就会在资本税较高时使用劳动力来代替部分资本，政府达到了影响如何生产的目标；对国有企业税收优惠，对非国有企业高额税收，实现对生产组织性的影响。

政府通过对供方或需方的补贴政策来影响双方的经济行为，进而达到调节供给量和消费量和资源配置的目的。例如，对某种出口产品的补贴，对医疗机构的补贴，可以降低该种出口产品或医疗服务提供的成本，促进该出口产品的生产和医疗服务的提供，目的是缓解该出口产品或医疗服务的市场短缺。通过医疗保险对需方补贴，可降低消费者在利用医疗服务时的价格，以达到需方增加医疗服务利用的目的。

（二）收入分配职能

政府主要采取转移支付的形式，将一部分人的收入转移给另一部分人，如用于支付养老金、失业救济、各种贫困救助、公债利息、各种补贴等。在此过程中，政府只起到了中介作用，与前面提到的直接投资或购买公共产品有所不同，前者是在社会不同个人之间进行资源的再分配，而后者直接占用了社会资源。

综上所述，政府的财政职能是通过税收以及以税收为基础的直接购买资源和转移支付的形式来实现的。

三、政府干预失灵

市场机制不是万能的，需要政府的作用。但政府干预也不是万能的，不仅不能弥补市场失灵，反而会导致资源配置的恶化以及资源利用效率的降低，这被称之为政府干预失灵。

政府干预失灵主要表现在以下几个方面：

（一）政府行为的低效率

政府行为的低效率包括决策低效率和工作低效率。它是由多种原因引起的。

1. 作为干预主体的政府工作人员同样受信息不完备的制约，面对中国如此之大、如此不平衡和如此多变的市场，政府不可能充分了解各种信息。随着经济关系的日趋复杂化，信息缺口也逐渐增大。尤其是在中国纵向层级隶属关系的体制下，上一级政府的信息是依靠下一级的报告来获得，而出于种种原因，谎报信息、歪曲信息等行为时有出现。因此，政府受信息数量和质量的制约，常常很难作出最优决策，而且要很长的时间才能作出决策。决策成本较高。

2. 政府工作人员也是经济人，也会追求自身利益和部门利益。假如自身利益或部门利益与社会整体利用相冲突时，在缺乏制度激励与约束的情况下，他们就有利用自身权力获取自身利用或部门利益的机会。此外，权力的滥用也会导致成本的提高。因此，政府工作人员的经济人行为是政府干预失灵的重要原因之一。

3. 政府干预的对象（企业和消费者），也常常出于自身的利益，利用自己所掌握的信息和知识，对政府的决策采取相应"对抗"行为或"打擦边球"，即所谓的"上有政策，下有对策"，使政策达不到预期的效果，或导致政策失灵。

4. 政府干预是需要投入的，即为政府干预成本，包括政府工作人员的工资、福利支出，行政设施支出（行政楼、汽车、办公设施等），日常行政费用，监督成本和各种隐性干预成本（如寻租行为带来的成本，滥收费，以权谋私，工作人员渎职或手续繁杂造成机会成本的丧失等）。目前在我国政府部门、机构、人员繁多，导致政府干预成本较高。

(二) 寻租行为

在日常生活中，常常会看到一种现象：一些个人或企业为了达到其经济目的，往往给能够使其经济目的以低成本而获得更大收益的拥有权力个人一定的"好处"。拥有权力的个人通常是拥有干预经济权力的政府官员，"好处"名目繁多，包括货币、实物、娱乐、旅游等多种形式和内容。这就是所谓的寻租活动，在经济学中用寻租理论来分析和解释这种现象。

1. 寻租行为的产生

当某种商品供不应求时价格就会上升，价格信号促使生产者增加供给。价格的变化使提供者获得了额外的利润。但是这种情况通常不能持久，因为随价格上升消费者的需求将会降低，当需求量下降到与供给量达到平衡时，提供者不再能够从价格的上升中获得额外的利润。

但在土地问题上则情况有所不同。随着人口和收入的增加，对土地的需求也会不断上升，但土地的供给量却极难增加。由于供给方面的约束，土地价格必然会不断上升。拥有土地的人即使什么也不干，仍然可以从土地价格的上升中得到额外利润。经济学家将这种差价收入称为地租，以后又扩展到广义上的"租金"，即只要有差价，就会产生租金。差价可以来自于多个方面，供给方面的限制可以产生地租差价，政府的行政干预也会产生差价，即为"租金"。

例如，某种产品实行价格双轨制，政府管制价格和市场价格，通常前者低于后者，差价由此而产生。若该产品是生产某种物品的生产要素，则以制服管制价格获得该产品的生产者的生产成本较低，将会在市场竞争中占有有利地位。因此，希望能够以管制价格购买更多数量的该产品，其它企业也希望获得，但该产品的数量有限，于是就会采用一些方法（如贿赂）从拥有批准权力的政府官员手中获得配给额。只要用于"贿赂"的资金低于两种价格之差，该生产者就可以获得比开展经营性活动更多的利益。这就是寻租活动。在此过程中，一方是希望通过寻租活动获得比开展经营性活动更多利益的提供者，另一方是被作为寻租对象的拥有权力的个人或机构。寻租活动的实质就是一种"钱权交易"，它的出现意味着腐败或不正之风的产生。

2. 寻租行为的后果

寻租活动导致提供者不是通过降低成本、提高生产效率来获得更多的利润，而是通过这种非经营性活动达到目的。它破坏了市场机制对产生者的激励作用，也影响了政府干预目标的实现，不仅对资源配置起到了恶化作用，而且还直接消耗了社会资源用于偏离社会目标的地方。

四、卫生领域中的政府作用

（一）卫生领域中的政府作用

在卫生领域中存在着很多市场失灵现象，如在信息不对称、具有公共产品性质的公共卫生服务提供、具有外部性的预防保健服务提供、卫生服务利用的公平性等方面，均存在着不同程度的市场失灵，因而需要政府的干预。

1. 政府干预手段

政府在卫生领域的主要作用包括：

1）政府对公共卫生服务、预防保健服务和基本医疗服务的投入；

2）规范医疗服务市场，包括制定各种准入制度以控制进入市场医疗资源的数量和质量，制定药品管理法、食品法等保护消费者利益；

3）直接投资和管理医院，以实现政府的社会目标；

4）通过财政政策进行转移支付，包括对需方的直接补贴和间接补贴以及对供方的直接补贴和间接补贴；

5）医疗服务的价格管制

2. 政府作用的对象

如果我们按照经济学的特点对卫生服务进行分类，可分为具有公共产品性质的服务（如部分公共卫生服务）、具有准公共产品性质或正外部性的服务（如一些预防保健服务）、必需的卫生服务和特需卫生服务四类，从具有公共产品性质的服务到特需卫生服务，政府作用的力度由强变弱，而市场作用的力度则由弱变强，如图5-3所示。

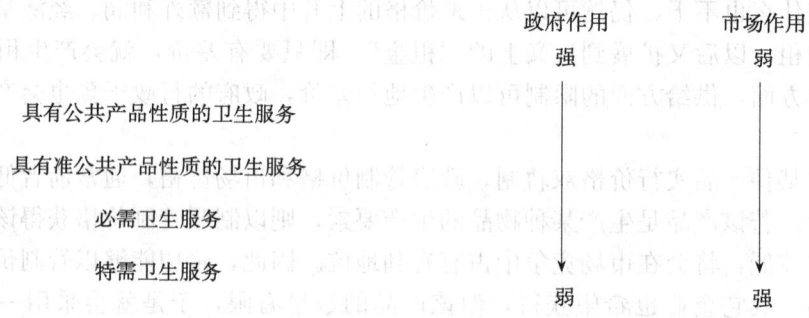

图5-3 不同类型服务政府与市场作用强度示意图

（二）政府在卫生领域中的作用分析及存在的问题

1. 政府的财政职责

随着经济体制的变革，政府财政职责应发生转变，由过去计划经济体制下的单元财政结构向市场经济体制下的双元财政结构（公共财政与国有资本财政）转变。其中公共财政是指作为政权组织和社会经济管理者的政府以政权组织对税收进行分配，以满足公共需要，弥补市场失灵，保证各类通过市场机制难以达到有效配置资源的社会公共需要的财力。因而公共财政的主要职责为：①仅保证公共需要，而不应参与市场机制能够解决资源有效配置问题领域的活动；②通过税收、财政补贴和社会保障等政策性收支，调节社会分配的不公。

具体到卫生领域，对于具有公共产品和准公共产品性质的公共卫生服务、预防保健服务和基本医疗服务，应由政府出资补偿卫生机构无偿提供公共卫生服务的成本，或通过市场机制与政府补贴相结合的方式补偿部分具有准公共产品性质的卫生服务成本。但目前相当比例的财政补贴仍然用于医疗机构的人员经费，用于扩大医疗机构的规模，结果导致真正需要资金的防保领域却资金不足，防保机构不得不以提供有偿服务来弥补服务成本。

城市医疗保障制度正在改革之中，即使全面推行社会医疗保险制度，也仅覆盖城市人口的50%左右，其中只有约10%人的医疗保险费由财政负担，再加上目前的社会医疗保险是以费的形式收缴保费，因而如果不扩大社会医疗保险的覆盖面，并将社会医疗保险费改为税，则财政通过社会医疗保险调节卫生服务分配不公平的职能就难以体现。

尽管上述状况正在逐渐发生改变，但政府的公共财政职能在卫生领域并没有很好的发挥其弥补市场失灵和减少卫生服务分配不公平的作用，反而因卫生投入方向的不合理（更多的投到产生直接经济效益的高层级医疗领域），以及实施相应的影响市场机制在卫生领域更好发挥作用的补贴政策、价格政策等，使卫生资源利用的总体经济效益及社会效益均不高，不公平问题加重（缺乏医疗保障和利用不起高价格的高层级医疗机构提供的服务）。

2. 财政体制

政府卫生投入不足，一是因改革开放以来多次放权让利而使财政收入占GDP的比重逐年下降，现有财力无法满足社会各领域对政府提出的日益增高的要求，二是因各级政府对卫生事业重视不够，这些都会导致政府卫生筹资的相对水平逐年下降。但更重要的原因是现行"划分收支，分级管理"的财政体制。在这种体制下，卫生支出主要是由各地方政府负责，使得财政收入不高或根本就入不敷出的城市基层政府、农村县或乡政府，尤其是贫困地区，没有更多的资金分配到卫生部门，无力发展卫生事业，而这些地区的对卫生资金和卫生服务的需要却较高。从而导致卫生资源配置的层级结构不合理，也带来卫生服务分配不公平的进一步加重。

3. 政府主要支持供方的投资体制

虽然有近30%的政府资金是用于需方（公费医疗或社会医疗保险），但这仅覆盖了很少比例的人群。对于我国的大多数人口而言，政府的卫生资金主要投向医疗服务提供方，尤其是在经济欠发达的广大农村地区，即使是对卫生的有限投入，也主要用于对卫生服务供方的支持，而很少对卫生服务的需方进行投入。这种政府主要支持供方的投资体制，虽然在一定程度上补偿了医疗机构提供医疗服务的成本，医疗机构可以较低的价格向居民提供其所需要的卫生服务，在一定程度上确实提高了经济欠发达地区居民或低收入居民对卫生服务的可及性。但是，也带来了在卫生服务分配上新的不公平。对于仍停留在解决温饱问题阶段的人们，即使是降低医疗服务的价格，他们因为对医疗服务的需要水平高以及过低的收入，也仍然利用不起他们所需要的最基本医疗服务，即使利用了卫生服务，也是挤占了他们仅能满足基本生活需要的低水平收入。但对于高收入者来说，低价使他们几乎能够免费的利用卫生服务，并会刺激他们更多的利用卫生服务，甚至是不必要的利用。因而政府通过对供方补助降低医疗服务价格的方法，有利于收入相对较高的人群，不仅不一定能够达到提高低收入人口对卫生服务可及性的目标，反而在一定程度上扩大了不同收入人群卫生服务利用率的差距。

此外，政府这种主要支持供方、不支持或较少支持需方的卫生投资体制，虽然在一定程度上改善了农村地区卫生服务的提供能力，但在贫困农村由于农民利用不起卫生服务，或因经济原因利用水平很低，因而即使有了机构、设备和医生，但因利用不足而出现供大于求的现象，同时每年还需要为此支付一笔数量不菲的经常性费用，导致卫生资源的浪费与不足并存。

4. 补贴政策

根据补贴对象可以分为对需方的直接补贴（如包干制，个人账户中2%工资水平的政府资金）和间接补贴（如降低医疗服务价格，企业购买医疗保险的利润免税）和对供方的直接补贴（政府给医院的卫生事业费等）和间接补贴（医院服务免税）；根据补贴方式可以分为对需方的平均补贴和针对特殊人群的补贴及对供方的按机构、床、人补贴和按服务、功能补贴以及定项、定额补贴。不同的补贴方式，对供需双方的激励机制不同，并影响到他们的行为，进而对卫生服务分配的公平性和卫生资源配置及利用效率产生影响。

对需方的直接补贴及降低医疗服务价格，或者因消费者（尤其是低收入者更需要利用这笔钱满足基本生活需要）为尽可能少花自己的钱而不去就诊影响健康，或者因为低价政策有利于高收入者，而低收入者即使是低价也仍然利用不起医疗服务，因而导致不公平现象的产生。

农村地区对医疗费用的平均补贴政策：政府和集体在医疗费用上对需方的补贴很少，例如，在一些地区政府和集体通过合作医疗对需方给予少量的补贴。但就是这少量的投入，也是按照平均方式进行补贴。享受者患病就诊发生了医疗费用，无论收入高低，只要医疗费用相同，均能享受同样水平的补贴。实际上这种低水平的补贴对于高收入者来说无所谓，但对于真正需要补助的特困人口却又是杯水车薪，解决不了他们难以负担较高医疗费用的实际问题。表面上是一种平均，结果是带来在卫生服务分配上新的不公平。因此，应有针对性的对特殊人群（如脆弱人群）进行补贴。

供方补贴对卫生资源配置、利用及卫生服务分配公平性的影响已在前述。对供方按机构、床和人的补贴方式，是导致卫生资源规模不断扩大、卫生资源配置结构（尤其是层级结构）不合理，进而引起卫生服务分配不公平问题出现的主要原因。

(吴明)

第六章 卫生筹资和卫生总费用

[教学目标]
1. 阐释卫生筹资的基本概念
2. 简述卫生总费用的基本概念及影响因素
3. 掌握评价卫生总费用的基本方法
4. 陈述中国卫生筹资现状及存在问题

第一节 卫生筹资概述

一、卫生筹资的概念

(一) 卫生资金的概念

卫生资金是指卫生资源中表现为货币形态的内容。

卫生资金有两种具体表现形式：

1. 流入卫生领域的卫生资金

通常这部分卫生资金表现为卫生部门的财务收入，包括各项拨款和各项业务收入。

2. 流出卫生领域的卫生资金

通常这部分卫生资金表现为卫生部门的各项费用支出，如各项业务活动经费和基本建设支出等。

卫生资金和卫生费用存在着一定的区别。卫生资金是指一定时期内卫生领域占用的社会劳动，而卫生费用是指一定时期内消耗的社会劳动。

(二) 卫生筹资的概念

1. 狭义概念

狭义的卫生筹资是指卫生资金的筹集，包括卫生资金的来源渠道、各渠道具体内容、数量、比例等。

2. 广义概念

广义的卫生筹资不仅包括卫生资金的筹集，还包括卫生资金的分配和使用，即不仅要研究卫生资金从何而来，资金来源渠道和各渠道的数量，还要研究资金的去向和数量，即分配流向，以及资金的使用效率、公平性等问题。

二、卫生筹资渠道和使用

（一）政府卫生筹资

卫生领域中大量的公共产品和准公共产品，决定了卫生领域中存在着"市场失灵"，不可能通过市场机制有效地实现卫生资金的筹集和有效配置。政府要通过政府拨款，保证向全社会提供公共产品，对预防保健等准公共产品给予补贴，对贫困人口和脆弱人群提供医疗救助。

在我国，政府卫生筹资是指各级政府用于卫生保健事业的财政预算拨款，根据其经济用途划分为公共卫生服务经费和公费医疗经费（或社会医疗保险经费），前者主要指政府投入到卫生服务提供方的资金，具体来讲，包括对卫生部门所属医疗机构的经费补贴、中医医院的经费补贴、卫生院经费补贴、防治防疫部门经费补贴、妇幼保健经费、计划生育经费补贴、高等医学教育经费、预算内基本建设经费、医学科研经费、卫生行政部门管理费用等；后者指政府投入到卫生服务需方的资金，具体来讲，原指政府投入到公费医疗的经费，我国进行城镇职工基本医疗保险改革以后，这部分经费应体现为政府投入到城镇职工基本医疗保险的经费和政府投入到农村医疗保障制度的经费。在我国的卫生总费用测算与分析中，政府卫生筹资以以下指标体现：

1. 公共卫生服务经费
1）卫生事业费：是评价政府对卫生工作投入的重要指标。
2）中医事业费：指卫生部门所属的中医医院的补助经费。
3）计划生育事业费
4）高等医学教育经费
5）预算内基本建设支出
6）医学科研经费
7）卫生行政管理费
8）政府其它部门卫生支出
2. 卫生服务需方经费

（二）社会卫生筹资

在我国，社会卫生筹资是指来自于政府预算外社会各界投入到卫生事业的资金，体现了社会各界对卫生事业的投入和重视程度。主要包括以下几方面内容：

1. 行政事业单位卫生支出
2. 企业卫生支出
3. 乡村集体经济卫生支出
4. 私人办医卫生支出
5. 其它卫生支出

（三）个人卫生筹资

个人卫生筹资是指居民利用自己可支配收入支付各项医疗卫生费用和各项医疗保险费用。

1. 城市居民个人卫生支出

城市居民个人卫生支出主要包括以下几方面内容：
1）城市居民的医疗卫生费支出
2）城镇职工按规定个人缴纳工资总额一定比例的保险费
3）城市居民参加各种商业医疗保险所支付的保险费

2. 农村居民个人卫生支出

农村居民个人卫生支出主要包括以下几方面内容：
1）农村居民的医疗卫生费支出
2）农村居民参加合作医疗等医疗保障制度缴纳的费用
3）农村居民参加各种商业医疗保险所支付的保险费

第二节 卫生总费用及其影响因素

一、卫生总费用基本概念

（一）卫生费用

国际上广泛接受的卫生费用的定义为：卫生费用是指凡是其主要目的是促进健康的活动所花费的资金。具体包括健康促进与预防、诊断、护理、治疗、残疾、受伤的康复及医学教育和科研等，还包括军队、企业所属机构的费用。总之，国家卫生总费用是一个国家卫生费用的总和，是衡量一个国家卫生部门经济状况的重要指标。

表6-1 国家卫生费用占国内生产总值GDP比例（%）的变化（1970～1990年）

国家	1970	1975	1980	1983	1985	1987	1990
加拿大	5.5	7.3	7.4	8.5	8.4	8.6	9.1
丹麦	3.6	6.5	6.8	6.6	6.2	6.0	6.3
法国	4.2	6.8	7.6	9.3	8.6	8.6	9.4
德国	4.7	7.8	7.9	8.2	8.2	8.2	8.7
意大利	3.3	5.8	6.8	7.4	6.7	6.9	7.5
日本	2.9	5.5	6.4	6.7	6.6	6.8	6.5
瑞典	4.7	8.0	9.5	9.6	9.4	9.0	8.8
英国	3.9	5.5	5.8	6.2	6.0	6.1	6.1
美国	5.2	8.4	9.2	10.8	10.6	11.2	12.7
比利时	3.4	5.8	6.6	6.5	7.2	7.2	7.5
希腊	2.9	4.1	4.3	4.7	4.9	5.3	5.4
荷兰	3.9	7.7	8.2	8.8	8.3	8.5	8.0
西班牙	2.3	5.1	5.9	—	6.0	6.0	6.6
爱尔兰	4.0	7.7	8.5	—	6.0	7.4	7.2
冰岛	3.5	5.9	6.4	—	7.4	7.8	8.3
挪威	3.3	6.7	6.6	6.9	6.4	7.5	7.4
芬兰	3.9	6.3	6.5	6.6	7.2	7.4	7.8
澳大利亚	5.2	5.7	6.5	7.5	7.7	7.1	7.7
奥地利	4.4	7.9	7.0	7.3	—	8.4	8.4
新西兰	4.4	6.4	7.2	—	—	6.9	7.4
葡萄牙	—	6.4	5.9	—	7.0	6.4	7.0
卢森堡	—	5.7	—	—	6.7	7.5	6.6
OECD平均	3.8	6.5	7.0	7.3	7.4	7.5	7.6

卫生费用的主要分析评价指标包括卫生总费用、卫生总费用占国内生产总值（GDP）百分比、人均卫生总费用等。表6－1为1970～1990年各国国家卫生费用占国内生产总值GDP比例（％）的变化。从表中数据可以发现，由于世界各国卫生费用占GDP的比例在不断地增长，而纵观世界各国的国内生产总值，其绝对数也在增长，因此世界各国卫生费用的绝对数都在增长，而且增长的幅度很大，增长的速度已经高于国民经济增长的速度。另外，从表中数据还可以发现，发达国家的卫生费用普遍较高，从卫生费用占GDP的比重来看（1990年），发达国家平均达9.29％。近年来，一些国际组织，如国际社会保障协会、世界卫生组织、世界银行、欧盟、经济合作与发展组织等，都纷纷提出卫生费用的控制问题，卫生费用的控制成为全球关注的焦点和研究的热点问题。

表6－2为世界银行《1993年世界发展报告：投资于健康》中关于1990年全世界医疗卫生费用分布情况，可以发现，1990年全球卫生费用估计为17 000亿元，占全球GDP的8％，其中发达国家卫生总费用占全球总费用的87％，如果包括欧洲前社会主义国家，则占全球总费用的90％，其中仅美国卫生费用就占全球卫生总费用的41％，中国占全世界22％的人口，医疗卫生费用仅占世界总额的1％。

表6－2 1990年全世界医疗卫生费用分布情况

按人口统计学划分的地区	占世界人口的%	医疗卫生总费用（10亿美元）	医疗卫生总费用占世界总额%	公共部门医疗卫生费用占地区总额%	医疗卫生费用占GDP%	人均医疗卫生费用（美元）
已建立市场经济国家	15	1483	87	60	9.2	1860
欧洲前社会主义国家	7	49	3	71	3.6	142
拉丁美洲	8	47	3	60	4.0	105
中东伊斯兰教地区	10	39	2	58	4.1	77
亚洲其它地区及岛屿	13	42	2	39	4.5	61
印度	16	18	1	22	6.0	21
中国	22	13	1	59	3.5	11
撒哈拉以南非洲	10	12	1	55	4.5	24
人口统计意义上的发展中国家	78	170	10	50	4.7	41
全世界	100	1702	100	60	8.0	329

（二）卫生总费用

卫生筹资水平用卫生总费用来反映。卫生总费用是指一个国家或地区在一定时期内全社会用于卫生事业的货币总和，卫生总费用的核算期通常为一年。

卫生总费用可以从不同的层次和角度进行分析和评价。中国卫生总费用课题组提出，中国的卫生总费用可通过来源法、分配法、使用法等三个相应的核算体系和测算方法，形成三个数据来源：卫生筹资总额、卫生资金分配总额、卫生资金使用总额。理论上讲，这三个数据应该相等，但实际上，三个数据存在着略微差距。

1. 卫生筹资总额

卫生筹资总额是指一个国家或地区在一定时期内，从全社会筹集到的卫生资金总额。这是从卫生费用筹集来源的角度测算卫生总费用，反映不同筹资渠道对卫生总费用的贡献程度。根据政府、社会、居民个人等不同的出资者可将卫生总费用分为政府预算卫生支出、社会卫生支出和居民个人卫生支出。表6－3为中国1992～1998年的卫生筹资总额及各筹资来源的资金结构，可见卫生筹资总额是逐年递增的，在各筹资来源中，政府对卫生总费用的贡献趋于下降，而居民个人对卫生总费用的投入明显增加。

表6－3　中国卫生筹资总额与结构（1992～1998年）

项目	1992	1993	1994	1995	1996	1997	1998
卫生总费用（亿元）	1090.7	1370.4	1768.6	2257.8	2857.2	3384.9	3776.5
占卫生总费用百分比%							
其中：政府卫生支出	20.8	19.7	19.1	17.0	16.1	15.4	15.6
社会卫生支出	38.1	36.9	35.2	32.8	29.6	27.7	26.6
个人卫生支出	41.1	43.4	45.6	50.2	54.3	56.9	57.8

注：数据引自赵郁馨《1998年中国卫生总费用测算结果与分析》

2. 卫生资金分配总额

卫生资金分配总额是指一个国家或地区在一定时期内，分配到各级各类卫生机构或不同卫生服务项目中的货币总额。这是从卫生费用分配流向的角度测算和分析卫生总费用，反映卫生资金的使用方向，为分析和评价卫生资源配置的公平性和效率提供信息，供有关决策部门参考。

卫生资金分配到各级各类卫生机构，具体表现为卫生部门、工业及其它部门、私人开业医生、村级卫生机构等卫生机构的上级拨款收入和门诊、住院等业务收入。

卫生资金分配到不同的卫生服务项目具体表现为医疗总费用、公共卫生服务费用、卫生发展费用及其它卫生费用。

3. 卫生资金使用总额

卫生资金使用总额指一个国家或地区在一定时间内，各级各类卫生机构为提供各种卫生服务而实际支出的费用总额。这是从资金使用的角度测算及分析卫生总费用，反映各级各类卫生机构对资金的使用情况，为进一步提高卫生资源的使用效率提供依据。

二、卫生总费用的影响因素

影响卫生总费用的因素很多，主要有以下几方面：

1. 人口增长、人口老龄化

人口老龄化是人口类型从高出生高死亡到低出生低死亡转变过程中产生的必然趋势，是生育率下降和人类寿命显著延长的必然结果。人口的增长和人口老龄化因素是导致卫生总费用增长的重要因素之一。中国卫生总费用课题组的研究表明，我国在1978～1994年的16年期间，年均人口增长速度为1.38%，年均卫生总费用增长速度为17.96%。另据刘兴柱的研究结果表明，我国1978～1985年和1985～1989年期间的卫生费用上涨中，老龄化的作用分别为4.5%和6.4%。

2. 物价上涨因素

卫生领域中房屋、设备、材料、药品、劳务及能源、材料等各项生产要素的价格的上涨直接造成卫生总费用的增长。各国研究均证实了这一点。我国自1978年以来，GDP价格指数每增加1‰，人均卫生费用上涨2.07%，且影响程度愈来愈大。

3. 疾病谱发生改变

随着经济发展水平的提高，影响人群健康的主要问题由原来的传染病等疾病转为肿瘤、心脑血管疾病、肾病等慢性非传染性疾病，这些慢性非传染性疾病的特点是：病程长、不易治愈、费用较高，例如英国每年用于治疗冠心病的费用高达5亿英镑，而美国1993年用于治疗心血管疾病的医疗费用就达800亿美元，治疗癌症和泌尿生殖系统疾病的费用分别达到490亿美元。可见疾病谱的变化是促成卫生总费用增长的重要因素之一。

4. 医疗科学技术进步和新药的应用

随着经济的不断发展，越来越多的高新技术、设备逐渐应用到医疗领域，治愈了很多以往无法治愈的疾病，挽救了很多以往无法挽救的生命，但随之而来的必然会造成卫生总费用的增长。同时，新药的研发与应用，是导致卫生费用增长的另一重要因素，虽然很多新药的效果的确优于普通药品，但价格也较普通药品贵得多，这些药品的应用（有时并非合理应用），会进一步促进卫生总费用的上涨。

5. 居民对卫生服务需求的增长

居民对医疗服务的需求伴随着生活水平的提高呈现逐渐加大的趋势，人们对自己的健康状况越来越关注和重视，健康意识逐渐增强，原来可看可不看的病现在都要去医院就诊或去药店买药，另外，居民的健康投资意识也随着经济水平的提高而增强，对保健品的消费较以往多得多。

6. 管理体制方面某些弊端

我国目前实施的按项目付费的后付制的支付方式，造成医疗机构为追求收入尽可能多地提供医疗服务和药品，加上医疗机构的补偿机制不尽完善，医疗机构会尽可能多地提供那些补偿高于成本的服务（如大型仪器设备检查）和新药贵药，这些管理体制方面的弊端会间接造成卫生总费用的增长。

三、卫生总费用筹集和使用的评价

对卫生总费用筹集和使用的评价通常使用以下几个指标，目的是能够反映一个国家或地区在一定时期内的卫生筹资现状、内部构成，同时可分析卫生总费用的变动趋势及其原因。

1. 卫生筹资总额

卫生筹资总额反映了一个国家或地区对卫生事业的全部投入，是反映卫生资金筹集总量的重要指标。同时也能反映政府、社会、居民个人等不同筹资渠道对卫生总费用的贡献程度。

2. 卫生总费用占国内生产总值（GDP）的百分比

该指标能够反映一个国家或地区在一定经济发展水平下对卫生事业的资金投入水平，通常用以反映一个国家或地区对卫生和居民健康的重视程度。同时，该指标常常用以研究一个国家或地区的卫生费用是否符合当地经济发展以及居民的卫生服务需要。

3. 人均卫生费用

人均卫生费用等于某国家或地区的卫生总费用除以该国家或地区的人口数。该指标去除了人口数量因素对卫生总费用的影响，常常用于衡量一个国家或地区的卫生资源水平。一般来说，经济发展水平较高的国家或地区，人均卫生费用的水平也较高。通过人均费用水平也反映一个国家或地区居民享有卫生保健服务的公平性。

4. 卫生总费用年增长速度

卫生总费用年增长速度，是反映一个国家或地区历年卫生总费用变动趋势的重要指标，是监督与评价卫生总费用增长的重要指标。例如1995~1997年3年间卫生总费用的年增长速度分别为14.7%、17.7%和17.2%，而3年间相应的国内生产总值的年增长速度却分别为10.5%、9.6%和8.8%，可见国内生产总值的年增长速度逐年减缓，而卫生总费用的增长已明显快于国内生产总值的增长速度。

5. 政府预算卫生支出占卫生总费用的百分比

政府预算卫生支出占卫生总费用百分比可反映一个国家或地区的政府各部门对卫生事业的重视程度和投入力度，体现出政府在卫生领域中的财政职能。

6. 社会卫生支出占卫生总费用的百分比

社会卫生支出占卫生总费用百分比可反映一个国家或地区社会各界对卫生事业的投入和重视程度。

7. 居民个人卫生支出占卫生总费用的百分比

居民个人卫生支出占卫生总费用百分比可反映一个国家或地区居民个人对卫生总费用的负担水平，其中居民个人对卫生费用的自付比例在不同国家或地区之间进行比较，可反映不同国家或地区居民卫生筹资公平性。

8. 国家预算支出的卫生事业费占国家财政预算支出的比重

该指标可衡量一个国家或地区财政部门对本国家或地区卫生事业发展的支持和重视程度。

9. 公共卫生服务经费占卫生总费用的百分比

公共卫生服务经费是政府预算卫生支出的重要组成部分，公共卫生服务经费占卫生总费用的百分比是体现一个国家或地区财政对卫生事业发展的支持程度以及该国家或地区卫生服务公平性的重要指标。

10. 卫生总费用对国内生产总值GDP的弹性系数

卫生总费用对GDP的弹性系数，主要用来比较卫生总费用和GDP的增长速度。如果卫生总费用的增长速度快于GDP的增长速度，该指标大于1；如果卫生总费用的增长速度慢于GDP的增长速度，该指标小于1；如果卫生总费用的增长速度等于GDP的增长速度，即当卫生总费用与GDP保持同步增长时该指标等于1。如果弹性系数过大，表明医疗卫生消费增长过快，超过社会经济承受能力，社会会对此出现强烈反应。

第三节　中国卫生筹资的变动趋势

一、卫生总费用水平及筹资主体发生变化

表6-4为中国卫生总费用及结构，可以看出卫生总费用总额和人均卫生总费用逐年上涨，卫生总费用占GDP百分比呈现上升趋势。卫生总费用筹资主体发生了改变，政府卫生支出占卫生总费用百分比明显下降，而社会和居民个人卫生支出占卫生总费用百分比呈现逐

渐上升趋势,表明我国目前卫生筹资主体已发生转变,但仍然表现为政府、社会、居民个人三方参与的多元筹资格局。

表6-4 中国卫生总费用及结构(1990~1998年)

	1980	1990	1995	1996	1997	1998
卫生总费用(亿元)	132.0	743.0	2257.8	2857.2	3384.9	3776.5
卫生总费用占GDP%	2.92	4.01	3.86	4.21	4.55	4.82
占卫生总费用%						
其中:政府卫生支出	36.4	25.0	17.0	16.1	15.4	15.6
社会卫生支出	40.4	37.9	32.7	29.5	27.7	26.6
个人卫生支出	23.2	37.1	50.3	54.4	56.9	57.8
人均卫生费用(元)	13.4	65.0	186.4	233.5	273.8	302.6

注:数据引自赵郁馨《1998年中国卫生总费用测算结果与分析》

二、医疗卫生保健消费的收入弹性

医疗卫生保健消费的收入弹性反映了卫生总费用对国内生产总值变化的反应程度。如果卫生总费用的增长速度快于国内生产总值的增长,弹性系数大于1,反之弹性系数小于1。据测算,1978~1998年期间,中国卫生总费用的平均收入弹性为1.2,即国内生产总值增长1%,卫生总费用增长1.2%,表明我国卫生事业发展略快于国民经济增长,提示应对不合理增长的卫生费用予以控制。

三、政府卫生筹资发生变化

政府卫生筹资水平改变表现为,筹资绝对值增加,而相对值即政府卫生支出占卫生总费用的百分比明显下降。同时,政府卫生资金分配比例也发生了变化,其中很重要的公共卫生服务经费部分占政府卫生支出的比例呈现下降趋势,公共卫生服务经费占财政支出比重也趋于下降(见表6-5),提示财政对卫生保健事业的支持有所减弱。

表6-5 1990~1998年政府卫生筹资结构

项目	1990	1991	1992	1993	1994	1995	1996	1997	1998
公共卫生服务经费占政府卫生支出	76.1	75.1	74.4	71.7	72.8	70.7	70.5	69.4	69.9
公共卫生服务经费占卫生总费用	19.0	17.1	15.4	14.1	13.9	12.0	11.4	10.7	10.9
公共卫生服务经费占财政支出	4.6	4.5	4.5	4.2	4.3	4.0	4.1	3.9	3.8

注:数据引自赵郁馨《1998年中国卫生总费用测算结果与分析》

四、卫生资金城乡分配格局发生改变

如表6-6所示,城市人均卫生总费用由1990年的158.8元上升至1998年的595.3元,农村人均卫生总费用由1990年的38.8元上升至1998年的193.9元,城市和农村人均卫生总费用之比发生了改变,由1990年的4.09下降至1998年的3.07,表明卫生总费用在城乡之间的分配格局发生了变化，城市所占有的卫生资金占卫生总费用的比重趋于下降，而卫生总费用中农村占有的份额趋于上升，可见卫生资金分配的公平性有所提高。

表6-6 中国城乡居民人均卫生总费用

项目	1990	1991	1992	1993	1994	1995	1996	1997	1998
城市人均卫生总费用（元）	158.8	187.6	222.0	268.6	332.6	401.3	467.4	537.9	595.3
农村人均卫生总费用（元）	38.8	45.1	54.7	67.6	86.3	112.9	150.8	177.9	193.9
全国人均卫生总费用（元）	65.0	76.7	93.1	115.6	150.3	186.4	233.5	273.8	302.6
城市/全国	2.44	2.44	2.38	2.32	2.25	2.15	2.00	1.96	1.97
农村/全国	0.60	0.59	0.59	0.58	0.58	0.61	0.65	0.65	0.64
城市/农村	4.09	4.16	4.06	3.97	3.85	3.56	3.10	3.02	3.07

注：数据引自赵郁馨《1998年中国卫生总费用测算结果与分析》

五、卫生筹资公平性

卫生筹资公平性指居民收入水平和支付能力不同，对卫生服务也应有不同的支付额，收入水平高的居民应比收入水平低的居民对卫生服务的支付额高。从表6-7可以看出，城乡居民的经济收入和支付能力都有所增强，但城市居民卫生保健支出的收入弹性比农村居民大得多，表明城市居民的卫生保健支出的增长相对其收入比农村居民快得多。

表6-7 城乡居民卫生保健支出

项目	1990	1991	1992	1993	1994	1995	1996	1997	1998
城镇居民									
人均医疗保健支出（元）	25.67	32.10	41.51	56.89	82.89	110.11	143.28	179.68	205.16
医疗保健支出占收入%	1.70	1.89	2.05	2.21	2.37	2.57	2.96	3.48	3.78
农村居民									
人均医疗保健支出（元）	19.02	22.34	24.14	27.17	32.07	42.48	58.26	62.45	68.13
医疗保健支出占收入%	2.77	3.15	3.08	2.95	2.63	2.69	3.02	2.99	3.15

注：数据引自赵郁馨《1998年中国卫生总费用测算结果与分析》

表 6—8　1990～1998 年中国卫生总费用测算表　　　　　　　　　　单位：亿元

	1990	1995	1996	1997	1998
一、政府预算卫生支出	186	383	461	522	587
占百分比（%）	24.99	16.97	16.13	15.42	15.55
（一）公共卫生服务经费	141	271	325	362	410
1. 卫生事业费	79	163	188	209	225
2. 中医事业费	7	14	16	18	18
3. 计划生育事业费	26	32	38	44	50
4. 高等医学教育经费	6	13	13	14	14
5. 预算内基本建设支出	8	12	22	23	20
6. 医学科研经费	2	3	4	5	30
7. 卫生行政管理费	3	9	15	16	17
8. 政府其它部门卫生支出	21	26	30	34	36
（二）公费医疗经费	44	112	136	160	177
二、社会卫生支出	282	740	844	938	1006
占百分比（%）	37.95	32.76	29.55	27.70	26.64
（一）行政事业单位卫生支出	33	94	101	104	130
（二）企业卫生支出	203	498	546	585	571
（三）乡村集体经济卫生支出	24	50	78	88	94
（四）私人办医卫生支出新增	0.00	1.55	0.61	0.00	8.62
（五）预算外基本建设支出	6	19	22	26	31
（六）其它卫生支出	16	77	96	135	172
三、居民个人卫生支出	275	1135	1552	1925	2183
占百分比（%）	37.06	50.27	54.31	56.87	57.81
（一）城镇居民医疗卫生支出	78	441	596	780	963
（二）农村居民医疗卫生支出	196	694	956	1136	1207
（三）其他卫生支出				9	14
卫生总费用	743	2258	2857	3385	3777
占 GDP 百分比（%）	4.01	3.86	4.21	4.55	4.82
人均卫生总费用（元）	65.0	186.4	233.5	273.8	302.6
国内生产总值	18548	58478	67885	74463	78345
全国人口数（亿）	11.43	12.11	12.24	12.36	12.48

注：①数据引自赵郁馨《1998 年中国卫生总费用测算结果与分析》
　　②本表用当年实际价格计算

（张里程）

第七章 卫生资源优化配置

[教学目标]
1. 阐释卫生资源优化配置的概念及理论
2. 陈述中国卫生资源配置现状及存在问题
3. 简述卫生资源配置状况的基本测量方法与分析思路

卫生资源的优化配置是卫生经济学研究的重要内容，卫生资源的分配是否合理，对于发挥这些资源的作用影响很大。在任何社会经济条件下，可供利用的卫生资源都是有限和稀缺的，这些有限的卫生资源如何分配、分配多少？资源配置的原则和目标是什么？卫生资源优化配置的评价指标有哪些？如何才能充分发挥现有资源的效率、充分发挥它的潜力，都是本章首要提出的基本理论内容。同时，本章将在我国资源配置现状的基础上，分析造成当前这种资源配置状况的原因，提出卫生资源优化配置实践方面的有关内容。

第一节 卫生资源优化配置的概念及基本理论

一、卫生资源优化配置的概念

（一）卫生资源

卫生资源指提供各种卫生服务所使用的投入要素的总和。包括硬件资源和软件资源。

1. 硬件资源

硬件资源包括提供各种卫生服务所投入的全部资本和人力。

1) 资本

资本不仅包含货币形态的资本（卫生资金），还包含实物形态的资本，即物质资料消耗所转移的价值，如包括房屋、医疗器械设备折旧等劳动资料，同时还包括药品、卫生材料消耗等劳动对象。

2) 人力资源

卫生人力资源是卫生资源中极为重要的资源，对于卫生事业的发展具有决定性的作用。卫生人力资源是指那些已经接受或正在接受专业卫生技术教育和训练，因而具有或即将具有某项卫生专业技术、知识和能力的人员。

2. 软件资源

软件资源包括卫生信息、卫生技术、卫生管理、卫生服务能力等内容。

目前卫生资源优化配置中所讨论的卫生资源主要指硬件资源中实物形态的资本部分和卫生人力资源，较少涉及卫生资金和信息等软件资源。

(二) 卫生资源的配置

卫生资源的配置指卫生资源在不同用途之间的分配。具体包括是否需要提供服务、需要提供多少服务、提供哪些资源、资源如何在不同用途之间分配等。

卫生资源可根据时序分为存量和增量两部分。存量是指以前所拥有的卫生资源总量，增量是指即将拥有的卫生资源补充量。

卫生资源的配置应包含两部分内容：

1) 卫生资源的增量配置

又称为卫生资源的初配置。如当年计划投入的卫生经费、计划购进的新诊疗设备、计划新建房屋、计划引进的卫生人力和技术等。

2) 卫生资源的存量调整

又称卫生资源的存量再分配，是指通过对原有卫生资源的重新分配，改变分配不合理的现状，达到优化的目的。

卫生资源的配置即指根据一定原则，通过一定方式，对各类卫生资源的增量进行分配和组合，对卫生资源的存量进行重组和转移，具体包括卫生机构的合理设置、医院床位、卫生人力、卫生设备和卫生经费配置五个方面。

一般情况下，卫生资源配置应首先考虑资源的存量配置，同时再考虑资源的增量。例如在对社区卫生增加投入之前要首先考虑引导对原有存量的调整。

(三) 卫生资源的优化配置

1. 效率和公平的概念

1) 效率

卫生经济学认为，卫生资源相对于人们对卫生服务的需求来说永远是有限的，因此社会应该合理地利用这些资源。

效率就是指利用有限的卫生资源获得最大的卫生产出（即符合人们需要的、有利于改善居民健康水平的卫生服务）。

卫生资源利用效率可分为技术效率和经济效率：

①技术效率

技术效率又可分为结构效率和工作效率：

A 结构效率

即分配效率，为了使有限的资源获得最大的产出，在资源配置时要将资源追加到那些追加单位量的投入所带来的产出（边际效益）较大的项目中，这样便可以提高资源的使用效率，这种效率称作资源的结构效率。

结构效率包括纵向结构和横向结构。

a 纵向结构：指层级之间的资源配置，即卫生资源在不同层级之间的配置，目前我国卫生资源纵向结构不尽合理，例如很多社区卫生服务可以解决的健康问题（如为高血压病患者测量血压、慢性病患者常规开药等），目前由高层级的医院提供，成本高，并且很不方便。

b 横向结构：指层级内部的卫生资源配置，例如医生和护士的比例，目前的医护比过高，医生做着许多护士的工作；再如目前对预防保健的投入远远低于对医疗的投入，实际上预防保健服务的成本效果优于医疗服务，而资源投入不足。

B 工作效率

工作效率也称生产效率，是指具体的卫生服务单位利用最佳的生产要素组合和最佳的管理方式，在有限的资源条件下生产出最多的符合消费者需要的卫生服务。

工作效率一方面要求各类卫生资源应以满负荷工作量提供服务，如床位利用率应至少在85%以上，另一方面要求所提供的服务是患者需要的、必需的，而不是诱导需求，否则带来整个社会资源的浪费，是低效的利用，其目的是促进合理用药、合理检查。

②经济效率

经济效率不仅仅体现在具体的卫生机构的产出投入比和收入、支出比较，还体现在能够利用卫生资源提供卫生服务，为社会带来经济效益，例如通过改善健康状况节约了本应发生的医疗费用，保护了劳动力，进而增加了这个社会的财富等。

2）公平

居民获得卫生服务的公平是指无论居民的收入水平高低和支付能力大小，居民对卫生服务应该有相同的可及性，卫生服务的分配不应取决于地位的高低和收入的多少，而应该取决于其需要水平（健康状况），即所谓的卫生服务的按需分配和按能力支付。

居民获得卫生服务的公平又体现在水平公平和垂直公平上：

①水平公平是指具有等量卫生服务需要的人能够获得相同数量和质量的卫生服务；

②垂直公平则是指卫生服务需要水平不同的人所得到的卫生服务量也不同，需要水平高者得到较多的卫生服务，需要水平低者得到较少的卫生服务。

2. 卫生资源优化配置的概念

卫生资源的优化配置是指在卫生资源合理配置的基础上，如何使卫生资源的配置产生最佳的功能和效益。

卫生资源的合理配置指构成卫生资源的各种要素（人、财、物、信息等）在某区域内适应居民对不同层次卫生服务的需要和需求，所达到的资源组合形式，使卫生资源能够充分有效地利用，同时满足该地区居民的卫生服务需要。对卫生资源的配置，应总量合理、结构也合理，才称之为合理的卫生资源配置。

卫生资源的优化配置要求效率和效益最佳的前提下，达到卫生资源的供需平衡，是在效率优先、兼顾公平以及最优化规划原则基础上把有限的卫生资源配置到最需要、最能发挥效率、同时最能取得最大社会效益的地方。

卫生资源优化配置是一项复杂的社会系统工程，实现卫生资源优化配置需要政府和社会有关方面的共同参与。

满足了有效性和经济性的卫生资源配置，即所谓的卫生资源优化配置。

有效性，指卫生机构所提供的卫生服务确实能解决患者的健康问题，使患者得到良好的医疗照顾。

经济性，指卫生机构在提供卫生服务过程中，尽可能地降低成本，同时使资源得到充分利用，具体表现为医疗费用较低、卫生资源利用效果好。

二、卫生资源配置的原则

（一）卫生资源配置的总原则

1. 卫生资源优化配置应与国民经济和社会发展相适应

卫生事业的改革与发展必须从国情、省情、市情出发，实事求是地确定本地区卫生资源优化配置的标准，使卫生资源配置与社会经济发展协调一致，相互促进，达到高速、可持续发展。

2. 效率与公平兼顾

在我国建设社会主义市场经济体制过程中，提出"效率优先、兼顾公平"的原则。这也是卫生资源优化配置应当遵循的重要原则。

由于能够用于卫生服务的资源总是有限的，因此卫生资源优化配置的第一目标就是提高效率，通过降低成本、提高服务质量和劳动生产率，提高卫生资源的利用效率。离开效率原则，无法实现资源的优化配置。

公平原则是卫生服务活动追求的另一重要目标，因而在资源配置时要考虑到贫困人口的卫生服务可及性问题。

3. 向重点倾斜、兼顾全局

我国的卫生工作方针中强调"以农村为重点、预防为主"，因此在卫生资源配置时同样要遵循这一原则。

以农村为重点，是由于我国人口绝大多数分布在农村地区，因而农民应是卫生服务的主要对象，而农村地区卫生基础薄弱，因病致贫、因病返贫现象在一些地区仍很严重，因此将卫生资源向农村地区倾斜、保护和促进农民健康是充分体现卫生工作方针的措施。

预防为主，目的在于强化全民预防意识。《中共中央关于卫生改革与发展的决定》中指出："各级政府对公共卫生和预防保健工作要全面负责，加强预防保健机构的建设，给予必要的投入，对重大疾病的预防和控制工作要保证必需的资金。"由此可见，在卫生资源配置中要考虑对农村和预防保健实行倾斜。

4. 按照成本效益原则配置资源

成本效益原则就是以较小的投入获得较大的收益，不仅包括直接的经济效益，还包括间接的经济效益和社会效益。

例如：提供小儿麻痹糖丸预防脊髓灰质炎的发生，它的社会效益、间接的经济效益要远远高于销售药品本身所获得的经济效益。

（二）卫生资源配置的实际操作原则

1. 卫生资源得到高效利用

这是卫生资源优化配置的前提，通常指日均门诊量、床位使用率等工作效率指标达到最大负荷，以及层级结构尽量达到合理。

当卫生资源配置达到最高效率时，再考虑卫生服务的供给、需求之间平衡。

如果只考虑卫生资源的利用效率，而忽视了卫生服务的供需平衡，则不能满足居民的卫生服务需要，也就是造成了卫生服务供给不足。

2. 供需平衡

供需平衡是指卫生资源的可供量与居民对卫生资源的需要和需求量之间达到平衡，它是评价卫生资源是否达到合理配置的重要内容之一。

卫生资源优化配置时所考虑到的卫生资源供需平衡是指当卫生资源得到高效利用时所计

算出来的卫生服务供给、需求平衡量。

需要强调的是，卫生资源利用的高效率是供需平衡的前提统计。如果在资源没有实现高效率利用是计算的供需平衡量，是一种虚假的供需平衡，实际上是供大于求，因为利用这些资源所提供的服务没有达到最大负荷。例如，在每医生日均门诊量尚未达到最大工作负荷之前计算出来的医生需要量，实际上造成了供大于求的局面。

三、卫生资源优化配置的评价指标

（一）卫生资源配置应考虑的具体内容

1. 卫生资源配置总量　主要指人员、床位、机构、设备等数量和质量；
2. 卫生资源配置结构
1) 卫生资源配置的纵向结构：如各级医疗机构之间资源的配置。如卫生资源在三级、二级、一级、社区医疗机构的配置。
2) 卫生资源配置的横向结构
①不同类别的卫生资源配置：如人员和床位的比例；
②卫生资源的地区结构：如资源在城乡之间的配置；
③卫生资源的专业结构：如医疗和预防、通科与专科、内外妇儿科之间的资源配置；
④卫生人力资源：具体包括
a. 人力资源的职业结构：如医护比例、医技比例等
b. 人力资源的学历结构：如研究生、大学、大专、中专比例
c. 人力资源的职称结构：如主任医师、副主任医师、主治医师、住院医师比例
d. 人力资源的其他结构：如年龄、性别结构等。

（二）卫生资源优化配置的评价指标

1. 卫生资金配置评价指标
1) 卫生费用占国民生产总值的百分比
该指标体现国家在多大程度上提供必要的卫生资源以保证卫生事业与社会经济的协调发展。
2) 人均卫生费用
某地区人均卫生费用＝某地区卫生总费用/该地区人口数
该指标表明一个地区的卫生资源水平，同时也反映了卫生资源在地区之间、人群之间的配置是否合理。性别、年龄、文化程度、医疗保健制度等因素对人均卫生费用有着重要的影响。
3) 卫生机构之间的费用比例
该指标反映了卫生资源在各级卫生机构之间的配置是否合理，一般来讲，各级医疗机构应按照一定比例来确定资源配置标准，医疗机构级别越高，所诊治病人的病情应越复杂，因而每诊次费用应越高。
4) 门诊和住院费用比例
该指标反映医疗机构内部资源配置是否合理。

5) 农村卫生费用和城市卫生费用之间比例
6) 医疗、预防、妇幼保健费用比例

2. 卫生资源配置评价指标（实物形态的资本、卫生人力）
1) 卫生资源配置总量：主要指人员、床位、机构、设备等数量和质量；
2) 卫生资源配置结构：
   a. 卫生资源配置的纵向结构：如各级医疗机构之间资源的配置。如卫生资源在三级、二级、一级、社区医疗机构的配置。
   b. 卫生资源配置的横向结构
      a) 不同类别的卫生资源配置：如人员和床位的比例；
      b) 卫生资源的地区结构：如资源在城乡之间的配置；
      c) 卫生资源的专业结构：如医疗和预防、通科与专科、内外妇儿科之间的资源配置；
      d) 卫生人力资源：具体包括
         (a) 人力资源的职业结构：如医护比例、医技比例等
         (b) 人力资源的学历结构：如研究生、大学、大专、中专比例
         (c) 人力资源的职称结构：如主任医师、副主任医师、主治医师、住院医师比例
         (d) 人力资源的其他结构：如年龄、性别结构等。

3. 卫生资源利用效率指标
1) 每医生日门诊量
2) 每医生日负担床日
3) 平均住院日
4) 床位使用率
5) 门诊次均费用
6) 次均住院费用
7) 平均处方费用

以上这些指标的判断标准根据具体情况而定，不一定最大或最小好，它们只是反映具体的卫生服务单位在资金、人力、设备和技术方面的使用效率，目标是以最大化、最小化、最优化和适宜性来衡量和评价卫生资源的利用程度。

第二节　中国卫生资源配置现状及存在的问题

一、我国卫生资源配置现状

（一）卫生资源配置总量

20世纪80年代，针对城市医疗服务供不应求的局面，我国推出了扩大供给的卫生政策，鼓励多渠道、多层次办医，对于满足城市居民的卫生服务需求做出了极大的贡献。后来，卫生部提出一些政策解决供不应求、看病难住院难的问题，鼓励工矿企业、事业单位的医院对外开放，允许有资格的个体医开业行医。同时，逐步调整医疗收费标准，允许医院赚取药品营销过程中的加成收入，因此进入90年代以后，城市医疗服务供不应求的局面已得

以改善，而卫生服务需求却趋向萎缩，供求发生新的不平衡，但卫生部门卫生资源的配置却仍以继续扩大规模为主。根据1993年国家卫生服务调查资料，1986～1992年期间，全国27个城市的政府卫生投资逐年增长，年均增长速度为13.8%。1986～1992年期间各类城市卫生机构的资源拥有量都在增加（见表7-1）。

表7-1　27城市1986～1992年不同卫生机构资源占有量年均增长速度（%）

项目	县及县以上医疗机构	街道卫生院	防疫站	妇幼保健院
固定资产	21.81	10.21	48.94	35.10
其中：				
房屋	20.24	3.68	52.56	28.07
设备	30.34	10.71	49.63	42.96
床位数	6.00	4.78	—	10.01
总收入	31.82	17.44	27.14	38.98
其中：				
业务收入	35.54	15.81	47.77	43.68
预算收入	11.63	26.31	8.94	11.25
收支结余	34.95	8.29	24.64	47.71
卫技人员	6.04	-0.04	3.39	5.81

20世纪80年代以来，城市卫生资源的规模逐渐扩大。全国每千人口医生数由1980年的1.17人上升到1990年的1.56人，千人口医院和卫生院的床位数由1980年的2.02张增加到1990年的2.31张。表7-2为1981～1997年城市医院卫生人力、床位的增长情况，可见卫生人力和床位在80年代增长得较多，到了90年代虽然增长幅度下降，但仍呈现增长趋势，可见仍在扩大规模。

表7-2　1981～1997年医院卫生人员、床位数平均增长率（%）

	卫技人员	医生	护师（士）	床位
1981～1985	6.09	6.87	7.93	4.57
1986～1990	4.46	5.62	9.36	4.73
1991～1995	2.84	3.05	3.35	2.04
1996～1997	1.93	2.15	2.37	1.21
1981～1997	4.23	4.83	6.36	3.47

（二）卫生资源配置结构

卫生资源配置结构存在的问题突出地体现为卫生服务体系不合理。卫生资源的配置在不同层级呈现"倒三角"的状态。城市的高层级医院聚集了各种高精尖技术、高学历人才和高科技的设备，相比之下，城市基层和社区卫生资源相对匮乏。城市卫生资源配置出现的"倒三角"与居民的卫生服务需求"正三角"的局面是不相适应的（见图7-1）。卫生资源大多集中在高层级医疗机构，社区卫生服务的资源数量少且质量不高，而实际上大部分卫生服务需求是可以在基层社区卫生组织解决的。

另外，我国卫生资源配置结构方面还存在着其它不合理现象。如卫生资源在城乡之间的配置，过于向城市集中。全国先进的医疗设备和技术，都集中在经济发达地区，尤其集中在大城市的大医院，一些地区甚至出现了供大于求的局面。根据对部分地区的研究结果，城市医生和床位的实际拥有量比需要量多1/4到1/3。农村地区在卫生资源配置方面存在的主要问题在于医疗机构房屋破旧、设备简陋、医务人员技术水平较低，某些医疗机构功能较差。

目前卫生技术人员学历结构也不尽合理，县及以上医院有相当比例的医生不具备大学及以上学历；医生护士比例不合理，医生甚至多于护士。另外，卫技人员的年龄结构、职称结构等都存在一定问题。

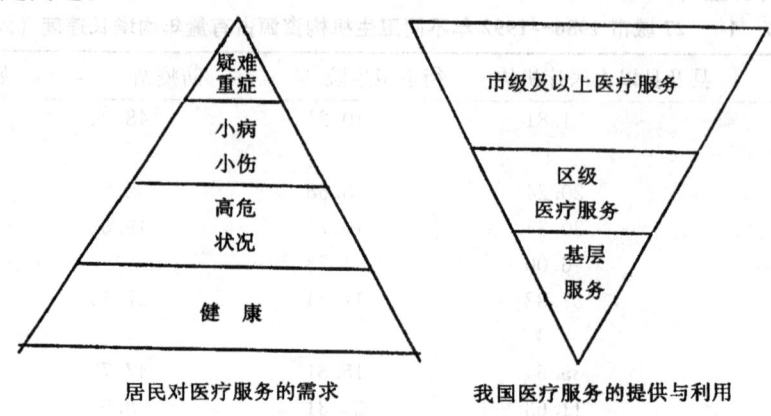

图7-1 居民对医疗服务的需求及需要现状

（三）卫生资源利用效率

1. 结构效率

如前所述，城市卫生资源的配置呈现"倒三角"的局面。市级及以上高层级的医院成本较高，费用也较高，却提供了区级、社区等低层级医院应提供的服务，结构效率较低，例如不管是普通的感冒，还是疑难病症，只要花10元挂号费，都可以得到三级医院主任医师的服务，这是一种资源效率低的表现；另外，从卫生人力资源的专业结构分析，同样存在这种效率不高的问题，例如很多情况下医生提供了护士的工作，高职称医师提供了住院医师的工作，专科人员提供了通科人员的服务等。

2. 工作效率

1）卫生人力资源和病床的工作效率

表7-3 1990年~1997年卫生部门综合医院资源利用效率

	每医生日负担诊疗人次	每医生日负担的住院床日	床位使用率（%）
1990	5.5	2.1	88.2
1993	4.3	1.7	78.2
1995	4.4	1.5	72.4
1997	4.6	1.4	67.4

医院医生的工作负荷较低，表7-3为1990~1997年卫生部门综合医院资源利用效率，每医生日负担诊疗人次和住院床日以及床位使用率这些反映卫生资源利用效率的指标逐年下

降。另据吴明等在威海市县及以上医院经济效率的研究中发现，1997年县及以上医院每名全时医生日门诊量为5.3人，每名全时医生日分管床位数为2.3，而采用专家法对最大日门诊量和分管床位数的调查结果为：每名全时医生在保证质量的前提下平均最大日门诊量为18人，最多分管床位数为8张，二者相差很大。

据统计全国县及以上医疗机构中仅有一半达到60%，尚有一半未达到，而乡卫生院的床位使用率只有35%甚至更少，与国内医院管理著作及卫生部医院评审标准中要求的医院床位使用率在84%~93%之间相差甚远。

2）设备工作效率

目前医院大型设备的工作能力发挥不到20%，体现出设备类卫生资源利用的低效率和浪费。

据雷海潮等在威海市大型医用设备的技术效率研究中发现，目前多数设备的工作能力仅发挥了10%~50%左右。如果将实际利用中的不必要需求剔除的话，则医用检查设备的利用效率更低。综合反映设备技术效率的年开机使用率、年时间利用率、年能力利用率都比较低（见表7-4），说明设备目前的使用效益不佳，进一步提高检查人次的潜力还很大。

表7-4　1997年威海市大型设备的技术效率分析

大型设备	年开机使用率（%）	年时间利用率（%）	年能力利用率（%）
ECT	22.4	21.3	25.6
CT	28.1	13.2	27.4
MRI	26.3	22.2	33.0
彩色多谱勒	46.6	36.3	53.6
大型X光机	65.4	50.9	32.2
钴60机	—	83.0	69.7
肾透析机	—	50.2	45.1

4. 卫生资源利用效率低下的后果

据刘远力等人介绍，医疗机构卫生资源利用低效率的计量方法为使用随机前沿生产函数。吴明等人在威海市县及以上医疗机构的经济效率研究中利用威海市16所县及以上医院的平行数据建立了随机前沿成本函数，结果显示平均低效率为8.51%，即由于低效率导致平均每年每所医院的无效支出约122.27万元，扩展到整个威海市的21所县及以上医院，则低效率导致的无效成本支出为2567.67万元。另据侯建林等人在威海市乡镇卫生院的经济效率研究中发现，目前乡镇卫生院的平均低效率为28.7%，平均每个卫生院每年多支出277 852元，或者说58个卫生院一年由于低效率损失达1千6百万元，由此可见资源的低效率造成的浪费是巨大的。

5. 卫生资源的配置与疾病模式的转变不相适应

随着人口的老龄化发展、环境污染等致病因素的变化，慢性非传染性疾病将成为威胁我国居民的主要疾病模式。这些慢性非传染性疾病病程长、耗费高，很多问题可以在社区解决，而目前我国卫生资源的配置与其不相适应，例如测量血压、慢性病患者常规开药、健康教育等服务都应该在社区机构里提供，但由于种种原因，患者必须去较高层级医院就诊，费用很高，同时又很不方便，这种资源配置方式将不利于进一步提高我国居民健康水平。

二、我国目前卫生资源配置不合理的主要原因

1. 我国原有的"条块分割"管理体制，致使行政管理机构重叠，而各自管理的服务机构为扩大业务争相购设备、加病床，造成资源的闲置与浪费。
2. 不可回避，医院分级管理的政策导向和大型设备管理失控也促使城市医院争先购买设备、建新楼、开展新服务，而这些新增的服务和设施又进一步刺激了无效需求的增加，造成了资源的浪费。
3. 我国尚未建立完善的医疗保障制度，定点医院全在大医院，缺乏引导需求向社区分流的机制，同时，医疗保障制度也缺乏对卫生服务供需双方行为的规范，直接造成卫生资源的浪费。

第三节 卫生资源配置状况的测量

一、居民卫生服务需求和需要的测量

卫生服务需求和需要的测算是资源测算的基础。医疗服务需求为实际发生的医疗服务，可通过家庭卫生服务调查和卫生机构调查两个来源获得。为克服家庭卫生服务调查中费用不准确和卫生机构数据中服务利用量不准确（由于流动人口多）的缺点，一般情况下，就诊次数等服务量数据用家庭入户调查资料，而医疗费用可用医疗机构调查数据。医疗服务需要常常在医疗服务需求调查的基础上，假设所有应就诊而未就诊、应住院而未住院的患者都能够按照现在的就诊水平和住院水平利用医疗服务，就可以得到潜在医疗服务需求，进而预测未来若干年的潜在需求，作为资源测算的基础。

二、对医疗服务提供模式进行研究

医疗服务提供模式指医疗服务提供的数量、类型和质量以及在不同层次中的比例。目前我国城市医疗资源更多地集中在高层级的医疗机构，医疗服务的提供模式呈"倒三角"形，与居民对卫生服务的需求不匹配。吴明等在威海市医疗服务模式研究中提出了两种调整模式：

1）调整模式1：该调整模式完全根据专家评价结果，对各层级医疗机构就诊和住院的病人进行调整，经过调整，对医疗服务的利用从原"倒三角"变为了"正三角"。

2）调整模式2：根据国外文献资料，80%~85%的健康问题都可以在基层卫生机构解决，剩下的20%病例再根据专家评价的各层级分配比例，逐级转诊。其次，根据卫生资源现状研究和效率研究对卫生资源的供需平衡状况及各类卫生资源配置量进行研究。

三、在卫生资源现状研究和效率研究的基础上提出各类卫生资源配置量

卫生资源配置量的测算应基于对卫生资源配置现状的研究，在卫生资源得到高效利用的前提下计算供需平衡量。以卫生人力资源需要量为例说明：吴明等人在威海市医院卫生人力和床位配置量的研究中提出了医生、护理人员、医技人员、卫技人员等卫生人力资源的配置方法，是在提高卫生人力资源利用效率基础上达到的供需平衡：

1）卫生人力资源需要量

(1) 医生需要量

$$门诊医生人数 = \frac{两周就诊率 \times 26 \times 人口数 \times 上午就诊人次占日就诊总人次比例 \times 2}{医生单位时间服务量 \times 年有效工作日 \times K}$$

$$住院医生人数 = \frac{年住院率 \times 区域人口数 \times 平均住院日}{医生单位时间服务量 \times 年有效工作日 \times 床位使用率 \times K}$$

医生总人数＝门诊医生数＋住院医生数

以上公式中的两周就诊率和年住院率可从家庭入户调查中收集到，医生单位时间服务量并非现状，而是经专家判断的高效率状态，如每医生平均日诊疗人次，经专家判断为18人次，并不是现在的人力资源未得到高效利用时的5人次，因此该公式计算所得的医生数量实际上在高效利用基础上的满足居民卫生服务需求的数量。

式中年有效工作日为250天；K为医生从事医疗工作的时间占总工时的百分比，可根据实际情况确定，通常在80%～90%之间。

(2) 护理人员需要量

在计算医生需要量的基础上，按照一定的医院医护比计算护理人员的需要量。医护比可根据部颁标准或者专家咨询法以及结合实际情况确定。

(3) 医技人员需要量

在计算医生需要量的基础上，按照一定的医院医生医技比计算医技人员的需要量。其中医生医技比可根据部颁标准或者专家咨询法以及结合实际情况确定。

(4) 卫技人员需要量

卫技人员需要量＝医生需要量＋护理人员需要量＋医技人员需要量

2) 床位需要量

$$床位 = \frac{住院率 \times 平均住院日 \times 人口数}{365 \times 床位使用率}$$

需注意的是，上式中床位使用率是经过专家判断的达满负荷工作量的床位使用率，并非现有床位使用率。

3) 设备需要量

$$设备数 = \frac{设备利用率 \times 人口数}{一天满负荷工作量次数 \times 365}$$

(张里程)

第八章 疾病经济负担分析

[教学目标]
1. 解释疾病经济负担的概念和分类
2. 说明如何计算并分析病人的直接疾病经济负担
3. 描述间接疾病经济负担计算的指标和步骤
4. 知道疾病经济负担分析的意义

第一节 疾病经济负担概述

一、疾病经济负担的概念

生、老、病、死是人生不可避免的规律，人们时时刻刻都面临着疾病、伤残和过早死亡的危险。为了抵御这些危险并且减少这些危险所带来的不良后果，每年在各种各样的治疗活动、疾病控制活动和康复活动等方面人们和社会都要投入大量的精力与资金；而且由于疾病、伤残和早死的发生，人们不能像正常的健康人一样生活工作，不能为自己的家庭和社会做出应有的贡献。因此，疾病、伤残和早死对个人和社会的影响非常大。为了从经济学的角度评价这些影响，我们引进了疾病经济负担的概念。疾病经济负担是指由于发病、伤残（失能）和过早死亡给患者本人以及社会带来的经济损失和由于预防治疗疾病所消耗的经济资源。

二、疾病经济负担的类型

关于疾病经济负担的研究可以从不同的角度进行，比如从病人的角度，政府的角度，社会的角度以及保险机构的角度。研究角度不同，则疾病经济负担所涉及的范围也有所不同。如果我们要研究疾病给病人造成的经济负担，那么就应该包括病人由于治疗疾病所花费的住院费、诊疗费、药品费、交通费、住宿费等，但是不包括有关的科学研究费用等。如果要研究疾病带给政府的经济负担，则应该包括政府在卫生事业方面的各种投入，包括对疾病防治机构、康复机构、医学研究机构等各个方面的投入。

通常把疾病经济负担分为两种，一种叫做直接疾病经济负担，另外一种叫做间接疾病经济负担。

（一）直接疾病经济负担

直接疾病经济负担是指由于预防和治疗疾病所直接消耗的经济资源。直接疾病经济负担包括两个部分。一部分是指在卫生保健部门所消耗的经济资源：包括病人在医院就诊和住院等的费用，在药店购买药品的费用，国家财政和社会（包括企业）对医疗机构、防保机构和康复机构等的投入等各个方面。另外一部分是指在非卫生保健部门所消耗的经济资源：包括有关社会服务费用、和疾病有关的科学研究费用、退休金或津贴、病人的额外营养费用、病人由于就医所花费的交通费用等。

（二）间接疾病经济负担

间接疾病经济负担是指由于发病、伤残（失能）和过早死亡给患者本人和社会所带来的经济损失。间接疾病经济负担是疾病经济负担的一个重要组成部分，如果不计算的话，会低估疾病对个人收入和社会经济带来的影响。间接疾病经济负担具体包括：

（1）因疾病、伤残和过早死亡损失工作时间从而造成的损失。如许多中年高级知识分子英年早逝不能为祖国和社会继续工作做出贡献；许多在职职工因病就诊或休息不能在岗工作给单位带来损失，而且职工本人也有可能由于请假而影响收入等。

（2）由于疾病和伤残导致个人工作能力降低而造成的损失。比如一些癫痫或精神分裂症患者不能再继续工作，或者只能从事一些相对比较简单的工作。

（3）病人的陪护人员损失的工作时间。许多情况下亲友要花费时间陪病人去就诊或在医院看护，一些偏瘫的病人或精神分裂症的病人甚至长期需要专人陪护，从而耽误了亲友的工作时间。

（4）由于疾病和伤残导致个人生活能力降低而造成的损失。许多情况下由于疾病不适或伤残，病人从事其他活动的经济负担会有所增加，比如残疾人由于行动不便出门乘坐出租车。虽然从理论上可以认为这部分疾病经济负担是存在的，但是由于不容易与其他原因鉴别，或不容易确定基础状态，所以实际操作中很难明确鉴定。比如残疾人乘坐出租车，可能是由于年老，可能是出于固有消费习惯等，因此在实际研究中很少涉及。

（5）由于疾病和伤残对于患者本人及其家属所造成的沉重的精神负担等。有的人由于先天或意外伤害造成生理功能缺陷，因此严重自卑并且影响就业工作等。虽然这部分确实是属于疾病带给个人的影响，但是目前的技术水平不能很好地对这些疾病造成的精神负担进行定量，难以用货币单位表示。很多实际研究中并没有将其包括在内。

第二节 直接疾病经济负担计算

前面已经提到，研究疾病经济负担的角度不同，疾病经济负担包括的范围也不同。因此计算疾病经济负担之前，必须首先确定研究的角度。这里主要介绍从病人的角度研究直接疾病经济负担。病人的直接疾病经济负担主要包括病人在卫生部门消耗的经济资源和在非卫生部门消耗的经济资源，采用病人花费的费用值表示。

一、直接疾病经济负担的计算

（一）确定直接疾病经济负担的范围

目前，在我国大多数医疗机构实行的是按项目收费，因此发生在卫生部门的费用就是所有检查治疗项目、使用的所有药品和耗费的各种材料的总体费用。具体内容见表8-1。

发生在非卫生部门的费用包括病人或病人的家庭成员因为就医所发生的市内或远程交通费、外地住宿费、额外的营养费、聘请专人护理费等费用。

(二) 确定疾病经济负担的调查期限

有时病人防病和治病的活动常年发生，为了便于获得资料和病人的回忆，应该确定疾病经济负担的调查期限，明确是计算平均每年的疾病经济负担，还是每次的疾病经济负担，或是某病人一生的疾病经济负担。

(三) 确定调查样本

计算某地某种疾病的经济负担不可能调查该地所有该病患者的费用资料，因此首先要通过一定的抽样方法确定调查样本，获取样本人群上述方面的资料和数据。比如可以将某段时间在该地某卫生机构就诊或住院的所有该病的患者作为调查样本。

表8-1 卫生部门费用包括项目

门诊费用	住院费用
挂号费	床位费
药品	药品费
化验费（常规检查，生化检查，细菌培养等）	化验费（常规检查，生化检查，细菌培养等）
放射检查费（透视，CT，MRI等）	放射检查费（透视，CT，MRI等）
检查费（如B超，心电图，内窥镜检查等）	各种检查费（如化验，放射，B超等）
治疗费（如注射，针灸按摩，清创缝合等）	治疗费（如注射，针灸按摩，清创缝合等）
手术费	手术费
输氧费	输氧费
输血费	输血费
其他费用	护理费
	接生费
	材料费（如纱布，输液器等）
	查房会诊费
	其他费用

(四) 样本人群卫生部门费用调查方法

1. 查阅卫生机构的病案记录　使用这种方法获得的数据比较准确可靠，查看卫生机构的记录可以获得所有在该机构就诊或住院的该病患者的全部资料，节省调查费用和调查时间。但是该方法最大的缺点是只能获得病人这次在该机构就诊或住院的费用资料。如果要计算病人治疗某疾病的全部疾病经济负担，应该包括该病人为治疗该疾病所花费的全部费用，包括在其他时间，其他机构所发生的全部费用。某研究在A市甲医院调查研究精神分裂症患者的疾病经济负担，由于该医院治疗精神分裂症非常出色，该院就诊或住院的许多病人是在外地或本市其他医院治疗多次后才慕名来到该医院，如果研究者只依靠该院提供的资料进行疾病经济负担分析，会漏掉病人在此之前发生的所有费用，从而低估精神分裂症患者的直接疾病经济负担。

2. **询问调查** 设计相关调查问卷，培训专门的调查员对病人和病人家属进行询问。通过这种方法可以避免卫生机构病案记录法的缺陷，获得病人为治疗疾病迄今为止所发生的全部费用。但是询问调查法也有缺陷：有时病人和家属的回忆可能有偏差，造成调查资料的回忆偏性，而且需要对所有被调查者进行询问调查，会花费较多的时间与金钱。

可以看到，上述两种调查方法各有利弊，因此在实际操作中应该将两种方法结合起来使用。比如培训卫生机构的医务人员作为调查员，关于来该院就诊之前的资料向病人或家属进行询问调查，在该院所发生的费用资料可以通过查阅病案记录获得。

（五）样本人群非卫生部门费用调查方法

非卫生部门的费用发生很不集中，包括交通费，营养费等，不可能查阅某部门的记录获取资料，因此主要通过询问调查法获得有关资料和数据。

（六）某地某病直接经济负担总值计算

通过抽样调查，可以获得该病每一例病人的平均直接经济负担水平，只要知道该地该病患者的总数即可获得该地该病直接经济负担的总值。患者的总数可以通过总人口数与发病指标（患病率，发病率）或服务利用指标（就诊率，住院率）的乘积获得。下面简单介绍这些指标。

1. **发病率** 指一定时期（年度，季度，月等）内特定人群中发生某病新病例的频率。比如某县人口为10万，2000年该县新增食道癌病例数为200例，则该地食道癌的年发病率为0.2%。在实际研究中，较多使用年发病率。

2. **患病率** 指一定时期（年度，季度，月等）内特定人群中某病新旧病例数与总人口的比。比如某县人口为10万，1999年底有1000例食道癌患者，2000年新发200例，则该地2000年食道癌的患病率为1.2%。在实际研究中，较多使用年患病率。

3. **就诊率** 指一定时期（年度，季度，月等）内特定人群中某病就诊人数或就诊人次数与总人口的比。比如某县人口为10万，2000年有20例食道癌患者因病就诊，则该地2000年食道癌的就诊率为0.02%。在实际的许多调查中，通常使用二周就诊率，因为时间相对比较短，便于患者回忆，而且世界各国都使用该指标，便于国家之间的比较。

4. **住院率** 指一定时期内特定人群中某病住院人数或住院人次数与总人口的比。比如某县人口为10万，2000年有20例食道癌患者因病住院，则该地2000年食道癌的住院率为0.02%。在实际的许多调查中，通常使用年住院率。

计算直接经济负担总值时需要根据实际情况以及研究的目的选择上述指标。如果研究的目的是对预防或干预措施进行经济学评价，使用发病率比较好；如果研究的目的是论证疾病对社会经济生活的影响，使用患病率比较好。有的学者认为患病人数或发病人数并不等于实际接受治疗人数。尤其是在许多发展中国家，人民生活比较贫困，许多患者受支付能力的约束和其他因素的影响，即使患病也不去接受治疗，因此实际接受治疗的人数可能会明显低于患病人数或发病人数。不接受治疗就不会因该病发生直接的经济损失，在这种情况下，如果按照患病率或发病率计算直接经济负担水平会有所夸大，因此可以考虑使用服务利用指标就诊率和住院率，这样会比较接近真实情况。

二、直接疾病经济负担相关研究举例

研究者采用回顾性调查分析法研究了 1995 年 12 个月间的资料，资料为社区精神病医疗机构 99 个病人的消费材料。表 8－2 和表 8－3 为相关研究结果。

表 8－2　1995 年全 CMHC 的所有机构医疗保健资源消耗

治疗安排	治疗类别	次数	总费用（1000 里拉）
流动治疗（n＝92）			
	专家访视	1403	122602
	精神病治疗	223	19496
	处方或作药物调整	1265	18791
	社会紧急治疗	392	10416
	支持处理	108	8228
	工娱治疗	6	290
	其他治疗	122	15273
	总计	3519	195096
病人之家（n＝48）			
	专家访视	425	47818
	处方或作药物调整	1330	59820
	社会紧急治疗	351	15957
	支持处理	208	11315
	总计	2314	134910
白天医疗中心（n＝29）			
	专家访视	308	14296
	处方或作药物调整	3265	80181
	社会紧急治疗	1475	68276
	支持处理	1019	23917
	工娱治疗	730	31440
	其他治疗	18	1781
	总计	6815	219864
社会医疗机构防治（n＝15）			
	专家访视	128	10700
	精神病治疗	83	3797
	处方或作药物调整	1429	31244
	社会紧急治疗	58	3689
	支持处理	150	5856
	工娱治疗	2	244
	其他治疗	116	10843
	总计	1966	66373
其他安排（n＝33）			
	专家访视	328	47570
	处方或作药物调整	5	55
	社会紧急治疗	241	90075
	支持处理	55	4997
	其他治疗	32	1351
	总计	660	143988
总计		15275	760318

注：CMHC 为社区精神病医疗中心

资料来源：范桂高：意大利精神分裂症社区医疗直接与间接费用调查，2001。

表 8—3 1995 年全 CMHC 的所有机构服务次数和费用构成

	治疗次数		治疗费用	
	N	%	N	%
专家访视	2592	17.0	242986	32.0
精神病治疗	306	2.0	23293	3.1
处方或作药物调整	7294	47.8	190091	25.0
社会紧急治疗	2517	16.5	188413	24.8
支持处理	1540	10.1	54313	7.1
工娱治疗	738	4.8	31974	4.2
其他治疗	288	1.9	29248	3.8
总计	15275	100.0	760318	100.0

资料来源：范桂高：意大利精神分裂症社区医疗直接与间接费用调查，2001

可以看出，表中所有费用的总和实际上就是所有病人在 CMHC 就诊所形成的直接疾病经济负担，平均每个病人为 770 万里拉。通过表 8-3 还可以看出直接疾病经济负担的分布，近一半的就诊是属于处方或作药物调整，花费了四分之一的治疗费用；专家访视和社会紧急治疗也占用了较多的医疗资源，成为患者直接疾病经济负担的主要组成部分。

三、影响病人直接疾病经济负担的因素

1. **病人本身的情况** 不同年龄、性别、婚姻状况、文化程度的病人直接疾病经济负担不同。这些人口学因素通过影响病人的健康状况和就诊意愿间接影响病人的直接疾病经济负担。

2. **疾病本身的情况** 包括疾病是否容易诊断及诊断结论，疾病的分型，疾病的严重程度和疾病的治疗手段及效果等。对于一些不容易明确诊断、病情比较严重、没有明确治疗方案或治疗手段比较先进的疾病，直接疾病经济负担的水平相对比较高；相反，对于一些诊断明确、病情较轻、治疗手段比较常规的疾病则直接经济负担水平比较低。比如许多免疫系统疾病需要做大量检查辅助诊断，心绞痛或心肌梗塞病人需要安装血管支架来缓解症状，尿毒症的病人进行肾移植手术或血液透析，所有这些检查和治疗手段都非常先进并且昂贵，使得直接疾病经济负担水平升高。另外，许多急性疾病可以一次性治愈，形成的直接经济负担水平相对比较低；而慢性疾病迁延不愈，需要经常就诊甚至住院，或者长期服药，由此会形成比较高的直接疾病经济负担。

3. **病人患病后是否利用卫生服务** 包括病人是否利用门诊和住院服务。如果病人根本不利用卫生服务，没有为预防或治疗疾病消耗任何经济资源，那么也不会造成病人的直接疾病经济负担。1998 年第二次卫生服务总调查结果显示在两周患病但未采取任何措施的患者中，有 35.81% 的患者由于经济困难没有去就诊。

4. **病人利用卫生服务的地点** 如果病人利用卫生服务的地点距离比较近，不会发生很高的交通费和住宿费等，可以减少直接疾病经济负担。许多病人到外地求医，要支付远程交通费、陪护人员住宿费、就餐费等，不可避免地增加了直接疾病经济负担水平。

5. 病人利用卫生服务的机构　病人利用不同级别的卫生机构会造成不同的直接疾病经济负担，通常就诊机构的级别越高，直接经济负担越高，相反则越低。比如第二次卫生服务总调查结果显示在城市地区，省级医院就诊次均费用最高，平均达 250 元以上；其次为县区医院、部队医院和地市医院，大约为 200 元左右；最低的是县中医院和卫生室，大约为 40 多元。而且在农村地区也呈现出相同的趋势，省级医院就诊次均费用最高，村卫生室最低。

6. 病人是第几次利用卫生服务　一般情况下，病人第一次就诊时由于诊断尚未明确需要做一些检查等因素，在卫生部门花费的费用可能会比较高，如果诊断清楚，以后利用卫生服务发生的费用会相对比较少。

7. 病人的医疗保障形式　由于不用考虑个人经济支付能力的因素，一些保障程度比较高的患者倾向于使用比较高级的检查治疗手段，使用进口药品等，如此会造成直接疾病经济负担水平升高。

8. 病人对卫生服务效果的预期　病人对卫生服务效果的预期不同会造成直接疾病经济负担的不同。如果病人仅仅希望通过卫生服务控制缓解症状，维持目前的状况，直接疾病经济负担水平会相对比较低；如果病人希望彻底根治，尽量减少治疗过程中的痛苦，疾病的直接经济负担会相对比较高。比如某心绞痛病人仅希望发病时能够缓解症状即可，其诊断根据病史和一些其他检查即可作出，治疗也仅需要心痛定或硝酸甘油等一些药物，所有诊断治疗过程不会很复杂，花费也不高；而另外一个心绞痛病人希望能够彻底根治这种情况，需要做冠状动脉造影确定血管狭窄部位，然后接受手术安装血管支架扩张血管，并且使用很多进口材料，如此会发生很高费用，使直接疾病经济负担水平比较高。

第三节　间接疾病经济负担计算

本节主要介绍如何从病人的角度和社会的角度研究计算间接疾病经济负担。

从前面讲述间接疾病经济负担的定义可以得知间接经济负担意味着由于疾病、残疾和早死所带来的劳动力有效工作时间的减少和工作能力的降低所带来的经济损失。因此间接疾病经济负担的计算需要首先了解有多少人工作时间减少或工作能力降低，以及工作时间减少或工作能力降低的具体情况。

一、间接疾病经济负担计算使用指标

（一）平均预期寿命

指某个年龄尚存的人今后预期的平均存活人年数（或岁数）。可以看出，不同年龄（组）的人群平均预期寿命不同。而且各个国家或地区人体遗传状况、生活习惯、经济水平和卫生服务状况等各种因素都存在差异，由此会导致各地平均预期寿命的不同。另外不同性别的人群平均预期寿命也存在差异。表 8-4 是某地某年不同年龄组的预期寿命。

（二）死亡指标

1. 粗死亡率

在一定时期（年，季度，月等）内死亡总人数与该人群同期平均人口数之比。比如某县

2001年年初和年末人口数的平均值为20万，2000年该县共计死亡1000人，则该县2000年死亡率为0.5‰。

2. 疾病死亡专率　按不同疾病计算死亡率。比如某县2000年年初和年末人口数的平均值为20万，2000年该县因胃癌共计死亡20人，则该县2000年胃癌死亡专率为万分之一。

表8—4　不同年龄组、性别的标准化期望寿命

死亡或残疾时的年龄（岁）(X)	X年龄组期望寿命（岁）（女性）	X年龄组期望寿命（岁）（男性）
0	82.50	76.19
1	81.84	75.58
5	77.95	71.71
10	72.99	66.76
15	68.02	61.80
20	63.08	56.97
25	58.17	52.21
30	53.27	47.47
35	48.38	42.68
40	43.53	37.92
45	38.72	33.26
50	33.99	28.72
55	29.37	24.40
60	24.83	20.26
65	20.44	16.37
70	16.20	12.80
75	12.28	9.61
80	8.90	7.04
85	6.22	5.06
90	4.25	3.60
95	2.89	2.57
100	2.00	1.86

* 各年龄组期望寿命是按年龄组上限值计算的。
资料来源：程晓明，卫生经济学与卫生经济管理，1998。

3. 减寿年数　计算不同病种死亡者总的寿命减少年数，该指标可以用于估计损失的生产劳动日，也就是有效工作时间的减少。减寿年数计算公式如下：

$$PYLL=\sum_{i=1}^{n}a_id_i \qquad a_i=E-j_i$$

其中PYLL表示减寿年数；

a_i 表示第 i 年龄组死亡者的平均减寿年数;

d_i 表示第 i 年龄组死亡者的人数;

j_i 表示各相应年龄组的组中值;

E 表示当地平均预期寿命

该公式计算的减寿年数实际上是各个年龄组的所有减寿年数的总和。各个年龄组的减寿年数等于死于该年龄组时的平均减寿年数与该年龄组死亡人数的乘积。在计算因某种疾病死亡所引起的减寿年数时会涉及到死亡指标和平均预期寿命。

例1：某地某年因胃癌共计死亡1000人，死亡者在不同年龄组的分布见表8-5，假定当地平均预期寿命为70岁，试计算该地当年因胃癌造成的减寿年数。

解：通过表8-5中的计算可得该地当年因胃癌造成的减寿年数为17002.5年。

请注意此题仅为一个简单模拟的例子，旨在告诉大家减寿年数的计算方法，实际上不同的年龄组有不同的预期寿命，在计算平均减寿年数时使用各年龄组自己的平均预期寿命更好。

表8-5 死亡者在不同年龄组的分布及减寿年数

年龄组	组中值	死亡人数	平均减寿年数	合计减寿年数
<1	0.5	0	69.5	0.0
1-4	2.5	0	67.5	0.0
5-14	9.5	2	60.5	121.0
15-19	17.0	3	53.5	159.0
20-29	24.5	20	45.5	910.0
30-39	34.5	100	35.5	3550.0
40-49	44.5	300	25.5	7650.0
50-59	54.5	200	15.5	3100.0
60-69	64.5	275	5.5	1512.5
70-		100	0.0	0.0
合计		1000		17002.5

（三）病休指标

包括年缺勤天数，休工休学天数，平均卧床时间等。这些指标可以从就业单位或学校的考勤记录以及对病人及家属的询问调查获得。

（四）伤残失能指标

病人患病后可能有四种结局：1）急性发病后得到恢复；2）急性发病后遗留下永久性失能；3）发生残疾失能一段时间后死亡，此残疾失能指短暂性失能；4）发病后直接死亡。由此可以知道病人发病后有可能会发生短暂性或永久性失能，或轻或重给人们的生活造成不方便，由此影响人们的生命质量。完全健康地生活一年与卧床一年虽然都是生活了一年，但是生命质量截然不同。而且不同的伤残状态生命质量也不同。有人使用生命质量量表或疾病别生命质量量表来反映生命质量。生命质量量表是将有关生命质量的各个方面（包括躯体功能，健康意识，社会功能等）进行评分，然后将各项得分相加获得总分，由此反映生命质量状况和疾病带来的生命质量变化。但是这种量表得分的变化或差异很难与疾病所造成的经济损失相联系，不便于计算疾病经济负担。如果赋予不同伤残状态不同的权重，就可以将生命质量的差异转换为生命时间的差异，从而便于计算疾病所造成的经济损失。虽然疾病不同造成的残疾状态不同，各地可以通过社区调查确定不同的残疾状态对生命质量的影响，从而获得残疾的权重值，另外也可以通过向专家咨询获得残疾权重。根据失能的严重程度不同，可将残疾及失能分成六类并赋予不同的权重值，0代表完全健康，1代表接近于死亡的状态，各种残疾失能状态的权重介于0和1之间。

从表8-6中可以看出残疾权重值的意义。残疾权重表示以某残疾等级状态生存一年，由于生命质量较低相当于减少的健康寿命年数。比如，某人处于第六级残疾状态，大部分日常生活活动不能进行，这种生存状态的残疾权重为0.92，那么以这种状态生存一年相当于减少了健康寿命年数0.92年，所以此人生存一年实际上只相当于完全健康地生存了0.08年。伤残失能指标可以将伤残导致的工作能力降低转化为有效工作时间的减少，从而计算间接疾病经济负担。

表8-6 残疾等级和权重

等级	残疾权重	活动能力	认知、心理和疼痛
1	0.096	在进行家务、职业、教育或文娱活动稍有限制	轻度疼痛或认知失能
2	0.22	许多家务、职业、教育或文娱活动受到限制	轻度疼痛及认知失能
3	0.40	大部分家务、职业、教育或文娱活动能力受到限制	中度疼痛及认知失能
4	0.60	大部分日常生活体力活动不能进行	严重疼痛及认知失能
5	0.81	某些日常生活活动尚可进行	非常严重的疼痛及认知失能
6	0.92	大部分日常生活活动不能进行	

资料来源：程晓明，卫生经济学与卫生经济管理，1998。

（五）伤残调整生命年（DALY）

伤残调整生命年是指从发生某疾病后从发病到死亡所损失的全部健康年，包括因早死所致的寿命损失年和疾病所致伤残引起的健康寿命损失年两部分，因此是综合评价各种非致死性健康结果（包括各种伤残状态）与早死的效用指标。伤残调整生命年的计算需要结合前面讲述的死亡指标，伤残失能指标。

从90年代初期开始，世界银行就在1993出版的《世界发展报告投资于健康》中正式使用伤残调整生命年来测量全球和各地区的疾病负担。下面为1993年该报告关于疾病负担的结果。

表 8-7 1990年按病因计的疾病负担（十万 DALY）

疾病或创伤	中国		全世界	
	男性	女性	男性	女性
传染病、妇科及围产期疾病	228.0	281.4	3057.7	3182.7
传染病和寄生虫病	117.6	133.0	1888.8	1830.0
肺结核	34.7	24.4	264.7	199.8
除HVI外的性传播疾病	0.8	33.3	38.6	172.2
人类免疫功能缺损病毒	0.0	0.0	179.3	122.8
腹泻	20.7	21.7	501.7	489.4
儿童疾病	9.3	8.1	348.4	327.7
脑炎	4.0	2.8	49.8	31.1
肝炎	4.5	2.2	10.4	8.9
疟疾	0.1	0.0	182.3	175.0
热带病	3.8	2.3	75.0	51.0
麻风	0.0	0.0	5.1	5.1
沙眼	1.1	3.6	9.3	23.7
肠道蠕虫疾病	32.6	30.6	91.8	87.9
呼吸道感染	60.0	69.0	617.1	610.8
妇科	—	25.0	—	297.2
围产期	50.4	54.4	551.8	444.7
非传染性疾病	609.6	558.1	2981.6	2772.8
恶性赘生物	113.1	72.0	444.0	350.1
糖尿病	3.6	4.1	34.7	45.0
营养及内分泌	27.7	38.6	260.3	275.8
神经性精神病	81.7	78.5	499.8	426.6
感觉器官	7.5	9.0	39.1	43.1
心血管	148.4	133.4	759.3	713.2
呼吸道	96.0	85.4	251.3	218.9
消化道	49.9	37.8	245.7	201.0
生殖泌尿系统	21.8	12.8	95.6	79.5
肌肉骨骼	13.3	40.0	58.2	126.1
先天异常	34.8	35.4	211.4	197.0
口腔	9.2	8.9	69.0	70.6
创伤	197.6	138.5	1092.1	533.9
意外事故	148.3	84.7	647.3	373.3
蓄意	49.3	53.8	290.5	160.6
总计	1035.2	978.0	7131.4	6489.4

资料来源：1993年世界发展报告。

二、从病人的角度研究间接疾病经济负担

从病人角度研究疾病的间接经济负担，主要是指病人及其家庭由于疾病和陪护等造成缺勤从而损失的收入。通常使用抽取样本进行询问调查的方法。表8-8为意大利某研究关于

精神分裂症病人的间接疾病经济负担的结果。

表8—8 精神分裂症病人的间接疾病经济负担

	接受照料病人数	总费用（1000里拉）	每例平均（1000里拉）(n=99)
情景1：产品损失			
病人丢失工作时间（有酬及无酬）	10	82832	837
照料者丢失工作时间（有酬及无酬）	19	208857	2110
小计		291689	2947
情景2：工作机会的丧失			
病人方面的	45	1926298	19458
照料者的	16	70019	707
小计		1996317	20165
情景3：非正式的照料			
照料者放弃闲暇时间		628749	6351
其他照料者放弃闲暇时间		502187	5073
小计		1130936	11424
总计		3418942	34535

资料来源：范桂高，意大利精神分裂症社区医疗直接与间接费用调查，2001。

每个病人由于患有精神分裂症造成的间接疾病经济负担大约为3453.5万里拉。其中9%是病人有酬及无酬的工作损失，58%是失去工作机会造成的损失，33%是闲暇时间减少造成的损失。

三、从社会的角度研究间接疾病经济负担

从社会角度研究疾病的间接经济负担，主要是指由于早死和伤残造成病人工作时间减少、工作能力降低，从而形成的社会经济损失。

从社会的角度计算间接疾病经济负担的具体计算步骤如下：

(1) 计算某人群由于某疾病造成的死亡所减少的有效工作时间，主要使用减寿年数来表示。

(2) 将某人群由于某疾病造成的伤残所降低的工作能力转化为有效工作时间的减少，主要使用伤残失能指标，平均预期寿命，发病率和伤残率等指标。

(3) 计算某人群由于某疾病造成的死亡和伤残所减少的有效工作时间的总和。

(4) 将有效工作时间的减少转化为经济损失。

有效工作时间的减少使用减寿年数、病休指标和伤残调整寿命年等指标来反映。需要将有效工作时间的减少转化为用货币单位表示的经济损失。通常认为劳动力因病损失的有效工作时间的价值等于这一段时间内劳动力劳动创造的价值。可以通过两种方法进行转换。

1) 工资率法；用工资率乘以因疾病和伤残所损失的有效工作时间。

2) 人均国民生产总值法；用年人均国民生产总值乘以因疾病和伤残所损失的有效工作

时间。表 8—9 反映了1990年我国各类疾病所形成的经济负担，使用人均国民生产总值法将 PALY 转化而得。

表 8—9　1990 年全国按病因统计的疾病负担

疾病名称	经济损失（亿元）		
	男性	女性	合计
传染病、妇科及围产期疾病	**1717.8**	**2146.5**	**3864.4**
传染病和寄生虫病			
肺结核	268.5	188.8	457.3
性传播疾病	6.2	257.7	263.8
腹泻	160.2	167.9	328.1
儿童疾病	72.0	62.7	134.6
脑炎	31.0	21.7	52.6
肝炎	34.8	17.0	51.8
疟疾	0.8	0.0	0.8
热带病	29.4	17.8	47.2
沙眼	8.5	27.9	36.4
肠道蠕虫疾病	252.3	236.8	489.0
呼吸道感染	464.3	533.9	998.2
妇科	0.0	193.5	193.5
围产期	390.0	420.9	810.9
非传染性疾病	**4697.0**	**4301.6**	**8998.5**
恶性赘生物	875.2	557.1	1432.3
糖尿病	27.9	31.7	59.6
营养及内分泌	214.3	298.7	513.0
神经性精神病	632.2	607.4	1239.6
感觉器官	58.6	69.6	127.7
心血管	1032.2	281.8	1148.3
呼吸道	742.8	660.8	140.7
消化道	386.1	292.5	678.6
生殖泌尿系统	168.7	99.0	267.7
肌肉骨骼	102.9	309.5	412.4
先天异常	269.3	273.9	543.2
口腔	71.2	68.9	140.1
创伤	**1529.0**	**1071.7**	**2600.7**
意外事故	1147.5	655.4	1803.0
蓄意	381.5	416.3	797.8
总计	**7943.8**	**7519.8**	**5463.6**

资料来源：许可，胡善联，从整个社会角度分析疾病的经济负担，1996。

四、计算间接疾病经济负担时需要考虑的几个因素

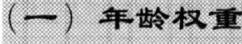

不同年龄的人群生存状态不同，对于社会的贡献也不同，不同年龄的人死亡或残疾失能

所造成的损失也不同。因此不同年龄的人具有不同的相对价值。比如一般情况下，人们认为70岁的老人死亡所造成的损失比30岁的人死亡所造成的损失要小的多。为了体现出不同年龄人群的相对价值，可以赋予各个年龄相对权重。青壮年参加工作和劳动对社会生产贡献较大，相对权重也比较大，等于或大于1.0；少年儿童和老年人对社会生产的贡献相对较小，相对权重也比较小，小于1.0。

年龄权重有专门的计算公式：

相对权重值=Ka^{-Ba}

其中：K是常数，等于0.16243

B为0.04

A表示年龄

由于不同的年龄有不同的相对权重值，在计算减寿年数或伤残调整生命年时应该将之考虑进去，将失去的每个年龄乘以权重，再进行相加，从而获得总的减寿年数。

（二）生产力权重

不同年龄组的人群生产力不同，在将有效工作时间转化为经济损失时，应该考虑到这一点。可以赋予不同年龄组不同的生产力权重，见表8-10。

表8-10 不同年龄组生产力权重

年龄组	生产力权重
0~14	0
14~44	0.75
45~59	0.80
60~	0.10

资料来源：许可，胡善联，从整个社会角度分析疾病的经济负担，1996。

从表8-11中可以看出，0~14组的儿童由于没有参加社会生产，因此生产力权重为0，生命损失转化为经济损失后是0；60岁以上组基本上不再参加社会生产，因此生产力权重比较低，为0.1。至于其他两个年龄组，正处于年富力强参加社会生产的阶段，生产力权重最大，因此在生命损失与其他两个组一样的情况下，转化为经济损失后却最多。

表8-11 不同年龄组的DALY损失和经济损失

年龄	DALY损失		经济损失		人口构成（%）
	百万DALY	构成比（%）	亿元	构成比（%）	
0~4	49.9	24.8	0	0	10.31
5~14	16.3	8.1	0	0	17.40
14~44	62.4	31.0	725.5	62.6	51.72
45~59	29.6	14.7	366.5	31.6	12.38
60~	43.1	21.4	66.8	5.8	8.10
合计	201.3	100.0	1158.8	100.0	100.00

资料来源：许可，胡善联，从整个社会角度分析疾病的经济负担，1996。

（三）时间的贴现

一些人群由于疾病导致早死，从而损失未来的生命时间；一些人群由于疾病导致短暂性或永久性失能，因此在疾病发生后的很多年甚至一生生命质量都受到影响，相当于损失健康的生命年。所有这些生命年的损失都是未来的时间，因此需要使用一定的贴现率进行贴现，将未来的生命年损失折算为现值从而便于比较。比如伤残调整生命年损失的计算就考虑了时间贴现问题。贴现的具体计算可以参见其他章节。

第四节 疾病经济负担分析

一、疾病经济负担的研究意义

（一）有助于了解不同疾病和伤害给社会带来的影响

同一时期不同的疾病所引起的社会经济损失不同，相同的疾病在不同的时期带给人们和社会的影响也不同。比如肺结核和肺癌都是肺部疾病，但是治疗手段不同，所使用的药品和检查仪器不同，而且病人预后也不同。因此治愈一例肺结核患者和一例肺癌患者的花费是不一样的。由于预后不一样，肺癌的病人和肺结核的病人在接受治疗后工作能力的恢复不一样，因此带给社会的经济损失也不一样。而且社会在肺结核和肺癌治疗药物的研发上所花费的代价也不一样。另外，在解放前，我国由于卫生条件比较差，医疗技术不够先进，肺结核几乎是不治之症，而且在人群之间造成传播，许多人死于肺结核，给社会带来重大的经济损失。解放后，我国大力重视爱国卫生运动和传染病防治运动，肺结核逐渐减少，不再是主要的卫生问题。但是目前，由于许多治疗不规范，结核治疗药物出现了严重的耐药问题，因此结核又出现了死灰复燃的趋势，如果不严加控制，有可能会再度带给社会严重的经济损失。通过疾病间接经济负担的分析可以将这些影响定量表示，从而清楚地看出不同疾病在不同时期带给社会的影响。另外，从表8－12可以看出，1990年全国由于非传染性疾病造成的DALY损失最大，另外婴幼儿受传染病和围产期疾病等的影响比较大，中老年人受非传染性疾病的影响较大，青壮年受创伤的影响大。从表8－13可以看出由于残疾所造成的DALY损失与早死相差不多，而且男性受早死的影响相对比较大，而女性受残疾的影响相对比较大。可见由伤残调整生命年表示的疾病负担可以帮助更好了解目前疾病和伤害对于国民和社会的影响。

表8－12 1990年全国按年龄及三组主要病因计的疾病负担

年龄组	传染病、妇科及围产期疾病			非传染性疾病			创伤		
	DALY损失（百万）	百分比	比率（每千人）	DALY损失（百万）	百分比	比率（每千人）	DALY损失（百万）	百分比	比率（每千人）
0～4	25.5	50.0	215.5	16.4	14.0	138.4	8.1	24.0	68.3
5～14	7.9	15.5	42.1	4.7	4.1	25.3	3.6	10.8	19.4
15～44	12.3	24.2	20.9	33.0	28.2	55.8	17.1	50.9	29.0
45～59	2.7	5.4	20.0	24.3	20.8	177.1	2.6	7.6	18.6
60+	2.5	4.9	24.6	38.4	32.9	381.7	2.2	6.7	22.2
合计	50.9	100.0	44.9	116.8	100.0	103.0	33.6	100.0	29.7

资料来源：1993年世界银行发展报告。

表8—13　1990年全国按后果、性别及年龄计的疾病负担（百万DALY）

年龄组	早死所致			残疾所致		
	男性	女性	总计	男性	女性	总计
0～4	16.6	18.7	35.3	7.1	7.5	14.6
5～14	3.2	2.3	5.5	5.7	5.1	10.8
15～44	17.4	13.2	30.6	13.7	18.2	31.9
45～59	10.8	7.0	17.8	6.6	5.2	11.8
60+	14.3	12.1	26.4	8.3	8.5	16.7
中国	62.2	53.3	115.5	41.3	44.5	85.8

资料来源：1993年世界银行发展报告。

（二）根据不同疾病和伤害引起的社会经济损失，确定卫生规划或卫生活动的重点。

通过了解当前不同疾病所引起的社会经济损失，便于我们了解目前重大的卫生问题，确定当前卫生工作的重点。有关学者研究表明1990年心血管和肿瘤疾病的疾病经济负担位于各种疾病之首，因此国家应该更加重视心血管疾病的防治和研究并予以支持，从而减少心血管和肿瘤疾病带给人们生活和社会经济的影响。另外，通过疾病经济负担的分析，发现艾滋病的疾病经济负担发展速度很快，由此应该加以重视，将艾滋病控制与相关健康教育作为卫生工作重点。

（三）有助于了解各种疾病给病人生活带来的影响并且采取有关措施

通过分析病人由于某种疾病造成的直接和间接经济负担，可以更好了解该疾病给人们生活带来的影响，从而促使决策者寻找新的更好的代替方法，或采取一些措施减轻这些疾病给人们生活所带来的影响。通过直接疾病经济负担分析，发现哮喘发作的病人如果到三级医院就诊，病人和家属需要花费大量时间等候，有时甚至需要住院治疗，而且治疗费用非常高，给许多病人的生活带来重大的影响。相反，如果病人在社区卫生服务站就诊，无需等候太多时间，由于社区医生非常了解病人的疾病发展状况，可以减少很多无谓的检查，甚至病人可以在家里休息，医务人员上门访视。如此不仅减少了病人的治疗费用，还可以减少病人家属的陪护时间，从而减少了经济损失。因此根据疾病经济负担分析结果，可以尝试将此类慢性病人在康复期引导向社区卫生服务站，或设置家庭病床减轻病人及其家庭的疾病经济负担。

表8—14　三级医院慢性支气管炎住院病人可分流比例费用节省比例

	不分流	分流		
	三级医院	三级医院	区级医院	街道医院
病人数	115	35	43	37
病人比例（%）	100.0	30.43	37.39	32.17
平均住院费（元）	5387.83	5387.83	2088.91	1948.96
各级医院病人费用合计（元）	619600.45	188574.05	89823.13	72111.52
所有病人费用合计（元）	619600.45	350508.70	—	—

注：平均住院费包括住院病人的全部费用。

资料来源：卞鹰等，合理安排城市地区门诊及住院病人的费用效应分析，1996。

从表 8—14 可以看出，三级医院的病人 37.39％可以分流到区级医院，32.17％的病人可以分流到街道医院，总计有 69.56％的病人可以从三级医院分流。由此节约费用 269091.75 元（619600.45－350508.7＝269091.75），占原费用的 43.4％。病人的疾病经济负担明显被减轻。

（四）确定卫生项目的效益并且对各种卫生措施进行经济学评价

疾病经济负担的减少可以用来表示卫生项目实施后所取得的效益，从而对各种卫生措施进行经济学评价，便于选择成本效果好的卫生措施，也就是使用成本尽量低，减轻疾病经济负担的效果尽量好的措施。以前苏联为例，1955~1964 年开展了大规模的脊髓灰质炎免疫活动，其费用（即成本）合计为 4579.5 万卢布。而从减轻的疾病经济负担来看，估计从 1958~1965 年若不采取这种措施，将可能发病患者数为 121.8 万人，造成丧失劳动力 3.6 万人，死亡 9000 人。这些可能会发病的患者直接费用共约 5947.6 万卢布，因丧失劳动能力造成工资损失达到 20 亿卢布。因该病死亡还要造成不小的损失。这些效益加在一起是 30 亿卢布，其效益与成本比值达到 66。因此可以得出结论从经济学评价的角度认为非常值得推广该措施。

（五）为医疗保险行业提供相关依据

疾病经济负担是各种疾病给人们造成的经济损失，尤其直接经济负担主要是与治疗疾病有关的费用，因此，保险公司可以根据这些费用测算保费，确定保险方案。

二、我国疾病经济负担

（一）我国疾病经济负担现状

根据上海医科大学胡善联教授等人的相关研究，1990 年全国由于疾病造成的社会经济损失，即间接疾病经济负担为 5463.6 亿元，而同年的国民生产总值为 17695 亿元，相当于 31％。其中由于伤残或失能所带来的社会经济损失占总经济损失的 47％。可以看出，早亡和伤残所造成的疾病经济负担都是不容忽视的。

同一研究表明，1990 年非传染性疾病所造成的经济损失为 8998.5 亿元，远远高于传染病所造成的经济损失为 3864.4 亿元。而且心血管和肿瘤的疾病经济负担位于各种疾病之首，分别为 2180.6 亿元和 1432.3 亿元。

根据疾病经济负担的定义，因病就诊和住院所造成的直接费用和间接费用以及卫生总费用等都可以从不同的方面反映疾病经济负担。根据 1998 年第二次国家卫生服务调查结果，全国人均年医药卫生支出为 162 元，门诊就诊的直接费用平均为 63.1 元，间接费用平均为 4.5 元，但随着就诊的卫生机构的级别的升高而增加，尤其在农村地区比较明显，在省级医院为 150 元，在部队医院为 100 元，在地市级为 40 元，而在乡和乡以下卫生机构为 5 元。住院直接费用的平均值为 2384 元，间接费用平均为 442 元，城市地区明显高于农村，城市为 670 元，农村为 324 元。住院间接费用随城市规模和农村发展状况的增加而明显升高。

（二）我国疾病经济负担发展趋势

与1993年第一次国家卫生服务总调查结果相比，1998年卫生调查显示就诊的直接费用增长速度较快，年增长率为35.5%，城市增长速度高于农村；住院直接费用的年增长率为20.64%。因此可以得出结论：我国城乡居民的疾病经济负担呈上升趋势。多年的研究和实践证明造成疾病经济负担增加的原因是多方面的，主要包括以下几个方面：

1. 人口数量继续增加　虽然我国实施了行之有效的人口控制政策，但是由于基数比较大，因此人口绝对数依然在不断增多，疾病和伤残的发生也相应不断增多，因此造成疾病经济负担的增加。

2. 人口结构老龄化　我国人口结构趋于老龄化，尤其在大城市老龄化的趋势更加明显。老年人属于疾病和伤残的高危人群，1998年卫生服务总调查资料表明，老年人的两周患病率、两周就诊率和慢性病患病率均明显高于其他年龄组。而且许多老年人口高发疾病的治疗费用相对比较高，由此导致了疾病经济负担的增加。

3. 社会经济发展因素　经济状况的改善使得社会和个人有能力在治疗疾病方面花费。

4. 健康意识因素　随着社会经济的发展、人民生活水平的改善和人民文化程度的提高，人们越来越重视健康状况，越来越愿意为自己的健康投资，因此对卫生服务的需求和利用逐渐增加，从而导致卫生部门消耗的经济资源增多，疾病经济负担上升。

5. 疾病本身的因素　随着人们生活方式的改变，疾病谱较过去发生了很大改变，慢性非传染性疾病越来越占主导地位，而与这些疾病相关的诊断、治疗和科学研究都需要花费大量资金，从而造成疾病经济负担上升。

6. 科学技术进步因素　现代科技日新月异，先进诊断治疗手段和设备层出不穷，各级医院争相购买并更新设备；药品更新非常迅速，进口药品大量涌入中国市场；医务人员大量使用一次性材料，所有这些都造成卫生费用的增长，人民疾病经济负担的增加。

7. 医疗保障制度因素　我国过去实施的公费劳保医疗保障制度，由于卫生服务的供需两方都缺乏费用意识，容易造成供方过度提供服务和需方过度利用服务，在一定程度上刺激了卫生费用的增长。有关研究表明，公费劳保医疗的卫生费用无论从绝对值和增长速度来看，都明显高于自费者的卫生费用。公费劳保的高额医疗费用给国家和企业造成了沉重的疾病经济负担。

8. 其他因素　体制不健全，管理不善，医疗机构人员膨胀等。

（王慧慧）

第九章　医疗机构成本核算与成本分析

[教学目标]
1. 描述成本的基本概念及分类方法
2. 熟悉医疗服务成本的基本测量方法
3. 简述医疗服务成本核算的框架与基本步骤
4. 说明医疗服务成本分析的基本思路

随着卫生改革的不断深入，医疗机构成本核算和成本分析越来越体现出它的重要性。成本核算和成本分析是医疗机构经济管理的重要内容之一。一方面随着医疗卫生领域中引入市场机制，迫切要求医疗机构尽早实现集约型的经济增长方式，即在卫生资源有限的情况下，依靠技术进步、科学管理和结构调整，降低成本，提高效率，向社会提供更多、更好的卫生服务。另一方面科学的成本核算与分析结果也是制订医疗机构合理的收费标准的重要依据。

第一节　医疗机构成本核算

一、有关成本的几个基本概念

医疗机构在提供医疗服务的过程中有检查、化验、手术、治疗等多项服务，在医院的经济核算中必须要了解医院总成本、科室完全成本、某项医疗服务项目的成本等，那么首先要了解什么是医疗服务成本、成本构成以及成本的几种主要分类方式，然后再进行成本的核算。

（一）成本构成

1. 医疗服务成本

医疗服务成本是指医疗机构在提供医疗服务过程中所消耗的全部资源，包括人力资源、物力资源和自然资源，其价值以货币额的形式表示。

医疗机构在提供医疗服务过程中所消耗的物力资源包括房屋、医疗器械设备折旧等劳动资料，同时也包括药品、材料消耗等劳动对象，还包括卫生部门为进行业务活动所开支的各项管理费用。

医疗机构在提供医疗服务过程中所消耗的物力资源包括职工的工资、奖金等费用。

2. 成本构成

卫生服务的成本构成，是指卫生服务中各类费用支出所占的比例，或各成本项目占总成本的比重。

根据《医院会计制度》，医疗服务成本一般由以下成本构成：

1) 人员经费：包括职工工资、补助工资和职工福利费等。
2) 公务费：包括办公费、书报费、邮电费、差旅费、宣传学习费及公杂费。
3) 卫生业务费：此项费用是指维持卫生部门正常业务所消耗的费用，包括水、电、煤和一般设备维修、更新费、科研费、职工培训费及医疗杂支费等。
4) 卫生材料费：包括化学制剂、消毒用品、敷料等。
5) 低值易耗品：包括各种低值易耗品的破碎、报废消耗费等。
6) 设备购置
7) 固定资产折旧：包括房屋、设备家具等固定资产。
8) 固定资产维修费
9) 药品费
10) 制剂原材料
11) 其它费用

医疗机构成本构成的变化受到各种因素的影响，例如先进仪器设备的使用、科学技术的不断进步、新试剂和药品的使用、生产效率的提高等都会对成本构成产生影响。

不是所有的费用都计入成本，在成本核算中不能计入不属于成本范围的费用，如病人欠费或减免部分、医疗事故赔偿费用等不能列入医疗服务成本范围。

（二）医疗服务成本的分类

在实际工作中可以按照不同的目的和用途对成本进行分类，但无论怎么分类，总成本是一定的，就是说各类成本之和是相等的。

1. 按成本与医疗服务量的关系分类

根据成本随着服务量的变化而变化的特点，将成本分为固定成本、变动成本、混合成本。

1) 固定成本

固定成本是指在卫生服务中，有些成本总额在一定时期和一定卫生服务范围内，不受业务量增减变化的影响而保持固定不变，这些成本称为固定成本。

固定资产折旧、职工固定工资等在一定时间和一定服务量服务内都属于固定成本。严格地说，时间和服务量发生较大变化时，原有的固定成本也随之变化。例如短期内房屋折旧、人员固定工资等属于固定成本，不随着服务量的变化而变化，但如果时间周期较长，医疗机构的房屋、设备、人员都可能发生较大变化，原有的固定成本在长期内就可能不属于固定成本。同样，固定成本在一定的卫生服务量范围内相对固定，如果超出这个范围，就要再增加仪器和技术人员，折旧费和人员工资都要增加。

虽然固定成本总额在一定时间、一定服务量范围内不变，但是单位服务量的固定成本却随着服务量的多少而呈反比例变化，服务人次越多，则每人次服务的固定成本就越低。这正是测量固定成本的实际意义，如要降低单位卫生服务成本，就成本构成中的固定成本来说，一种方法是降低固定成本总额，如尽量降低仪器的价格（直接影响到折旧费），精简人员编制（影响到工资支出额）等，另一种方法是尽可能提高有效的卫生服务工作量，达到降低每人次成本的目的。

2) 变动成本

卫生服务中有些成本的总额随服务量的多少呈正比例变化，服务量增加，成本总额随之按比例增加,服务量减少,成本总额也随之按比例减少,这些成本称为变动成本。例如卫生材料费、计量服务工资等,都属于变动成本。

在成本管理中,将成本划分为固定成本和变动成本,目的是为了加强管理,通过降低固定成本总额,增加卫生服务量,降低每人次卫生服务变动成本,达到每人次卫生服务成本降低或最低的目的。

3)混合成本

卫生服务中有些成本兼有固定成本和变动成本的特性,属于部分固定、部分变动的成本,这些成本称为混合成本。混合成本的总额,随业务量的增减而增减,但其单位成本,却随业务量的增加而不成比例地降低,如水电、燃料费等。混合成本又可分为以下三种:

(1) 半变动成本

半变动成本通常有一个基数,一般固定不变,相当于固定成本,在这个基数的基础上,卫生服务量增加,成本也随之成比例增加,这又相当于变动成本。比如卫生部门的水电费、燃料费等,为了维持卫生部门的基本需要,即便业务量为零或很少,也要消耗一定的费用,这一部分具有固定成本的性质;但这些费用也随业务量的增加而增加,又具有变动成本的性质。

(2) 半固定成本

半固定成本又称阶梯式变动成本。在一定服务量范围内成本总额是固定的,当卫生服务量超出这个范围时,成本总额就跳跃到一个新的水平上,然后在新的一定服务量范围内,成本总额在新水平上保持不变,直到另一个跳跃。例如,化验员、救护车及司机等,当业务量增加超过一定限度时,就要增加车辆、设备及人员,其人员工资及车辆、设备折旧费的支出就出现阶梯式变动情况,这些成本就属于半固定成本。

(3) 延期变动成本

一般情况下,支付的医务人员的固定工资是固定成本,但当工作量超过预定服务量时,则需要支付加班费、津贴等,这种由于工作量超过预定工作量或工作时间超过预定工作时间所消耗的成本就是延期变动成本。

在卫生服务中,少有单纯的固定成本或变动成本,一般都是混合成本,但是在经济管理中,为合理制订计划及控制经济活动,必须把全部成本分成变动成本和固定成本两类。为了便于研究和计算,在分析的时候常常将混合成本分解为固定成本和变动成本两部分,再分别计入固定成本和变动成本中去。

4)混合成本的分解

分解混合成本的简便方法通常有散点图法和最大最小值法。

举例:某医院6个月的住院床日数和病房水电费支出费用见表9-1,这里水电费是总成本,包含固定成本、变动成本,我们要把它们区分开。

表9-1 某医院6个月住院床日数和水电费支出

	住院床日数(床日)	水电费(元)
1月	100000	1000
2月	75000	870
3月	50000	700
4月	79000	900
5月	88000	910
6月	67000	800

① 散点图法：该方法是指以业务量为横坐标，以成本为纵坐标，将相对应的数据以点的形式描绘在坐标图中，然后根据点的连向大致划出一条与纵轴相交的直线，该直线的截矩表示产出量为0时的成本，为固定成本，直线的斜率表示单位产出量的变动成本，变动成本就等于单位变动成本与业务量的乘积。

从图9-1中观察直线的截矩大致为400元，即固定成本额为400元，斜率（即单位业务量的变动成本）为：

(1000－400)/100000＝0.006

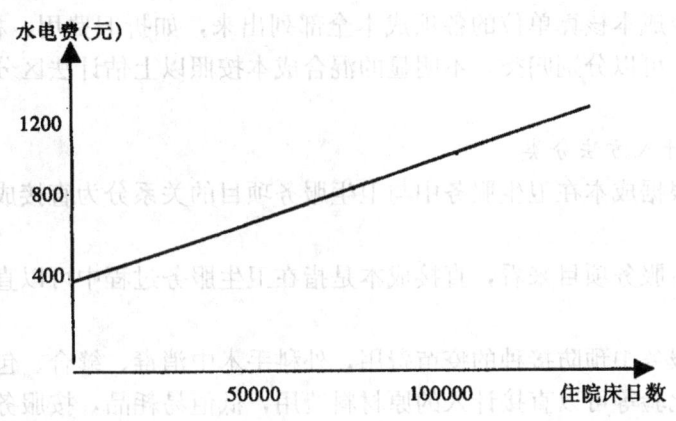

图9-1 混合成本分解散点图法

这是单位服务量的变动成本，那么

1月的变动成本＝业务量×单位变动成本
　　　　　　＝100000×0.006＝600元
1月的固定成本＝400元
1月的总成本＝变动成本＋固定成本＝1000元
再如：
6月的变动成本＝业务量×单位变动成本
　　　　　　＝67000×0.006＝402元
6月的固定成本＝400元
6月的总成本＝变动成本＋固定成本＝802元

可见，散点图法存在一定误差，只有在精确度要求不高的情况下才可使用。

②最大最小值法：是分解混合成本的另一个简便方法，首先计算出单位变动成本，单位变动成本等于成本最大值与最小值之差除以相应的产出量之差，例子里的单位变动成本为：

单位变动成本＝(1000－700)/(100000－50000)
　　　　　　＝300/50000
　　　　　　＝0.006

那么如： 5月的变动成本＝业务量×单位变动成本
　　　　　　　　　　＝88000×0.006＝528元
5月的固定成本＝5月混合成本－5月变动成本
　　　　　　＝910－528

$$=382 \text{ 元}$$

再如： 2月的变动成本＝业务量×单位变动成本
$$=75000\times 0.006=450 \text{ 元}$$
2月的固定成本＝2月混合成本－2月变动成本
$$=870-450$$
$$=420 \text{ 元}$$

以上就是分解混合成本的简便办法，在成本核算与分析中，大多数采用列项分类法，就是把某一时期某个成本核算单位的各项成本全部列出来，如折旧费用、材料、工资、水电、间接成本分摊等，可以分别归类，不明显的混合成本按照以上估计法区分成变动成本和固定成本，然后累加。

2. 按成本的计入方法分类

成本还可以根据成本在卫生服务中与卫生服务项目的关系分为直接成本和间接成本。

1）直接成本

从具体的卫生服务项目来看，直接成本是指在卫生服务过程中可以直接计入某服务项目的成本。

例如，卫生服务中预防接种的疫苗费用，外科手术中消毒、缝合、包扎等卫生材料的消耗，各种检查、化验等可以直接计入的原材料费用，低值易耗品，按服务支付的工资等，都属于直接成本。

从具体的科室来看，直接成本是指可以直接计入本科室的成本。

例如，当以科室为成本核算对象时，本科室人员工资、劳务提成、物料等费用都属于科室直接成本。

2）间接成本

从具体的卫生服务项目来看，间接成本是指在卫生服务过程中不能直接计入某服务项目而需按照一定标准分摊计入各种服务项目的成本。

例如，固定资产折旧费、行政管理办公费、后勤辅助部门的费用。

从具体的科室来看，间接成本是指不能直接计入本科室，而需按照一定标准分摊计入本科室的成本。

当我们以科室为成本核算对象时，间接成本包括固定资产折旧费用、职工福利、同其它科室的分摊成本等，这些成本虽然不能直接计入本科室，但在成本核算时考虑的应该是科室的完全成本，即不仅仅包括本科室消耗的直接成本，还需包括分摊来的间接成本，因为间接成本虽不是本科室直接消耗的成本，但却是医疗机构为提供医疗服务实实在在消耗的成本，因此在成本核算时必须将其考虑在内。

3）直接成本和间接成本的核算

医院中的科室按照是否直接为病人提供服务，分为直接科室和间接科室。

直接科室又称为业务科室，是指直接为病人提供医疗服务项目的科室；

间接科室又称为非业务科室、行政科室，是指为直接科室提供管理、后勤保障服务的科室。

科室分类的目的是要核算那些直接为病人提供服务的直接科室的完全成本，即不仅仅是直接科室消耗的直接成本，而应该把间接科室的成本分摊到各直接科室中，也就是包括这部分成本分摊额的完全成本。因为，在卫生服务作价中，我们依据的是完全成本，而不仅是本科室的成本。

将间接科室的成本分摊到直接科室中去时，应该公平合理。因为直接科室的管理人员对间接成本缺乏控制力量，也就是说，对直接科室来说，间接科室的成本是一种不可控成本，这种不可控成本对直接科室的分摊比例和额度，对各直接科室的经济核算结果和各种经济决策有着重大的影响，比如医疗服务项目价格的确定、新设备的购置、科室人员奖金的发放等。那么这个公平合理的成本分摊尺度是什么呢？理论上讲，间接科室的成本对直接科室的成本的分摊比例，应该反映间接科室为直接科室提供服务的情况。

一般来说，在分摊成本之前，首先应该确定两个问题，一是要选择出成本分摊的依据，二是要选择成本分摊的方法，例如：表9—2是某医院科室成本分摊资料，请计算一下成本分摊完毕后业务科室的完全成本。

表9—2　某医院各科室直接成本

科室	本科直接成本（元）	职工人数	洗衣重量（公斤）
内科	72260	10	28000
儿科	59480	7	12500
眼科	42803	4	5000
皮肤科	56092	7	22600
院办	8500	2	1000
洗衣房	16530	2	—
合计	255665	32	69100

这个例子中有6个科室，其中内科、儿科、眼科、皮肤科直接为病人提供服务，为直接科室，院办和洗衣房为两个间接科室，我们的目的就是要把院办和洗衣房的成本分摊到四个直接科室中去。

在分摊成本之前，首先要确定两个问题，一是成本分摊依据，二是成本分摊方法，在这个例子中，将洗衣房的成本分摊到直接科室的唯一依据就是洗衣的数量，将院办成本分摊到直接科室的依据为各科室人员占总人员的比例。

确定了成本分摊依据之后，就要确定成本分摊的方法，目前常用的间接成本分摊方法是阶梯分配法。它的原则是，为其它科室提供服务最多，接受其它科室的服务最少的间接科室的成本要首先分摊出去，按照这个标准分阶梯进行，直到所有的间接科室成本都分摊完毕为止。

比较本例中的两个间接科室，相对来说，院办为其它科室提供服务较多、接受其它科室服务较少，因此我们决定首先分摊的是院办的成本（详见表9—3），院办成本的分摊是以各科室人员占总人员的比例作为依据，即院办的成本乘以各科室人员占总人员的比例，可得到院办成本在各科室的分摊额。如院办的8500元成本中，分摊到洗衣房567元，分摊到内科2833元，依此类推。当院办成本分摊完毕后，就关闭院办，接着分摊洗衣房的成本，此时洗衣房的成本已不仅仅是本科室消耗的直接成本16530元，还接受了从院办分摊来的567元，即此时洗衣房的成本为17097元，再以洗衣房为各科室洗衣的重量占总洗衣重量的比例为成本分摊依据，分摊洗衣房的成本。当洗衣房成本分摊完毕后，可算出各直接科室的完全成本，即各直接科室直接成本，加上院办和洗衣房分摊来的间接成本。

表 9—3 间接科室成本向直接科室的分摊

科室	本科直接成本	院办成本	洗衣房成本	完全成本
院办	8500			
洗衣房	16530	567 (8500×2/30)	17097 (16530+567)	
内科	72260	2833 (8500×10/30)	7030 (17097×28000/68100)	82123
儿科	59480	1983 (8500×7/30)	3138 (17097×12500/68100)	64601
眼科	42803	1133 (8500×4/30)	1255 (17097×5000/68100)	45191
皮肤科	56092	1983 (8500×7/30)	5674 (17097×22600/68100)	63749

注：括号内数字为间接成本分摊比例

阶梯分配法存在着一定的缺陷。当一个间接科室的成本分摊完毕以后，就关闭了这个间接科室，不再接受其他间接科室分摊来的成本。例如刚才那个例子中，分摊完院办的成本后就关闭了院办，不再接受其它间接科室分摊来的成本，在分摊洗衣房成本时就只向内科、儿科、眼科和皮肤科分摊成本，而事实上，洗衣房也向院办提供洗衣服务，在分配洗衣房成本时，不应该把院办关闭，应该将洗衣房的成本在包括院办在内的其余全部科室中分配，但相比之下比较繁琐，一般不再重复分摊。

二、医疗机构成本核算单位

医疗机构的成本核算主要有四级核算单位（详见表 9—4），通常以医院和科室为综合单位，以病种和项目为基本单位。较为常用的是院科两级核算，以科室两级成本核算优越性最大，它能使医务人员参与核算与管理，利于责权利相结合。医院可根据各自情况进行选择，一般应由简到繁，由粗到细，先搞一级核算，积累一定经验后，逐步发展到两级核算。

表 9—4 医疗机构成本核算单位

核算单位	级别	核算内容	核算方法	作用	特点
医院	一级（综合）	整体耗费	医院财务	医院经济管理水平	简便、粗放型
科室	二级（综合）	科室耗费	科核算账户	科室经济管理水平，落实责任制，以利考评	复杂、集约型 责权利结合 单位适中、较实用
病种	三级（基本）	整体与科室	科核算账户	各层经济管理水平	复杂、可比性好
项目	四级（基本）	成本项目	科核算账户	技术评估适宜服务	复杂、项目过多、不可比
病例	四级（基本）	病人耗费	医疗价格	购买能力、合理性	简便、单位过小、不可比

三、医疗机构成本核算的基本内容

(一) 医疗机构成本核算的基本框架

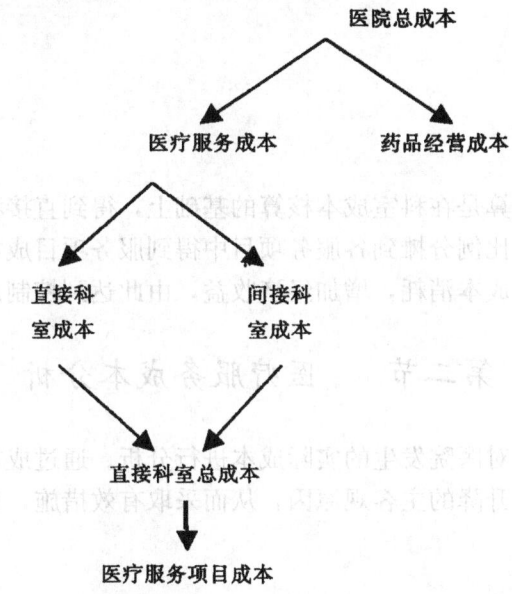

(二) 成本核算基本步骤

1. 测算医院总成本

医院总成本由以下成本构成：人员经费、公务费、卫生材料费、其它材料费、业务费、低值易耗品、设备购置费、维修费、固定资产折旧费、药品费、制剂原材料、其它费用等。

2. 测算各科室成本

各科室直接计入本科室人员经费、卫生材料费、低值易耗品、药品费等本科室直接消耗的成本，其它类别的成本利用科室人员占总人员百分比、科室面积占总面积百分比等分摊系数从医院总成本分摊到各个科室。

3. 测算直接科室总成本

利用阶梯分配法，将间接科室成本归集到直接科室，即直接科室的成本加上分摊来的间接科室的成本，得到直接科室的总成本（完全成本）。

4. 医疗服务项目成本核算

项目成本核算是以医疗服务项目为单位，归集该项目发生的一切费用计算成本的办法。
医疗服务项目按科室提供的服务情况可分为：

(1) 挂号项目：门诊各诊查室、急诊室等挂号。
(2) 床位项目：各病区床位。
(3) 检查项目：超声、心电、脑电、病理、窥镜等。
(4) 治疗项目：针灸、按摩、注射、换药、理疗、同位素等。

(5) 化验项目：常规、生化、免疫等。
(6) 放射项目：透视、拍片、造影等。
(7) CT 项目。
(8) MRI 项目。
(9) 手术项目。
(10) 分娩项目。
(11) 输血项目。
(12) 输氧项目。
(13) 其他项目。

医疗服务项目成本核算是在科室成本核算的基础上，得到直接科室完全成本以后，将直接科室的总成本按照一定比例分摊到各服务项目中得到服务项目成本。通过医疗服务项目成本核算，科室会努力降低成本消耗，增加经济收益，由此达到控制成本的目的。

第二节 医疗服务成本分析

医疗服务成本分析是对医院发生的实际成本进行分析。通过成本分析，检查成本计划的完成情况，找出影响成本升降的主客观原因，从而采取有效措施，达到降低成本的目的。

一、医院总成本分析

通过各类成本项目构成比重分析，可反映各项目开支存在的问题，提出改进成本结构、降低成本的措施。

二、医疗服务项目成本分析

医疗服务项目成本核算是根据项目成本核算数据，将核算成本与该服务项目收费标准进行比较，考察成本回收情况，为制订合理的服务项目收费标准提供依据。如从表9-5中数据可以发现，绝大多数医疗服务项目的收费标准低于成本，另外从表9-6中数据可以看出哪些医疗服务项目收费标准高于成本。

表9-5　不同级别医院成本回收率分析

成本回收率	全国30所医院平均	省级医院平均	市级医院平均	县级医院平均
小于20%	11	11	15	8
20%～50%	64	68	54	37
50%～280%	21	18	25	21
80%～100%	4	6	6	13
大于100%	14	9	14	24

注：成本回收率＝医疗服务项目收费标准/医疗服务项目核算成本×100%
资料来源：卞鹰，1998年

表 9-6 不同级别医院成本回收率分析

成本回收率	全国 30 所医院平均	省级医院平均	市级医院平均	县级医院平均
小于 20%	11	11	15	8
20%～50%	64	68	54	37
50%～80%	21	18	25	21
80%～100%	4	6	6	13
大于 100%	14	9	14	24

注：成本回收率＝医疗服务项目收费标准/医疗服务项目核算成本×100%
资料来源：卞鹰，1998 年

三、收支平衡分析

收支平衡分析是用于研究医疗服务成本、医疗服务量和收益关系的分析方法（cost-volume-profit analysis），简称"本-量-利"（CVP）分析。

根据成本特点，将成本分别归类成固定成本和变动成本两大类后，就可以进行收支平衡分析，通常有以下几种方法：

（一）传统应用

平衡分析在企业的传统应用，取得了相当的成功，同样可应用到医疗机构中。这种分析方法是将盈利定为零，然后求解产量，也叫盈亏临界分析。

这种盈亏临界分析是在以下公式基础上进行分析的：

$$\text{业务收入} + \text{经费补贴} = \text{变动成本} + \text{固定成本} + \text{结余} \tag{1}$$

$$\text{业务收入} = \text{单位服务收入} \times \text{业务量} \tag{2}$$

$$\text{变动成本} = \text{单位服务变动成本} \times \text{业务量} \tag{3}$$

盈亏临界点即收支平衡点，保本业务量是指总成本与总收入相等，达到不盈不亏时的服务量，保本业务收入是指不盈不亏时的业务收入。

1. 保本业务量

由公式 1、2、3 可推导以下公式：

$$\text{保本业务量} = \frac{\text{固定成本} - \text{经费补贴}}{\text{单位服务收入} - \text{单位服务变动成本}}$$

举例：某门诊部某年度经费补贴为 5 万元，每门诊人次的变动成本为 12 元，全年固定成本为 20 万元，每门诊人次平均收费为 18 元，请计算该门诊部全年必须完成多少门诊人次，才能达到收支平衡。

按照计算公式：

门诊人次保本量＝（200000－50000）/（18－12）
　　　　　　　＝25000（人次）

在其他因素不变的情况下，如果该门诊部年门诊人次超过 25000 人次就会有结余，如果少于 25000 人次将会出现亏损。

很多情况下是在已知目标结余数的前提下测算目标业务量，所谓目标结余数，是指在会计年度结束时要求获得的结余数。如上例中，假设目标业务量为 3 万元，则：

目标业务量＝（200000－50000＋30000）/（18－12）＝30000（人次）

即当该门诊部全年业务量达到30000人次时可获得3万元的结余。

2．保本业务收入

保本业务收入＝保本业务量×单位服务收入

上例中保本业务收入＝25000×18＝450000元

（二）图示法

收支平衡分析，可以用图示法表示，该方法是将本、量、利三者之间的关系在收支平衡分析图上直观地表示出来，它能比较直观形象地为决策者进行预测和决策提供参考。

仍用上例数据，按照以下程序绘制保本分析图：

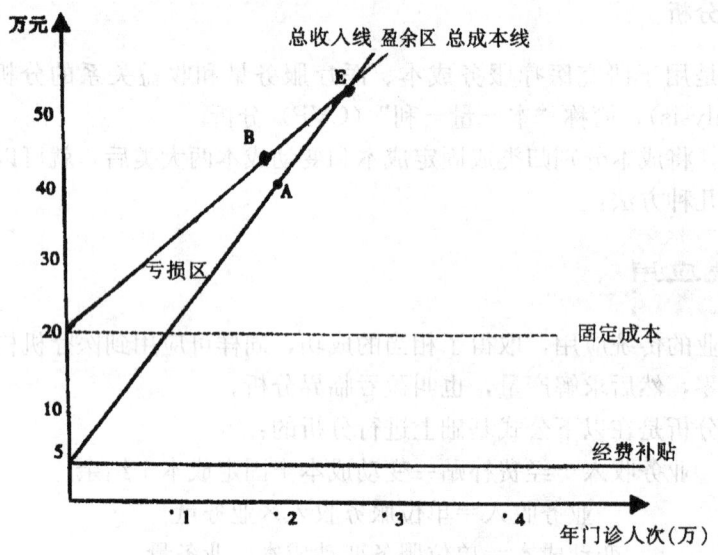

图9－2 保本分析图

1．以业务量（年门诊人次）为横坐标，以金额为纵坐标；

2．在纵轴上，找出经费补贴金额5万元，划一条与横轴平行的水平线；

3．在纵轴上，找出全年固定成本金额20万元，划一条与横轴平行的水平线；

4．在业务量横轴上找到任一点，代表任一门诊人次，如2万人次，计算当业务量等于2万人次时的总收入：20000×18＋50000＝41（万元），然后在坐标图中标出该点，命名A点（横坐标为2万人次，纵坐标为41万元），划一条直线将A点与经费补贴金额在纵轴上的截点连接起来，该直线即为总收入线；

5．计算业务量等于2万人次时的总成本：固定成本＋变动成本＝200000＋20000×12＝44（万元），然后在坐标图中标出该点，命名B点（横坐标为2万人次，纵坐标为44万元），划一条直线将B点与固定成本金额在纵轴上的截点连接起来，该直线即为总成本线；

6．总收入线与总成本线的交点E点即为收支平衡点（保本点），该点对应的业务量为保本业务量（25000人次），对应的业务收入为保本业务收入（45万元），总收入为50万元。

收支平衡点左侧的总收入线和总成本线之间的区域为亏损区，收支平衡点右侧的总收入线和总成本线之间的区域为盈余区。

(三) 边际贡献法

边际贡献是指单位服务业务收入与单位服务变动成本之差额。其意义在于当边际贡献能够补偿医疗机构的固定成本时,即可达到收支平衡,超出部分即为结余。其公式是:

边际贡献＝单位服务业务收入－单位服务变动成本

可根据边际贡献计算保本业务量,结合前面公式可得:

$$保本业务量 = \frac{固定成本 - 经费补贴}{边际贡献}$$

边际贡献是一个非常重要的指标,是医疗机构保本经营的重要依据。

边际贡献与单位业务收入之比为边际贡献率,它是指增加每一单位的业务收入所获得的收益,则:

$$边际贡献率 = \frac{边际贡献}{单位服务业务收入}$$

又有:保本业务收入＝保本业务量×单位服务收入

因此可得:

$$保本业务收入 = \frac{固定成本 - 经费补贴}{边际收益率}$$

表9—7　举例:某医院某年门诊与住院业务量及收入情况如下

项目		门诊	住院	合计
业务量①	①＝Q	20（万人次）	32（万床日）	—
单位收入（元）②	②＝P	5.0	62.0	—
收入总额（万元）③	③＝P×Q	100.0	1984.0	2084.0
变动成本（万元）④	④＝TVC	60.0	1488.0	1548.0
边际贡献（万元）⑤	⑤＝③－④	40.0	496.0	536.0
边际贡献率（%）⑥	⑥＝⑤/③	40.0	25.0	25.7

如果该医院明年经费补贴为280万元,固定成本为1500万元,求该院门诊和住院的保本业务收入和保本业务量?

解:

根据以下公式可得:

$$保本业务收入 = \frac{固定成本 - 经费补贴}{边际贡献率}$$

$$= \frac{1500 - 280}{25.7\%}$$

$$= 4747.1 \text{万元}$$

将保本业务收入按门诊和住院收入占总收入的比例分解,得到:

门诊保本业务收入为:4747.1×100/2084＝227.8（万元）

住院保本业务收入为:4747.1×1984/2084＝4519.3（万元）

再根据：

$$\text{保本业务量} = \frac{\text{保本业务收入}}{\text{单位服务收入}}$$

分别求得门诊和住院保本业务量：

门诊保本业务量为：227.8万元/5.0＝45.56（万人次）

住院保本业务量为：4519.3/60.0＝75.3（万床日）

这样就根据边际贡献和边际贡献率计算得到了医疗机构多种业务的保本业务收入和保本业务量。

（张里程）

第十章 卫生经济学评价

[教学目标]
1. 陈述卫生经济学评价的概念、目的和步骤
2. 知道整付终值计算和整付现值计算方法
3. 识别成本效果分析的应用范围并且进行分析评价
4. 熟悉成本效益分析的主要方法及原则
5. 简述成本效用分析所使用的效用指标及其不同之处

人类的日常生产生活活动每天都在消耗着大量的资源而且永无止境。面对人类对资源需求的无限性，众所周知地球上拥有的各种资源却是有限的，如何使有限的资源得到更好的发挥从而尽可能地满足人类的需求并且促进人类的生存发展一直以来都是世界各国共同关心的问题。关于卫生行业，无论发达国家还是发展中国家的历史经验都表明可以用于该行业的资源更为有限，而且世界人口数量在不断增多，人口结构越来越趋于老龄化。因此越来越多国家的卫生行业目前共同面临的一个非常重要的问题就是如何合理分配有限的卫生资源使之能够得到最大程度的利用，从而更好地满足人民对卫生服务的需求，更好地提高人民的健康水平，提高人民的平均预期寿命并且提高生存质量。我们可以通过卫生经济学评价，从经济学的角度对各项卫生规划或卫生活动进行比较评价，为决策者提供依据，选择最能够充分利用资源的方案，从而避免不必要的浪费与损失。卫生经济学评价假设在可能的情况下，理性的人们都愿意以最小的投入，即最小的经济代价去获得最大的产出或收益。

第一节 卫生经济学评价概述

一、卫生经济学评价的定义和目的

卫生经济学评价是应用一定的技术经济分析与评价方法，将相关卫生规划或卫生活动的投入和产出相联系进行比较评价。

卫生经济学评价具有以下目的

1. **论证某卫生规划或卫生活动实施方案的可行性** 通过卫生经济学评价论证该方案是否具有经济可行性，即通常所说的该方案是否合算。某医院打算购买一台核磁共振，希望五年后收回这台机器的成本，此时可以通过卫生经济学评价方法进行分析，从而确定该医院是否应该购买这台机器。

2. **比较改善同一健康问题的各个方案** 改善同一健康问题可能会有多种方案，通过卫生经济学评价对这些方案予以比较，从中选择出解决该健康问题的最佳方案。治疗急性单纯性阑尾炎既可以使用手术疗法，也可以使用药物保守疗法，究竟使用哪一种方法从经济学的角度更为合算，可以通过经济学评价进行分析从而选择急性单纯性阑尾炎的最佳治疗方案。

3. 比较改善不同健康问题的各个方案 各个卫生规划或卫生活动方案所解决的问题不尽相同,通过卫生经济学评价比较各个方案,可以从经济学的角度确定哪个方案最有意义,最有价值优先实施。某卫生项目正在对项目地区人群进行疾病干预,由于可以干预的疾病很多,而项目资金又有限,为了使项目资金能够发挥尽可能大的作用,需要筛选重点干预疾病,此时可以考虑使用经济学评价的方法,确定优先实施的疾病干预方案,从而确保项目干预活动取得最大的成果。

总的来说,卫生经济学评价的核心原则就是比较:比较每个方案的投入与产出,并且在不同方案之间作出比较,从而得出结论。

二、卫生经济学评价可以应用的领域

1. 应用于预防保健领域 对于某种疾病可以有不同的预防措施或者不同的干预人群,通过经济学评价可以选择最为经济的预防保健措施,或者选择最需要实施预防保健措施的人群,从而使相同的资源使用获得最大的收益。比利时的一项研究表明,用疫苗接种预防肺炎感染,在成年人中可延长存活大约2年,但每年的成本是11250欧元;而老人则可延长存活9年以上,每年的成本也小的多,为125欧元。由此得出结论支持接种老人的方案收益更好。

2. 应用于技术评估领域 当今世界高科技日新月异,现代化的诊疗技术层出不穷,令人眼花缭乱。通过经济学评价可以使人们了解各项新技术的花费以及对个体健康状况的改善,从而选择适宜的新技术。自1985年到1991年,荷兰全国卫生保险基金会对心脏移植、肝移植和肺移植三种技术进行评估,在达到相同健康指标(获得1DALY)的情况下,三种技术的花费分别为44000美金,30000美金和63000美金。由此可以看出从经济学评价的角度肝移植技术是最佳的。

3. 评价并比较疾病的各种治疗方案,选择最佳方案 对于同一种疾病可以有不同的治疗方案,比如慢性肾功能衰竭的病人既可以采用血液透析疗法,也可以采用肾移植的疗法。利用卫生经济学评价方法,测量病人在整个治疗过程中与治疗疾病相关的所有花费、治疗后带来的寿命延长以及生存质量的改善,并且进行成本—效用分析,可以得出结论从经济学的角度选择哪种方案较为合算。

4. 应用于药品研究领域,如药品经济学 从经济学的角度,将治疗疾病药品的花费与治疗疗效相联系,比较可以治疗相同疾病的不同药品,或者比较治疗不同疾病的不同药品。由此得出相关结论为决策部门分配资源,病人选择治疗方案提供依据。

一位30岁的妇女泌尿道感染反复发作已有数年,平均每年发作3次,可以使用抗菌药物预防疗法,也可以发作时再治疗。两种方法的效果都是使泌尿道感染不再发作。可以通过成本效果分析,效果相同时花费比较低的方案为最佳治疗方案。通过调查分析,如果发作时治疗,一次的费用至少需要126元,则每年的总治疗费用为$126 \times 3 = 378$元;如果采用长期口服复方磺胺甲基异噁唑预防,可将每年平均发作的次数降至0.15次,则每年的总治疗费用为$126 \times 0.15 = 18.9$元,加上预防药物的费用为85元,总计每年需要花费$85 + 18.9 = 103.9$元;可以看出两种方案虽然取得效果相同,但是采用抗菌药物预防疗法花费要少的多,从经济学的角度可以将之选择为最佳治疗方案。

5. 评价并比较各项投资方案并作出决策 面对各种健康问题,人们有各种各样的解决方案有待投资并予以实施。改善同一健康问题,可以加强预防保健领域的投资,也可以增加医疗领域的投资；在医疗领域，可以加强专科医院的建设，也可以加强社区卫生服务站的建设。但是卫生资源是有限的，卫生事业管理者和决策者可以通过卫生经济学评价的方法决定投资领域和投资方案，从而使有限的资金可以取得最大的收益。

三、卫生经济学评价的步骤

1. **明确待评价的方案** 明确待评价方案的目的即方案打算解决的问题，方案的具体内容，方案的实施周期等。

2. **明确评价目的** 明确进行卫生经济学评价的目的，是论证某方案的可行性，或是比较改善同一健康问题的不同方案，还是比较改善不同健康问题的不同方案。并且根据评价的目的选择合适的评价方法。

3. **各个方案投入的测量** 方案的投入是指为实施这项方案所投入全部人力资源和物质资源，包括公共支付和私人支付，通常用货币来表示。比如某地打算实施白内障干预项目，免费为当地人民实施手术，计划实施1年。在这一年期间，该项目所涉及的所有医务人员和其他工作人员的劳动（即其报酬），所使用的药品材料、手术设备和手术器械等，所占用的房屋或场地等各项内容均属于该项目的投入，应该纳入测量范围。

4. **每个方案产出的测量** 方案的产出是指通过该方案的实施所获得的成果。产出可以使用效果，效益和效用等概念来表示，后面的部分会有详细的讲述。

在测量方案的产出时必须能够鉴别出与其他活动相关的同种产出。由于同一个产出有可能通过很多种方式达到，因此我们必须明确哪些产出确实是由于待评价方案的实施所引起的产出。比如某乡镇卫生院实施的房屋维护方案，共耗资40万元，方案实施后乡镇卫生院的年门诊人次增加了200人次。毫无疑问，房屋维护后乡镇卫生院设施条件得到改善，优良的就医环境可以吸引更多病人来乡镇卫生院就医从而使门诊量增加。也就是说门诊人次的增加是房屋维护方案的产出。但是究竟增加的200人次门诊量是否全部是该方案的产出需要进行考证，应该在考虑可能引起门诊人次增加的其他因素（包括医务人员技术水平的提高，该地某种疾病的爆发，人民生活水平的提高等因素）后再确定并测量产出。

5. **投入产出分析定量评价** 目前使用比较多的有三种方法：分别是成本—效果分析，成本—效益分析和成本—效用分析。应该根据待评价方案的性质和评价的目的选择合适的方法进行评价，计算有关评价指标。关于各个评价方法的具体内容后面的部分会有详细的讲述。

6. **确定方案得出结论** 根据投入产出分析的结果及其判别原则，确定待评价的方案是否可行，或者从多个备选方案中选择一个最佳方案。

四、卫生经济学评价对于卫生规划的意义

卫生经济学评价对于进一步合理配置资源，减少资源浪费，合理确定并有效实施卫生规划有着非常重要的意义。主要表现在以下三个方面：

1. **有助于制订卫生规划** 为选择不同规划方案提供决策依据，使有限的资源用于最有效的地方，即所谓的"物尽其用，财赢其利"。某县目前有资金20万，可以用于卫生机构房屋维护。如果用于县医院房屋维护，可以增加县医院年门诊人次100人，而如果用于该县某乡镇卫生院的房屋维护，可以增加该乡镇卫生院的年门诊人次200人，为了使20万资金能够发挥更大的作用，应该考虑将之用于该乡镇卫生院的房屋维护。

卫生行业是一个比较特殊的行业，有许多领域存在市场失灵现象，需要政府的干预从而更好地配置资源。政府作用的表现形式之一就是政府对卫生事业的投资。但是国家财政预算中可以用于卫生事业的资金是有限的，我们可以通过卫生经济学评价来帮助确定政府干预领域，政府补助人群等问题，从而使政府投入能够给人民带来尽可能大的健康收益和社会收益。

另外，通过提供卫生经济学评价的有关信息，政府可以帮助个人（医疗卫生的私人消费者）、卫生部门（医疗服务的提供者）和医疗保险部门提高决策的质量。

2. 了解卫生规划实施过程　为及时调整方案或改变实施方法提供依据。某卫生项目为期五年，项目初期决定在部分项目地区进行重点疾病干预的试点工作，干预项目为白内障摘除手术。两年后该项目进行中期评估，对试点地区的重点疾病干预工作进行卫生经济学评价，发现该疾病干预方案实施成本低，取得效果好，因此决定中期评估后增加重点疾病干预领域的预算，在更多地区开展重点疾病干预。

某医院治疗某疾病随机使用方案1和方案2。通过分析评价发现在治愈病人数相同的情况下，方案1需要花费10000元，而方案2需要花费15000元。由于所取得的效果相同，实施方案1的花费又比较低，因此从经济学的角度可以认为方案1比方案2更好，今后医院可以考虑多使用方案1治疗该疾病，如此在保证治疗效果相同的前提下，可以帮助病人节约就医花费。

3. 明确卫生规划的实施结果　与目标相联系，评价规划方案目标实现的程度，为下一步制订规划方案或其他方案的制订提供依据。每个卫生规划都有其既定的目标，某医院购买核磁共振，其目标是5年后收回成本。测量5年中该医院与核磁共振相关的支出和收入，进行成本—效益分析，核算在5年内医院是否收回成本，从而评价该医院核磁共振的使用情况是否达到其预定的目标。另外该医院的经验可以为其他打算购买核磁共振的医院提供参考依据。

总的来说，方法是一样的，但是针对不同的目的，卫生经济学评价可以在卫生规划的不同阶段发挥不同的作用，最终的目标则是优化资源配置，使有限的资源发挥尽量大的作用。

五、进行卫生经济学评价时应该考虑的问题

（一）卫生经济学评价的操作与应用不仅仅是一个技术上的定量分析问题

1. 卫生经济学评价与每个国家的整体规划有关　比如某国家目前最需要解决的问题是教育问题，那么在国家宏观规划中，卫生行业的规划及活动无论从经济学评价的角度看上去多么合理、多么值得实施，也需要与教育问题相协调甚至作出让步。

2. 卫生经济学评价与卫生行业的整体规划有关　比如卫生行业制订的目标是全球消灭天花，由于天花的例数已经非常少，大规模监测需要花费很高的费用，这些费用如果投入到其他领域可能获得的产出会更明显，因此从经济学的角度考察似乎不太合理。但是即便这样，仍然要花费大量的费用用于监测天花。

3. 经济学评价与人群以及国家的价值取向有关　其实前面所述的国家和卫生行业规划重点本身就是与人群以及国家的价值观相联系的。有的价值观是目前已经为所有人群或国家取得共识的，比如充分利用资源，避免浪费，使有限的资源发挥最大的作用；有的价值观在不同的人群或地区还存在分歧，比如如何对待脆弱人群；如何对待精英人群，精英人群是否

应该给予优先的照顾或保护；不同人群（如穷人和富人之间或不同社会阶层之间）的健康寿命年是否相同，如果不同，差异程度有多大；同一人群不同年龄（即成年人、儿童和老年人）的健康寿命年是否相同，如果不同，差异程度有多大；现在的一个健康年是否等于将来的一个健康年，如果不同，孰高孰低；所有这些问题都有待讨论以使卫生经济学评价可以在一定的价值标准下进行。

上述问题的确定有学者称为卫生经济学定性评价，可以通过定性的方法（比如小组专题访谈，个人深入访谈，特尔非法等）予以确定。

（二）卫生经济学评价有一定的分析角度

卫生经济学评价可以从多种角度进行，比如从医院的角度，从政府的角度，从社会的角度或从个人的角度。从什么角度分析对理解一项研究的结果非常重要。因此在进行分析评价之前，应该首先确定评价分析的角度。

（三）卫生经济学评价受时间的影响

有时卫生经济学评价中涉及到的方案可能会持续几年甚至几十年，在不同的时间发生投入和产出。而不同时间发生的投入和产出所具有的经济意义是不一样的。因此在进行投入和产出的比较时，应该将不同时间发生的投入和产出折算为同一时间的投入和产出，也就是消除时间对投入和产出的影响，从而便于进行比较。

1. 考虑时间对资金的影响，即资金的时间价值

时间对资金的影响主要表现为资金的时间价值。资金的时间价值是指不同时间发生的等额资金在价值上的差别。也就是说，一笔数额确定的资金所具有的经济价值随着时间的不同而不同。举个简单的数字例子，5年后的1万元钱与现在的1万元钱，虽然数值上相等，但是他们所具有的经济价值是不相等的。为了便于比较，在进行经济学评价时应该考虑资金的时间价值，进行资金的等值计算。后面的部分会有详细的讲述。

2. 考虑时间对生命的影响，即生命的时间价值

前面已经提到，卫生规划或卫生活动的最终目标是提高健康水平，改善生活质量，因此在许多分析中使用生命年，质量调整生命年或伤残调整生命年等来表示卫生规划或卫生活动的产出。但是未来一年的生命与现在一年的生命所拥有的价值也是不一样的。为了便于比较，在进行经济学评价时应该将不同时间发生的以各种生命年表示的产出都放在同一时间点上进行比较，也就是说需要考虑生命的时间价值。目前人们对现在的健康还是将来的健康哪个重要并没有统一的价值判断。总的来说，由于生命与健康的特殊性，关于时间贴现的要求不如货币的时间贴现更严格。

（四）敏感性分析是卫生经济学评价中一个不可缺少的部分

由于测量和计算过程中存在着一定程度的不确定性，通过敏感性分析可以评价改变假设条件或改变在一定范围内的估计值是否会影响结果或结论的稳定性，使研究者重视重要参数对评价结果的影响，尤其确定哪些因素可以影响分析的结论，从而便于对分析结果进行修正，并且在今后的研究中重点考虑这些因素。

第二节 资金的等值计算

资金投入使用后,由于劳动者的工作,使得资金在生产与流通过程中获得了一定的收益,使资金发生了增值。如果资金闲置没有投入使用,将不会发生任何变化,即放弃了增值的机会。放弃了的资金增值量即为资金的时间价值。例如,把资金存入银行,经过一段时间后也会产生增值,即通常所说的利息。利息可以理解为资金时间价值的一种表现形式。由于资金具有时间价值,不同的时间付出或得到同样数额的资金,付出或得到的实际经济价值是不相等的。同理,数额不等的资金在不同的时间可能会具有相同的经济价值。另外,由于资金时间价值的存在,不同时刻发生的资金支出或收入不能直接相加,为了使这些不同时刻发生的资金或支出在时间上具有可比性,并且可以直接相加,应该进行资金的等值计算,即按照经济价值相等的原则,把不同时点发生的资金金额都折算为同一时点发生的等值的资金金额。其中把将来某一时点的资金金额换算为现在的等值金额的过程称为"折现"或"贴现",换算出的现在时点的等值金额称为"现值"。"终值"则是指资金现值经过一定的时间后所得到的资金新值。

在表10—1中,第二列是不同时点发生的资金实际数额,由于资金具有时间价值,虽然每个时点发生的资金额都是1000元,但是所具有的实际经济价值是不相等的,也不能将数额简单相加得出结论所有资金经济价值的总和是4000元。应该根据经济价值相等的原则,对各个时点发生的资金金额进行等值计算。表10—1中第三列至第六列的问号表示待求的等值资金额。其中在第三列("现在"资金等值额)问号处的任务为分别计算1年后的1000元相当于现在的多少钱,2年后的1000元相当于现在的多少钱,3年后的1000元相当于现在的多少钱,即上述的"贴现"或计算现值。在第六列("3年后"资金等值额)问号处的任务为分别计算现在的1000元钱相当于3年后的多少钱,1年后的1000元钱相当于3年后的多少钱,2年后的1000元钱相当于3年后的多少钱,即上述的计算终值。

表10—1 资金等值计算举例

时点	不同时点资金实际数额	"现在"资金等值额	"1年后"资金等值额	"2年后"资金等值额	"3年后"资金等值额
现在	1000元	1000元	?	?	?
1年后	1000元	?	1000元	?	?
2年后	1000元	?	?	1000元	?
3年后	1000元	?	?	?	1000元

在资金的等值计算中需要考虑三方面的因素:①资金发生的时点;②资金发生的实际数额;③利率。其中利率是最为关键的因素。利率是单位本金经过一个计息周期后的增值额,由银行根据国家的政治经济形势及大政方针确定。利率可以用来表示单位货币的单位时间价值。例如,在年利率为5.22%的情况下,表示100元资金1年的时间价值为5.22元,则今年的100元与明年的105.22元经济价值是相等的,即$100 \times (1+5.22\%) = 105.22$;同理,今年的100元与去年的95.04元经济价值一样,即$100/(1+5.22\%) = 95.04$。在将某时点发生的资金进行贴现时,资金时间价值(即资金实际金额与资金现值的差值)与资金

实际金额的比率为贴现率。

资金的等值计算包括整付终值计算、整付现值计算、等额分付终值计算、等额分付偿债基金计算、等额分付现值计算和等额分付资本回收计算。本章主要介绍整付终值计算和整付现值计算。

1. 整付终值计算

整付指资金仅发生在一个时点。整付终值计算指在利率为 i 的情况下，现在的 P 元资金相当于 n 年后的多少元资金，用 F 表示。也就是已知现值求终值。如图 10-1 所示，已知 P 求 F。

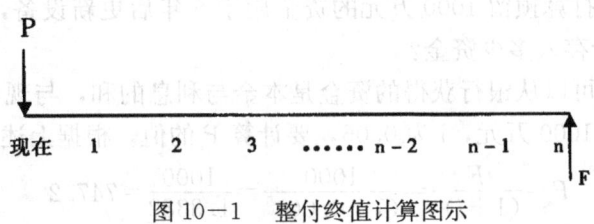

图 10-1　整付终值计算图示

图 10-1 中横线上的点表示不同的时间点，横线上方的箭头表示已知的发生的资金，横线下方的箭头表示待求的等值资金。

整付终值的计算公式为 $F=P\times(1+i)^n$

公式中的 $(1+i)^n$ 为整付终值系数

其中：F 为 n 年后的资金额（相当于本利和）

　　　P 为现在的资金额（相当于本金）

　　　i 为年利率

　　　n 为时间间隔

例 10-1：某医院因为购买核磁共振（MRI），向银行贷款 1000 万元，年利率为 12%，借期 5 年，问 5 年后该医院应该向银行偿还多少资金？

解：5 年后医院应该向银行偿还的资金是本金与利息的和，与现在从银行的贷款（即本金）等值。在本题中 P=1000 万元，i 为 0.12，要计算 F 的值。根据上述公式

$F=P(1+i)^n=1000\times(1+0.12)^5=1000\times1.762=1762$ 万元

即 5 年后应该向银行偿还 1762 万元，与现在的 1000 万元贷款额等值。

2. 整付现值计算

整付指资金仅发生在一个时点。整付现值计算指在年利率为 i 的情况下，n 年后的的 F 元资金相当于现在的多少元资金，用 P 表示。也就是已知终值求现值。如图 10-2 所示，已知 F 求 P。可以看出，整付现值计算与整付终值计算是两个正好相反的过程。

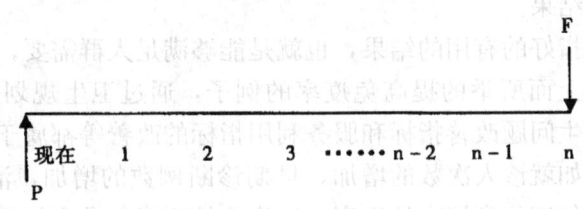

图 10-2　整付现值计算图示

整付现值的计算公式为 $P=\dfrac{F}{(1+i)^n}$

公式中的 $\dfrac{1}{(1+i)^n}$ 为整付现值系数

其中：F 为 n 年后的资金额（本利和）

　　　P 为现在的资金额（本金）

　　　i 为年利率

　　　n 为时间间隔

例 10-2：某医院打算预留 1000 万元的资金用于 5 年后更新设备，银行年利率为 6%，现在该医院应该向银行存入多少资金？

解：5 年后该医院可以从银行获得的资金是本金与利息的和，与现在应该存入银行的本金等值。在本题中 F=1000 万元，i 为 0.06，要计算 P 的值。根据上述公式

$$P=\dfrac{F}{(1+i)^n}=\dfrac{1000}{(1+0.06)^5}=\dfrac{1000}{1.3382}=747.2$$

即该医院应该向银行存入 747.2 万元用于 5 年后设备更新。

第三节　卫生经济学评价的内容

卫生经济学评价中最主要的部分是测量投入和产出，以及将投入和产出相联系进行分析评价，下面分别讲述这些内容。

一、投入的测量

投入是指为实施这项方案所投入的全部人力资源和物质资源，在卫生经济学评价中主要使用成本来表示投入，详见其他章节。

二、产出的测量

产出的测量主要使用效果，效益和效用三个概念来表示。

（一）效果

广义地讲，效果是指相关卫生规划或卫生活动的方案实施后所取得的结果，可能是好的结果，也可能是不好的结果。比如，实施预防接种可以提高人群对传染性疾病的免疫率，从而降低传染病的发病率，这是该卫生规划的方案实施后取得的好结果。相反，如果在预防接种的过程中，由于某些原因造成冷链中断或疫苗污染，由此引发不必要的传染病流行，该卫生规划就取得了不好的结果。

狭义地讲，效果是指好的有用的结果，也就是能够满足人群需要，给人们带来好处或满足感的结果。除了我们上面所举的提高免疫率的例子，通过卫生规划或卫生活动的方案实施，各种健康指标、卫生问题改善指标和服务利用指标的改善等都属于这个范围。效果指标既可以是绝对指标，比如就诊人次数的增加，早期诊断例数的增加，治愈病人数的增加等；也可以是相对指标，比如床位利用率的提高，发病率的下降，孕产妇死亡率的下降，婴儿死亡率的下降等。我们以后提到的效果如果没有特殊说明，都是指狭义的效果。

（二）效益

效益是将相关卫生规划或卫生活动方案实施所获得的有用结果以货币的形式表达。现有一个卫生规划拟治疗精神分裂症患者，经过该规划方案的实施，治愈的精神分裂症患者会减少就医费用，包括诊疗费，住院费，检查费，药品费等各种费用；减少由于就医所造成的额外费用，包括市内或远程交通费，额外营养费，外地住宿费等；由于许多病人原来患病时需要专人看护，治愈后病人本人和负责看护的家庭成员都可以重返工作岗位获得收入。所有这些减少的费用和增加的收入都是该精神分裂症病人治疗规划实施所获得的效益。

（三）效用

效用是指人们所获得的满足感。我们知道，各种卫生规划和卫生活动，甚至整个卫生行业的最终目标都是改善人群的健康水平，提高人群的生活质量，使人们获得更大满足感。只有达到这个目标，卫生规划和卫生活动才是最终有意义的。目前使用比较多的是通过生命年，质量调整生命年和伤残调整生命年，通过这些指标来反映生命的挽救，延长和生命质量的改善带给人们的效用。这些效用指标选择的假设前提是生命的挽救、延长和生命质量的改善是可以带给人们满足感的。

三、投入产出相联系进行评价

（一）成本—效果分析

1. 成本—效果分析的定义

成本—效果分析是指将某卫生规划或卫生活动每个方案的成本与效果相联系进行分析与评价。我们可以根据下面的原则对每个方案进行评价，确定每个方案是否可行；并且比较各个方案，确定哪个方案是最佳方案。

2. 成本—效果分析的基本原则

1）相关卫生规划或卫生活动方案的成本尽量低，同时取得的效果尽量好。

2）明确卫生规划或卫生活动方案的实施是否存在成本上限，也就是预算约束。可以想象，实际工作中许多活动都会有预算约束。因为经济学评价的目的之一就是最大限度地利用有限资源，如果不存在预算约束，任何方案都可以随意实施，经济学评价就没有存在的必要了。

3）明确卫生规划或卫生活动方案的实施是否存在期望效果下限。有时人们期望卫生规划或卫生活动至少达到某个效果，否则人们会认为实施这项规划没有意义，没有必要去实施。

4）成本—效果分析中成本采用的是货币形式，而效果却采用的是健康指标、卫生问题改善指标或卫生服务利用指标等。因此，在成本效果分析过程中，不同方案之间的效果应该具有可比性，比如两个方案所取得的效果都是治愈精神分裂症患者。如果一个方案的效果为治愈30例精神分裂症患者，另一个方案的效果为治愈30例骨折患者，使用成本效果分析方法无法比较这两个方案的优劣并进行取舍。

3. 成本—效果分析的步骤

1) 明确需要进行成本—效果分析的所有方案，了解方案的目的，打算解决的问题等。

2) 明确进行成本—效果分析的目的：可能是选择一个最佳投资方案，也可能是选择一个最佳诊疗手段等。

3) 确定各方案是否产生效果，如果某方案根本不能产生效果，或者达不到预定的效果下限，直接予以排除。

4) 将各方案按照成本的高低进行排序，如果存在成本上限即预算约束，直接排除成本超过预算约束的方案。

5) 对于成本相等或相近的方案可以直接比较其效果，排除效果相对比较差的方案。

6) 对于成本不同的方案，可以寻找是否有效果相等或相近的方案，如果有，排除成本相对比较高的方案。

7) 如果成本和效果都不同，可以比较达到单位效果所需要的平均成本，排除平均成本相对比较高的方案，选择平均成本最低的方案。

由上面的讲述可以看出，成本—效果分析中直接使用健康指标或卫生问题改善指标，简单明了，而且容易操作，但是必须限于各种卫生规划或卫生活动的效果具有可比性这种情况。因此，通常成本效果分析主要用于比较评价解决同一健康问题的不同方案。如果待评价的卫生规划或卫生活动方案解决的是不同的健康问题，无法通过成本效果分析进行分析评价并选择方案。

4．成本—效果分析举例

例10—3　假设治疗某种疾病可以使用4种方案，各种方案所花费的成本及治愈的病人数不尽相同（见表10—2）。试对4种方案进行成本效果分析，选择一个最佳治疗方案。

表10—2　不同治疗方案的成本与效果

方案	成本（元）	效果
方案1	100 000	治愈30例病人
方案2	150 000	治愈40例病人
方案3	100 000	治愈40例病人
方案4	120 000	治愈45例病人

解：此题的目的是进行成本效果分析，从该疾病的4个治疗方案中选择一个最佳方案。从表10—2中可以看出，4个治疗方案都可以治愈一定例数的病人，都可以产生效果。将4个方案按照成本的高低进行排序，从高到低依次为方案2，方案4，方案1和方案3，其中方案1和方案3的成本相同，都是10万元。首先在方案1和方案3中进行选择，花费的成本相同，方案1可以治愈30例病人，而方案3可以治愈40例病人，因此首先排除方案1。

在剩下的三个方案中，虽然各个方案成本不同，但是可以看出方案2和方案3的效果相同，都是治愈40例病人。根据成本效果分析的步骤，在效果相同的情况下，排除成本比较高的方案。方案2的成本高于方案3，因此排除方案2。

目前只剩下方案3和方案4，两个方案的成本和效果都不相同，计算取得单位效果的平均成本：

方案3治愈1例病人平均所需要的成本＝100000/40＝2500.0元

方案4治愈1例病人平均所需要的成本＝120000/45＝2666.7元

根据成本效果分析步骤，排除平均成本比较高的方案，方案4取得单位效果的平均成本高于方案3，因此排除方案4。

通过成本效果分析，该疾病的最佳治疗方案为方案3。

例10-4 高血压治疗药物的成本效果分析

湖南医科大学王小万等人曾经对两种高血压治疗药物进行了费用效果研究，该研究中的费用即课程中所讲述的成本，指病人为治疗高血压的药物花费。

表10-3 两种药物治疗费用的比较

组别	剂量	时间	价格	费用（元）
尼群地平治疗组	20～30mg/日	365日	0.07元/10mg	51.10～76.65
巯甲丙脯酸治疗组	50～150mg/日	365日	0.21元/25mg	149.65～448.95

资料来源：王小万等，两种降压药物治疗的费用——效果研究，1995。

从表10-3中可以看出，尼群地平治疗组所需年费用明显低于巯甲丙脯酸治疗组所需年费用，大约占其三分之一。

从表10-4中可以看出，尼群地平治疗组血压下降平均值和治疗的有效率均高于巯甲丙脯酸治疗组；治疗疗效好于巯甲丙脯酸治疗组；比较治疗前后抑郁情况评分，尼群地平治疗组差异有显著性，而巯甲丙脯酸治疗组差异无显著性。总的来说，尼群地平治疗高血压的效果明显好于巯甲丙脯酸。

表10-4 两种药物治疗效果的比较

治疗效果	尼群地平治疗组	巯甲丙脯酸治疗组	两组比较差异显著性P值
安全性	安全	安全	
血压下降平均值	4.33/2.0kPa	2.26/1.43 kPa	$P<0.01$
治疗有效率	89.0%	68.6%	$P<0.005$
治疗疗效	相对较好	相对较差	$P<0.005$
治疗前后生活质量比较	差异有显著性	差异有显著性	—
治疗前后抑郁情况评分比较	差异有显著性	差异无显著性	—
治疗前后工作表现评分比较	差异有显著性	差异有显著性	—
治疗前后躯体症状评分比较	下降	下降	—

资料来源：王小万等，两种降压药物治疗的费用——效果研究，1995。

研究结论：通过成本效果分析可以得知，尼群地平治疗高血压的效果好于巯甲丙脯酸治疗高血压的效果，而所需年治疗费用仅为巯甲丙脯酸组的三分之一。从临床治疗效果和安全性以及病人的费用负担上来看，应首选尼群地平治疗高血压。

（二）成本—效益分析

1. 成本—效益分析的定义

成本—效益分析是指将某卫生规划或卫生活动每个方案的成本与效益相联系进行分析与评价。我们可以根据下面的原则对每个方案进行评价，确定每个方案是否可行，并且比较各个方案确定哪个方案是最佳方案。

2. 成本—效益分析的基本原则

1）相关卫生规划或卫生活动实施方案的成本尽量低，同时取得的效益尽量好。

2）成本-效益分析中卫生规划或卫生活动实施方案的产出是用效益描述，也就是货币的形式表达，因此可以直接比较各个方案本身的成本与效益。

3）对于某一具体的方案，应该考虑在方案周期内所有的资金发生情况，包括所有的成本投入和效益产出。只有当所获得的总效益不低于同期所投入的总成本时该方案才是可行的。

4）在进行不同方案之间的比较时，我们可以首先计算各个方案的效益与成本的比较值，然后再将各个方案的"比较值"进行比较，该"比较值"越大，该方案从成本-效益分析的角度就越有意义，越有价值，可以确定为优选方案。关于比较值的计算，后面的部分有详细的论述，便于大家进一步理解。

5）由于各个方案的成本和效益可以发生在不同的年份，因此需要考虑资金的时间价值。通过年利率将各年的成本和效益都折算为同一基准年的现值，从而便于进行不同方案之间的比较。

6）只要卫生规划或卫生活动的效果可以转化为货币的形式，就可以利用成本效益分析方法比较不同卫生规划或卫生活动的方案，并选择最佳方案，并不要求方案所取得的效果具有可比性。前面的部分提到如果一个方案的效果为治愈30例精神分裂症患者，另一个方案的效果为治愈30例骨折患者，无法使用成本效果分析方法进行比较评价。假定可以得知两种方案所获得的效益，分别为20000元和30000元，则可以进行成本效益分析比较两个方案，并选择最佳方案。

3. 成本-效益分析评价的常用方法

也就是我们前面所说的计算"比较值"的方法，通常使用比较多的主要有净现值法，净年值法，效益成本比法和内部收益法。本章主要介绍净现值法和效益-成本比法。

（1）净现值法：

① 净现值法的定义：

净现值法是按照一定的年利率，计算卫生规划或卫生活动各个方案在实施周期内各年所发生所有成本的现值之和与所有效益的现值之和，再计算效益现值和与成本现值和的差，该差值即为净现值，记为 NPV。其中现值的计算为第二节中讲述的整付现值计算。

② 净现值法的计算公式：

$$NPV = B - C = \sum_{t=0}^{n} \frac{B_t}{(1+i)^t} - \sum_{t=0}^{n} \frac{C_t}{(1+i)^t} = \sum_{t=0}^{n} \frac{B_t - C_t}{(1+i)^t}$$

其中：B 表示所有效益现值和

B_t 表示在第 t 年发生的效益实际数额

C 表示所有成本现值和

C_t 表示在第 t 年发生的成本实际数额

i 表示年利率

n 表示规划或活动实施周期

通过公式可以看出净现值实际上也是各年净效益（效益与成本之差）的现值和。

③ 净现值法的评价原则：

a. 论证某一方案的可行性：如果 NPV > 0，表示在考虑资金时间价值的情况下，该卫生规划或卫生活动实施方案所获得的总效益大于投入的总成本，可以接受该方案；如果 NPV < 0，表示在考虑资金的时间价值的情况下，该卫生规划或卫生活动实施方案所获得

的总效益小于投入的总成本，不可以接受该方案。

b. 比较多个卫生规划或卫生活动的实施方案：NPV 最大的方案为最优方案。

④ 净现值法举例：

例 10－5 某医院拟购买一台核磁共振，表 10－5 为预计今后 4 年内各年的成本投入和效益产出。试用净现值法评价该医院是否应该购买一台核磁共振。（按照年利率为 10% 计算）

表 10－5 某医院购买核磁共振方案的净现值计算　　　　　　　　单位：万元

年份	成本额	效益额	成本现值	效益现值	净效益现值
0	2000	0	2000.0	0.0	－2000.0
1	500	1500	454.5	1363.6	909.1
2	500	1500	413.2	1239.7	826.5
3	500	1500	375.7	1127.0	751.3
4	500	1500	341.5	1024.5	683.0
合计	4000	6000	3584.9	4754.8	1169.9

解：根据表 10－5 所给出的资料，首先计算各年成本现值和效益现值：

第 0 年（现在）的成本现值为当年发生的实际数额 2000 万元

第 1 年成本现值 $=F\times(1+i)^{-1}=500\times(1+0.1)^{-1}=454.5$ 万元

第 2 年成本现值 $=F\times(1+i)^{-2}=500\times(1+0.1)^{-2}=413.2$ 万元

第 3 年成本现值 $=F\times(1+i)^{-3}=500\times(1+0.1)^{-3}=375.7$ 万元

第 4 年成本现值 $=F\times(1+i)^{-4}=500\times(1+0.1)^{-4}=341.5$ 万元

各年发生的成本现值和 $=2000+454.5+413.2+375.7+341.5=3584.9$ 万元

第 0 年（现在）的效益现值为当年发生的实际数额 0 元

第 1 年效益现值 $=F\times(1+i)^{-1}=1500\times(1+0.1)^{-1}=1363.6$ 万元

第 2 年效益现值 $=F\times(1+i)^{-2}=1500\times(1+0.1)^{-2}=1239.7$ 万元

第 3 年效益现值 $=F\times(1+i)^{-3}=1500\times(1+0.1)^{-3}=1127.0$ 万元

第 4 年效益现值 $=F\times(1+i)^{-4}=1500\times(1+0.1)^{-4}=1024.5$ 万元

各年发生的效益现值和 $=0+1363.6+1239.7+1127.0+1024.5=4754.8$ 万元

净现值 NPV＝效益现值和－成本效益和＝4754.8－3584.9＝1169.9 万元

或者：

根据净效益＝效益额－成本额

第 0 年的净效益 $=0-2000=-2000$ 万元

第 1 年的净效益 $=1500-500=1000$ 万元

第 2 年的净效益 $=1500-500=1000$ 万元

第 3 年的净效益 $=1500-500=1000$ 万元

第 4 年的净效益 $=1500-500=1000$ 万元

第 0 年的净效益现值 $=-2000$ 万元

第 1 年的净效益现值 $=F\times(1+i)^{-1}=1000\times(1+0.1)^{-1}=909.1$ 万元

第 2 年的净效益现值 $=F\times(1+i)^{-1}=1000\times(1+0.1)^{-2}=826.5$ 万元

第 3 年的净效益现值 $=F\times(1+i)^{-1}=1000\times(1+0.1)^{-3}=751.3$ 万元

第4年的净效益现值＝F×(1+i)$^{-1}$＝1000×(1+0.1)$^{-4}$＝683.0万元

各年发生的净效益现值和＝－2000＋909.1＋826.5＋751.3＋683.0＝1169.9万元，即该方案的净现值。

由上面的计算得出该方案的净现值为1169.9万元，大于0，因此购买核磁共振的方案可以接受。

例10－6 某医院购买仪器，有三种方案可以选择，表10－6为各方案的成本效益现值，试判断应该选择哪一种方案。

表10－6　某医院购买仪器的三个方案　　　　　　　　　　　　单位：万元

方案	成本现值	效益现值	净现值
1	12	20	8
2	18	21	3
3	8	7	－1

解：根据净现值法判别原则，方案3的净现值小于0，该方案不可以接受；方案1的净现值大于方案2的净现值，可以得出结论：从净现值的角度方案1是最优方案，应该选择方案1。

⑤ 净现值法的特点：

a. 年利率的选择对于净现值的计算以及方案的评价结论影响很大。

表10－7　两个活动方案的成本效益额　　　　　　　　　　　　单位：元

年份	方案1		方案2	
	成本额	效益额	成本额	效益额
0	5000	0	2000	0
1	0	5900	0	2500

表10－7为两个活动方案的成本效益发生情况，按照年利率为10％和20％分别计算两个方案的净现值见表10－8。可以看出，如果论证方案1的可行性，在年利率为10％时，净现值大于0，该方案可以接受；在年利率为20％时，净现值小于0，该方案变为不可以接受。如果比较方案1和方案2，在年利率为10％时，方案1的净现值大于方案2的净现值，方案1为最优方案；在年利率为20％时，方案2的净现值大于方案1的净现值，方案2为最优方案。由此可以看出年利率会影响净现值计算及方案评价结论。

表10－8　使用不同年利率的净现值计算　　　　　　　　　　　　单位：万元

	成本现值	效益现值	净现值
方案1（i＝10％）	5000	5363	363
方案2（i＝10％）	2000	2273	273
方案1（i＝20％）	5000	4917	－83
方案2（i＝20％）	2000	2083	83

b. 如果各个方案周期不同，净现值法难以直接判断方案的优劣。一个3年方案的净现值为100万元，一个5年方案的净现值为180万元，仅从净现值难以确定两个方案中哪个是最优方案。

c 净现值没有考虑投入资金的利用效率，有的方案虽然净现值比较高，但是投入的成本也比较高，资金的利用效率有可能相对比较低，仅依靠净现值无法直接判断。

⑥ 净现值函数及其曲线：

前面已经讲过，净现值的计算受年利率的影响。为了描述这种影响，可以引进净现值函数的概念。净现值函数是指净现值 NPV 随着年利率 i 的变化而变化的函数关系。根据净现值的计算公式，在资金发生额和方案周期不变的前提下，随着 i 的增大，NPV 会变小，如果有一系列连续变化的年利率值，相应会得出一系列的 NPV 值，每个年利率值都有一个相对应的 NPV 值。在直角坐标系中用纵坐标表示净现值 NPV，用横坐标表示年利率值 i，描画出相应的点，连点成线，可以得到净现值函数曲线。

例 10－7：实施某方案现在投入 100 万元，今后每年获益 50 万元，共 3 年，试使用不同的年利率计算该方案的净现值，并用曲线表示年利率和 NPV 的对应关系。

解：

表 10－9　使用不同年利率的净现值计算　单位：万元

年利率（%）	成本现值	效益现值	净现值
0	1000	1500.0	50.0
5	1000	1362.0	36.2
10	1000	1243.0	24.3
15	1000	1142.0	14.2
20	1000	1053.0	5.3
25	1000	97.6	－2.4
30	1000	90.8	－9.2
40	1000	79.4	－20.6
50	1000	70.4	－29.6
80	1000	51.8	－48.2
无穷大	1000	0.0	－100.0

以年利率作为横坐标，净现值作为纵坐标，用表 10－9 中的数据在坐标系中描点画图见图 10－3，可以看出净现值和年利率的对应关系。

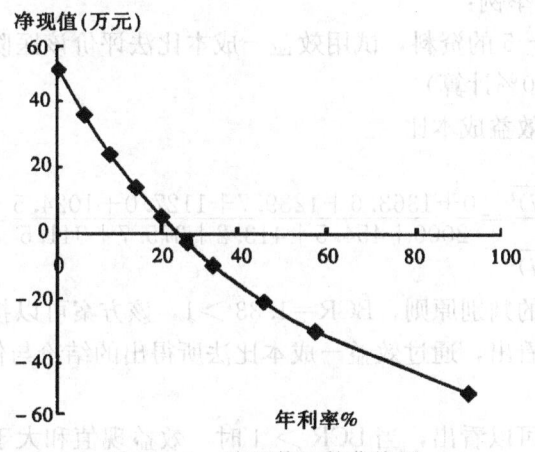

图 10－3　净现值函数曲线图

根据上面所画出的净现值函数曲线可以看出：

在资金发生额和方案周期不变的前提下，随着 i 的增大，NPV 会变小，甚至变为负值，因此方案也由可以接受变为不可以接受。

(2) 效益—成本比法：

① 效益—成本比法的定义：

效益—成本比法是按照一定的年利率，计算卫生规划或卫生活动实施方案周期内各年所发生所有成本的现值之和与所有效益的现值之和，再计算效益现值和与成本现值和的比，所获得的比值即为效益—成本比，记为 BCR。其中现值的计算为第二节中讲述的整付现值计算。

② 效益—成本比法的计算公式：

$$BCR = \frac{B}{C} = \frac{\sum_{t=0}^{n}\frac{B_t}{(1+i)^t}}{\sum_{t=0}^{n}\frac{C_t}{(1+i)^t}}$$

其中：BCR 表示效益—成本比

B 表示所有效益现值和

B_t 表示第 t 年发生的效益实际数额

C 表示所有成本现值和

C_t 表示第 t 年发生的成本实际数额

i 表示年利率

n 表示规划或活动实施周期

③ 效益—成本比法的评价原则：

a. 论证某一方案的可行性：如果 BCR＞1，表示在考虑资金时间价值的情况下，该卫生规划或卫生活动的实施方案所获得的总效益现值大于投入的总成本现值，可以接受该方案；如果 BCR＜1，表示在考虑资金时间价值的情况下，该卫生规划或卫生活动的实施方案所获得的总效益现值小于投入的总成本现值，不可以接受该方案。

b. 比较多个卫生规划或卫生活动的实施方案：BCR 最大的方案为最优方案。

④ 效益—成本比法举例：

例 10－8　对例 10－5 的资料，试用效益—成本比法评价该医院是否应该购买一台核磁共振。（按照年利率为 10% 计算）

解：根据公式计算效益成本比

$$BCR = \frac{B}{C} = \frac{\sum_{t=0}^{n}\frac{B_t}{(1+i)^t}}{\sum_{t=0}^{n}\frac{C_t}{(1+i)^t}} = \frac{0+1363.6+1239.7+1127.0+1024.5}{2000+454.5+413.2+375.7+341.5} = \frac{4754.8}{3584.9} = 1.33$$

根据效益成本比法的判别原则，BCR＝1.33＞1，该方案可以接受，因此该医院可以购买一台核磁共振。可以看出，通过效益—成本比法所得出的结论与使用净现值法分析所得出的结论是一致的。

另外，通过公式也可以看出，当 BCR＞1 时，效益现值和大于成本现值和，可以得出净现值大于 0，因此在进行评价时，如果论证某一方案的可行性，效益—成本比法与净现值法的结论是一致的。如果根据效益—成本比法确定某方案是可以接受的，使用净现值法得出的结论也是可以接受该方案。

例10-9 方案1实施周期为3年，经计算成本现值和为500万元，效益现值和为600万元；方案2实施周期也为3年，成本现值和为4000万元，效益现值和为4300万元。试分别使用效益－成本比法、净现值法进行分析，确定哪个方案为最优方案。（按照年利率为10%计算）

解：
（1）效益成本比法：

对于方案1：$BCR_1 = \dfrac{B}{C} = \dfrac{600}{500} = 1.200$

对于方案2：$BCR_2 = \dfrac{B}{C} = \dfrac{4300}{4000} = 1.075$

BCR_1大于BCR_2，根据效益－成本比法的判别原则，方案1优于方案2，应该优先选择方案1。

（2）净现值法：

对于方案1：

$NPV_1 = B - C = 600 - 500 = 100$

对于方案2：

$NPV_2 = B - C = 4300 - 4000 = 300$

可以看出，使用净现值法对两个方案进行比较评价，得出的结论是方案2优于方案1，应该选择方案2。

从例10-9可以得出，在进行多个卫生规划或卫生活动的实施方案的评价选择时，由于所使用的方法不同，有可能会得出不同的结论，应该综合考虑各方面的情况，既要考虑方案实施所获得的净效益绝对值，又要考虑所有投入资源（即成本）的利用效率。

例10-10：澳大利亚新南威尔士（NSW）乡村地区引入流动式乳房X射线筛查成本效益分析。

表10-10 流动筛查的成本－效益

村镇序号	与固定筛查点的距离（km）	总效益（$）	总成本（$）	效益－成本比
1	15	2521	12776	0.2
2	20	8743	18484	0.5
3	20	8346	14513	0.6
4	50	35803	19879	1.8
5	50	16516	9874	1.7
6	65	37546	15579	2.4
7	95	34503	14340	2.4
8	130	77144	23210	3.3
9	135	80024	26845	2.9
10	160	120436	36056	3.3

资料来源：宛悦，成本－效益分析与乳房X线筛查，2000。

根据有关资料，每15名澳大利亚妇女中有1人患乳腺癌。1988年的资料表明有2361

人死于乳腺癌。为降低死亡率，一项全国乳腺癌筛查规划于1991年启动，妇女可免费从官方认可的筛查中心获得X射线照片。但是NSW许多地区的人口密度不足以建立一个固定筛查点。在这些地区，有两种选择：一种选择是向顾客提供服务，即利用流动式筛查设备向那些不能够建立固定筛查点的小乡镇提供服务；另外一种选择是让顾客到服务机构来，即在中心地区建立固定筛查点，周围村镇居民驱车前来接受筛查服务。如果选择流动式筛查，会节省妇女旅行接受筛查的时间和距离，减少旅行成本和时间成本，从而促使更多妇女接受乳房X线筛查。该研究对NSW10个乡村地区引入流动式乳房X射线筛查进行成本效益分析，目的在于帮助这些地区选择更为适宜的服务方式。根据村镇与固定筛查点的距离将村镇排序，分别测量各村所使用的成本和所获得的效益，并进行分析。表10－10显示了研究结果。

可以看出，从第4号乡镇开始，效益成本比大于1，筛查所获得的效益超过了成本，使用流动式筛查这种方法比较经济合算。

（三）成本－效用分析

1. 成本－效用分析的定义

成本效用分析是将各个卫生规划或卫生活动实施方案的成本与效用相联系起来考虑，从而比较评价选择各种不同的方案。在某种意义上，成本效用分析是成本效果分析的一种发展。成本效用分析在进行产出测量时，把各个不同方案的不同结果都转化为效用指标，比如生命，生命年，质量调整生命年，失能调整生命年等。由于各个方案的结果都使用一致的指标来表示，与成本相联系对方案进行评价，比较解决不同健康问题的方案更为方便，不像成本－效果分析严格要求方案效果的可比性。

2. 使用不同效用指标进行成本效用分析

（1）生命为效用指标：

自古至今大家都知道救死扶伤是医务人员的天职，是卫生行业的一大功能。生命对于人们来说非常重要，甚至古语都有"救人一命胜造七级浮屠"。我们的社会有各种各样的卫生规划或卫生活动在挽救着人们的生命：急诊救助系统可以使外伤病人得到及时的抢救；扩大免疫规划减少了婴幼儿死于一些传染病的机会；各级医疗部门开展的各种医疗活动等等。所有这些卫生规划方案都挽救了人类的生命，带给了人们满足感，使人们获得效用。因此可以将挽救的生命数作为效用指标反映卫生规划或卫生活动的产出。

以生命作为效用指标时的评价原则为：a 对于某个具体的卫生规划或卫生活动的实施方案，如果该方案能够挽救人们的生命，这个卫生规划或卫生活动可以带给人们效用，是有意义的，可以接受；b 比较各个不同卫生规划或卫生活动的实施方案，计算每个方案挽救一条生命所需要花费的平均成本，挽救一条生命所花费的平均成本最低的方案是最优方案。

例10－11：某地有两个卫生规划方案，方案1是急救系统建设方案，每年花费15万元，可以使3000人得到及时抢救而免于死亡；方案2是扩大免疫规划方案，每年花费30万元，可以使1500名婴幼儿免死于脊髓灰质炎，麻疹等传染性疾病。试用成本效用分析的方法评价并选择这两个方案。（使用生命作为效用的指标）

解：根据题意

方案1：每挽救一条生命的平均成本＝150000/3000＝50元

方案2：每挽救一条生命的平均成本＝300000/1500＝200元

得出结论：方案1挽救一条生命的平均成本低于方案2的平均成本，应该优先选择方案1，进行急救系统的建设。

使用生命作为效用指标的特点：

a 死亡是一个非常明确的概念，通过计算死亡率得出挽救的生命数非常容易。所以该方法操作比较简单，而且计算方便，结果明了。这是使用生命作为效用指标进行分析的优点。

b 把生命作为唯一的效用指标，忽略了挽救生命后人们的存活年限问题。同样是挽救一条生命，但是由于不同的疾病或伤害有不同的高危人群，而且不同的疾病有不同的预后，挽救生命后人们的存活年限并不同。比如脑卒中高发于老年人，妊娠高血压综合征高发于年轻人，脑卒中病人治愈后的平均存活年限一般要比妊高症病人的存活年限短。寿命的延长实际上也是卫生规划或卫生活动的实施方案带给人们的满足感，也使人们获得了效用，在评价时应该考虑进去。这是使用生命作为效用指标的缺点。

(2) 生命年为效用指标：

生命作为效用指标仅考虑生命的挽救，没有考虑寿命的延长带给人们的满足感，可以采用生命年作为效用指标弥补这个缺点。生命年是挽救的生命数与平均每条生命存活年数的乘积。假定脑卒中病人挽救后平均可以存活10年，妊娠高血压综合征病人挽救后平均可以存活40年，根据这些信息可以计算出每个卫生规划或卫生活动的实施方案所减少的生命年损失。

以生命年作为效用指标时的评价原则为：a 对于某个具体的卫生规划或卫生活动的实施方案，如果该方案可以减少人们生命年的损失，那么这个方案是有意义的，可以接受；b 比较不同卫生规划或卫生活动的实施方案，计算每个方案保护单位生命年所花费的平均成本，平均成本最低的方案为最优方案。

前面提到在进行经济学评价时，应该考虑生命的时间价值。因此在计算生命年时，应该像资金的贴现一样，根据一定的年利率，把未来将获得的生命的价值折算到现在，从而确定未来生命价值的现值，便于与投入成本的现值比较，也便于比较并选择不同的方案。

例10-12：对例10-11的资料，假定方案1挽救的生命平均存活30年，方案2挽救的生命平均存活65年，试用成本效用分析的方法评价并选择这两个方案。（使用生命年作为效用的指标，按照年利率为6%计算）

解：

(1) 计算每个方案中平均每条生命存活年限的现值：

对于方案1：

未来可以获得的30年的生命（即30生命年）的现值 $= \sum_{n=1}^{30} \frac{1}{(1+i)^n} = 13.76$ 年

对于方案2：

未来可以获得的65年的生命（即65生命年）的现值 $= \sum_{n=1}^{65} \frac{1}{(1+i)^n} = 16.29$ 年

(2) 计算每个方案可以减少的生命年损失现值：

方案1：生命年损失 $= 3000 \times 13.76 = 41280$ 生命年

方案2：生命年损失 $= 6000 \times 16.29 = 97740$ 生命年

(3) 计算每个方案保护每一生命年的平均成本：

方案1：150000/41280 = 3.63 元

方案2：300000/97740 = 3.07 元

方案2保护每一生命年的平均成本高于方案1，得出结论，使用生命年作为效用指标，两个方案中方案2较优，应该优先选择。

使用生命年作为效用指标的特点：

1. 弥补了使用生命作为效用指标的缺点，通过挽救生命的平均存活年限考虑了寿命延长带给人们的满足感。这是使用生命年作为效用指标相对于使用生命作为效用指标的优点。

2. 没有考虑到在延长的生存过程中，人们的健康状况，或者说生命质量可能会有差异，从而影响卫生规划或卫生活动的实施方案带给人们的满足感，使该方案带来的效用变小。比如，脑卒中的病人虽然保住了生命，而且又继续生存了很多年，但是生活却不能自理，需要别人照顾，而且长期卧床引发褥疮等其他病症，给病人造成新的痛苦，不能像健康人一样正常生活。而妊娠高血压综合征病人在妊娠结束后所有症状消失，病人可以像健康人一样完全正常地生活，生活质量远远高于脑卒中的病人。这是使用生命年作为效用指标的缺点。

（3）质量调整生命年（QALY）：

生命年作为效用指标没有考虑由于生存质量差异所造成人们满足感的差异，可以采用质量调整生命年来弥补这个缺点。计算不同生命质量（健康状况）的存活年数相当于多少生命质量（健康状况）为完全健康的存活年数，再与生命数相乘，计算所得的生命年数为质量调整生命年，用于表示各个卫生规划或卫生活动的方案实施后所获得的效用。可以赋予不同的生活质量（健康状况）以不同的质量权重，完全健康的质量权重为1，死亡的质量权重为0，其他生活质量的权重介于0与1之间。通过使用不同健康状况的质量权重，可以将不同健康状况的生命年数转化为统一的质量调整生命年。可以看出，质量权重的确定是一个非常重要的环节。在实际工作中，可以对某个卫生规划的目标人群进行调查，了解他们对各种健康状况的评价，从而获得质量权重；也可以使用专家判断法来确定质量权重。

来自世界银行经济学院的资料，Ross按疾病伤残等级及痛苦等级，将人们生活的生理质量和心理质量结合起来，提出了不同健康状况的质量权重。见表10-11。

表10-11　Ross伤残和痛苦等级分类后对质量调整生命年的评价表

伤残等级	痛苦等级			
	A（无）	B（轻度）	C（中度）	D（重度）
Ⅰ	1.000	0.995	0.990	0.967
Ⅱ	0.990	0.986	0.973	0.932
Ⅲ	0.980	0.972	0.956	0.912
Ⅳ	0.964	0.956	0.942	0.870
Ⅴ	0.946	0.935	0.900	0.700
Ⅵ	0.875	0.845	0.680	0.000
Ⅶ	0.677	0.564	0.000	−1.486
Ⅷ	−1.028（世界银行经济发展学院）			

Ⅰ：无伤残；

Ⅱ：轻度社会交往能力丧失；

Ⅲ：重度社会交往能力丧失或轻度劳动能力丧失，除重活外，能做所有的家务；

Ⅳ：工作或劳动严重受限制，但能外出购物和做较轻的家务；

Ⅴ：不能受雇做任何工作，不能继续接受教育，不能外出上街购物，但可在别人陪护下外出或散步。

资料来源：程晓明，卫生经济学与卫生经济管理，1998。

从表 10-11 可以看出，没有伤残而且也没有痛苦的状态，为完全健康状态，其质量权重为 1，这种状态的一个生命年经过质量调整后依然是一个质量调整生命年；如果属于Ⅳ级伤残而且是中度痛苦，其质量权重为 0.942，那么这种状态的一个生命年经过质量调整后为 0.942 个质量调整生命年，也就是说在这种生活质量（健康状况）下生活一年带给人们的满足感相当于完全健康地生活 0.942 年所带给人们的满足感。

获得各个卫生规划或卫生活动的方案实施所能够获得的质量调整生命年之后，便可以进行相关的成本效用分析。评价的原则为：a 对于某个具体的卫生规划或卫生活动的实施方案，如果该方案的实施可以获得的质量调整生命年大于 0，那么这个方案是有意义的，可以采纳。b 比较不同卫生规划或卫生活动的实施方案，计算各个方案获得单位质量调整生命年所需要花费的平均成本，平均成本最低的方案是最优的方案，可以优先选择。

例 10-13：某地有两个卫生规划方案，方案 1 是抢救脑卒中患者，平均每年花费 100 万元可以抢救 60 个患者，患者抢救成功后平均可以存活 10 年，假定生活状态为Ⅴ级伤残且中度痛苦；方案 2 是抢救妊娠高血压综合征患者，平均每年花费 80 万元可以抢救 100 个患者，患者抢救成功后平均可以存活 40 年，假定抢救成功后的生活状态为无伤残且轻度痛苦。试用成本效用分析评价两个方案并加以选择。（按照年利率为 6% 计算）

解：

(1) 如果采用生命作为指标：

方案 1：平均抢救每条生命的成本 = 100/60 = 1.7 万元

方案 2：平均抢救每条生命的成本 = 80/100 = 0.8 万元

方案 2 抢救每条生命的平均成本低于方案 1，应该优先选择方案 2。

(2) 如果采用生命年作为指标：

方案 1：平均每条生命存活年数的现值 = $\sum_{n=1}^{10}\frac{1}{(1+i)^n}$ = 7.36 年

该方案保护的生命年现值 = 7.36×60 = 441.6 生命年

平均保护每一生命年的成本 = 100/441.6 = 0.23 万元

方案 2：平均每条生命存活年数的现值 = $\sum_{n=1}^{40}\frac{1}{(1+i)^n}$ = 15.04 年

该方案保护的生命年现值 100×15.04 = 1504 生命年

平均保护每一生命年的成本 = 80/1504 = 0.05 万元

方案 2 保护每个生命年的平均成本低于方案 1，应该优先选择方案 2。

(3) 如果采用质量调整生命年作为指标：

方案 1：

查表 10-11 得Ⅴ级伤残且中度痛苦的质量权重为 0.900

该方案保护的质量调整生命年 = 60×7.36×0.900 = 397.4 生命年

平均保护每一质量调整生命年的成本 = 100/397.4 = 0.25 万元

方案 2：

查表 10-11 得无伤残且轻度痛苦的质量权重为 0.990

该方案保护的质量调整生命年 = 100×15.04×0.990 = 1489.0 生命年

平均保护每一质量调整生命年的成本 = 80/1489.0 = 0.05 万元

方案2保护每个质量调整生命年的平均成本低于方案1，应该优先选择方案2。

比较例10－13中分别用三种不同效用指标所得出的结论，可以看出三个结论完全一致。分别计算两个方案的平均成本之比。

表10－12 使用不同效用指标进行成本效用分析的结果

	生命作为效用指标	生命年作为效用指标	质量调整生命年作为效用指标
方案1平均成本（万元）	1.70	0.23	0.25
方案2平均成本（万元）	0.80	0.05	0.05
方案1与方案2平均成本之比	2.12	4.60	5.00

表10－12中显示平均成本之比依次增大，以质量调整生命年作为指标计算所得的平均成本之比最大。可以看出如果在计算效用时考虑的因素较多，比如包括了生命的挽救，寿命的延长和生存质量的改善，有的方案会比其他方案显示出更大的优势。可以想象，有时在只考虑生命的挽救时，有的方案可能不是最优，但是如果考虑到了生活质量改善等方面，有可能会成为最优的方案，从而改变方案的评价结论。

（4）伤残调整生命年（DALY）：

伤残调整生命年是指从发病到死亡所损失的全部健康年，包括因早死所致的寿命损失年和疾病所致伤残引起的健康寿命损失年两部分，是综合评价各种非致死性健康结果（包括各种伤残状态）与早死的效用指标，可以用来衡量人们生命与健康状况的改善情况。

伤残调整生命年的目标与质量调整生命年是一致的，都是为了不仅仅考虑各种卫生规划或卫生活动对减少早死所做的贡献，而且还考虑这些规划与活动对于改善非致死性健康状况所做的贡献。与质量调整生命年不同的是，伤残调整生命年的重点是确定与选择各种状态的伤残权重，而质量调整生命年的重点是确定与选择各种状态的质量权重。伤残调整生命年计算的是健康的损失，而质量调整生命年计算的是健康的获得。

在确定伤残权重时，主要考虑不同伤残状态对人们生活的影响。不同的疾病，不同的伤残状态可能影响人们不同的具体功能，比如偏瘫的病人终日卧床，日常活动比如吃饭、个人卫生及大小便均需要别人的帮助；类风湿性关节炎的病人由于关节活动受限，日常生活也需要别人的帮助，虽然病人的具体状态不一样，但是疾病和伤残状态对他们的生活所造成的影响基本相同，因此，在确定伤残权重时，可以考虑赋予两个状态以相同的权重。表10－13中定义了不同伤残等级的权重，0为完全健康的权重，1为死亡的权重，其他各种伤残状态的权重介于完全健康与死亡之间，随着伤残程度的加重，伤残对人们生活影响的增加，赋予的权重也就越大，从表10－13中可以看出，对于日常活动如吃饭、个人卫生及大小便均需要别人的帮助这种状态，伤残权重非常高，与死亡的权重比较接近。

从90年代初期开始，世界银行于1993年出版的《世界发展报告·投资于健康》中正式使用伤残调整生命年来测量全球和各地区的疾病负担。世界各国的许多学者都致力研究各种疾病所造成的伤残调整生命年的损失。获得各个卫生规划或卫生活动的方案实施所减少的伤残调整生命年损失后，便可以进行相关的成本效用分析。评价的基本原则为：a 对于某个具体的卫生规划或卫生活动的实施方案，如果该方案的实施可以挽救的伤残调整生命年大于0，那么这个方案是有意义的，可以接受。b 比较不同卫生规划或卫生活动的实施方案，计算挽救每一伤残调整生命年损失所需要花费的平均成本，平均成本最低的方案为最优方案，从经济学的角度应该优先选择。

表 10-13　失能权重的定义

伤残等级	描述	权重
一级	在下列领域内至少有一项活动受限：娱乐、教育、生育、就业	0.096
二级	在下列领域内至少有一项大部分活动受限：娱乐、教育、生育、就业	0.220
三级	在下列领域内有两项或两项以上活动受限：娱乐、教育、生育、就业	0.400
四级	在下列所有领域大部分活动受限：娱乐、教育、生育、就业	0.600
五级	日常活动如做饭、购物、做家务均需借助工具的帮助	0.810
六级	日常活动如吃饭、个人卫生及大小便需别人帮助	0.920

资料来源：程晓明，卫生经济学与卫生经济管理，1998。

例 10-14：某地区有两个疾病干预方案可供选择，假定方案 1 干预疾病 A，每年花费 40 万元，可以保护 15 个伤残调整生命年；方案 2 干预疾病 B，每年花费 30 万元，可以保护 6 个伤残调整生命年。试比较两种方案并选择最优方案。

解：

方案 1 保护 1 个伤残调整生命年的平均成本＝400000/15＝26666.7

方案 2 保护 1 个伤残调整生命年的平均成本＝300000/6＝50000.0

保护 1 个伤残调整生命年的平均成本方案 2 大于方案 1，从成本效用分析的角度方案 1 优于方案 2，应该优先选择方案 1。

（王慧慧）

第十一章 药品经济学基本理论

[教学目标]
1. 知道药品经济学有关概念
2. 运用经济学理论分析药品市场，包括药品需求、供给与价格分析
3. 了解药品经济学评价的基本方法
4. 分析中国有关药品经济政策

第一节 药品经济学概述

一、药品经济学概念

（一）药品

1. 药品的定义

药品是卫生服务过程中的重要组成部分，其主要功能表现为疾病的预防和治疗、改善病人的生命质量以及减轻疾病给患者带来的痛苦和影响生物学过程等几方面。

2. 药品的分类

药品分类方法很多，主要有以下几种：

1) 按形态分类

一般可按照剂型分为液体、固体、半固体等。

2) 按给药途径和方法分类

这种方法将同一给药途径和方法的剂型列为一类，通常与医疗使用结合得比较紧密，并反映给药途径和使用方法对制备剂型的某些要求。例如：对经胃肠道给药的有：溶液剂、糖浆剂、乳剂、混悬剂、粉剂、冲剂、片剂、丸剂等；不经胃肠道给药的有：注射剂、吸收剂、气雾剂等。

3) 按综合法分类

这种分类方法是指在保持剂型完整基础上，结合药品治疗作用对药品进行分类。

（1）抗微生物药物
（2）抗寄生虫药物
（3）中枢神经系统药物
（4）麻醉药物
（5）植物神经系统药物

（6）循环系统药物
（7）呼吸系统药物
（8）循环系统药物
（9）泌尿系统药物
（10）生殖系统及泌乳功能药物
（11）影响血液及造血系统药物
（12）抗过敏药物
（13）激素类
（14）维生素类
（15）酶类及其它生化制剂类
（16）调节水、电解质和酸碱平衡药物
（17）营养药及滋补性中草药类
（18）抗肿瘤药
（19）影响机体免疫功能药物
（20）临床科室备用药物
（21）其它药物类
 4）按是否为处方药分类
（1）处方药
（2）非处方药
 3. 药品的特殊性

药品不同于普通商品，它具有治疗属性，同时包含疾病的预防、诊断作用以及缓解疾病的作用，并且其效果具有复杂性和潜在影响的特点。

医疗消费的特殊性决定了药品消费的特殊性，即医疗服务供方具有一定程度的垄断性，在患者寻求医疗服务的过程中，由于大多数患者缺乏足够的专业知识来判断自己的需求，只能处于被动地位，是否需要用药、用药的种类、数量、剂型、价格都由医师和药师决定。

（二）药品经济学

1. 广义

药品经济学是卫生经济学研究的重要内容之一，广义的药品经济学是指应用经济学的理论、概念和方法来阐明和解决药品生产、流通、使用中出现的现象和问题，提高药品资源的利用效率和配置效率，促进临床上的合理用药，控制药品费用的不合理增长。

2. 狭义

狭义的药品经济学是指药品经济学评价方法，指利用微观经济学的评价方法对药品治疗的干预措施进行评价。主要分析方法是建立在卫生经济学的经济评价方法基础之上的。常用的药品经济评价方法主要有以下四种，即成本最小化分析、成本效果分析、成本效益分析和成本效用分析。这四种分析方法的主要差别在于对药品治疗结果的测量有所不同。

（1）成本最小化分析

此分析方法指比较若干药品或治疗方案的成本，假定相比较的方案治疗结果是一样的。成本应该是整个医疗成本，不仅包括治疗的直接成本（药品费用、医疗费用、与治疗有关的交通费、营养费等），还应该包括治疗的间接成本，例如因病误工造成劳动力丧失，进而造成的产值的减少，以及陪护的家人因陪护病人造成的收入的减少等与治疗有关的一切费用。

（2）成本效果分析

此分析方法是以药品的治疗效果作为结果指标，衡量成本和效果之间的关系。目的是治疗方案的成本低、治疗效果好。具体方法可为成本相同时比较效果的大小、效果相同时比较成本的大小、比较增量成本和增量效果的比率。

（3）成本效益分析

此方法是将药物的治疗结果用货币额的形式表示出来，适用于不同用途的药品比较。但这种方法在药品经济学评价中应用较少，原因是该种方法必须将药物治疗成本和治疗效果都用货币额的形式表示出来，其中很难将治疗效果即健康结果准确地转化为货币值。

（4）成本效用分析

此分析方法是将质量调整生命年（QALYs）和失能调整生命年（DALYs）作为结果指标，衡量成本和结果的关系，用以比较不同药品的治疗效果或同种药品不同治疗方案的成本和效果。

二、药品经济学的发展

药品经济学是一门新兴的学科，是在20世纪80年代开始出现的。1989年美国创刊了药物经济学杂志（Pharmaco Economics），1991年Bootmar等编写了第一本专著《药物经济学原理》（Principles of Pharmacoeconomics），1997年美国出版的《药品经济学与政策》（Pharmaceutical Economics and Policy），包含了药品经济学评价方法等重要内容。

药品经济学在我国正处于发展阶段，上海医科大学胡善联教授主编的《药物经济学与药品政策研究》较为全面地介绍了药品市场、药品费用、药品定价及价格补偿、药品经济学评价以及药品政策研究等内容。

三、药品经济学的研究内容

1. 药品市场研究

药品市场的主要研究内容包括药品需求与供给、供需方相互作用下的市场定价等。

2. 药品费用研究

药品费用研究是从宏观角度研究药品总费用及其分配流向，分析药品费用增长的主要影响因素，为控制药品费用的不合理增长提供依据。

3. 药品经济学评价

药品经济学评价即指对两种或两种以上的药物治疗方案进行比较分析，对成本和效果进行评价，从中作出选择。主要方法包括成本最小化分析、成本效果分析、成本效益分析和成本效用分析。

4. 药品合理使用

世界卫生组织将药品合理使用定义为：使病人获得临床需要的药物，采用满足个人需要的剂量，服用适当的期限，并具有最低的成本。药品经济学研究的主要内容之一就是如何有效地利用药品资源，减少不合理药品费用的发生，并通过控制药品费用来达到控制卫生费用急剧增长的目的。

5. 药品经济政策研究

药品经济政策研究主要对有关法律、法规、基本药物的遴选、药品费用控制等有关药品政策进行研究。

第二节 药品市场分析

一、药品市场构成及其特点

药品市场不同于一般的市场。药品市场主要由药品生产、药品流通、药品提供三个环节构成，是在制药业、药品流通行业、医师、药师、政府、保险、患者多方参与下组成的。药品市场存在着高度的竞争，这种竞争主要以产品创新、更新换代的形式体现出来（详见图11－1药品市场构成图）。

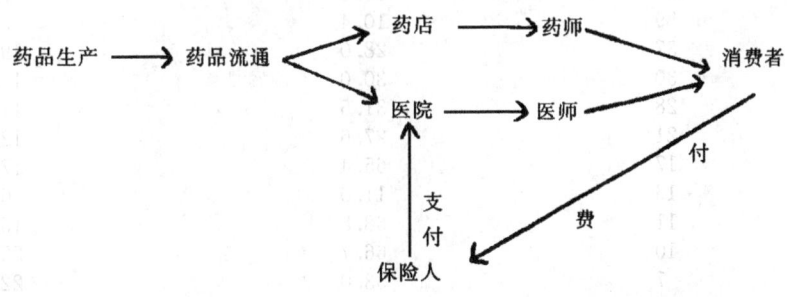

图11－1　药品市场构成图

一方面，药品的市场结构比较特殊，涉及环节较多，牵涉部门较多，因此药品市场成为政府制订政策法规的特殊目标，受到多方面的关注。另一方面，由于药品不同于一般的商品，如果没有专家（医师或药师）的帮助，消费者（患者）无法安全地消费药品，必须在专业人员的指导下使用。

二、药品需求分析

药品需求是指实际使用的、消费者有支付能力的药品。其使用必须具备两个条件：一是对药品的需要，二是消费者具有支付能力。如果仅有需要而没有支付能力或者只有购买力而没有需要，都不能构成药品的需求。

不同国家居民对药品的消费存在很大的差异。表11－1列出了1990年部分国家地区的药品费用情况。其中日本人均药品消费额是全世界最高的，人均412美元，莫桑比克最低，人均2美元；菲律宾药品费用占卫生费用的比例最高，为68.8％，美国最低，仅占8.8％；而加纳药品费用占GNP比例最高，为25.6‰，挪威最低，仅占3.8‰。

据卫生部门统计，全国1997年药品消费838亿，人均药品消费66.51元，城市人均药品消费175元左右，农村人均药品消费在25元左右。

由于药品并非像其它商品一样消费者可以凭自己对商品的了解自由选择，药品必须依靠医师或药师作为中介进行消费，因此药品的需求受到多方面因素的影响。

药品需求的影响因素很复杂。一方面药品的需求受到经济水平、药品价格、消费者偏好、互补品和替代品的价格和数量等因素的影响，另外，药品需求还取决于药品服务的特殊性。某些药品具有专属性和不可替代性，某些药品具有两重性，即治病和致病作用，某些药品又具有和其它服务存在互补和替代关系的特点，因为药品通常与其它医疗服务（门诊和住院服务）一起消费。另外非常重要的是，在药品的使用方面，医生决定处方药的使用，包括给药途径、剂型、剂量等。并且由于保险的介入，部分药品费用要由医疗保险支付，因此药品的需求还受到医疗保险的影响，多方相互制约因素使药品的需求非常复杂。

表 11-1　部分国家地区药品费用情况（1990 年）

	人均药品支出（美元）	药品费用占卫生费用比例（%）	药品费用占 GNP 比例（‰）
日本	412	31.3	16.2
德国	222	20.5	9.9
美国	191	8.8	8.8
加拿大	124	13.5	6.1
英国	97	13.8	6.0
挪威	89	10.4	3.8
哥斯达黎加	37	28.0	19.5
智利	30	30.0	15.5
墨西哥	28	31.5	11.2
土耳其	21	27.6	12.9
摩洛哥	17	65.4	17.9
巴西	16	11.0	6.0
菲律宾	11	68.8	15.1
加纳	10	66.7	25.6
中国	7	53.0	22.3
巴基斯坦	7	58.3	18.4
印度尼西亚	5	41.7	8.8
肯尼亚	4	25.0	10.8
印度	3	14.3	8.6
孟加拉国	2	33.3	9.5
莫桑比克	2	40.0	25.0

资料来源：World Health Organization（1994）；1993 年世界发展报告；OECD Health Data File（CREDES/OECD）（1995）

三、药品供给分析

药品的供给同样涉及药品的生产、流通和提供三个环节。药品经制药厂家生产出来后，合格药品出厂，有的直接进入医院、药房、药店，有的进入药品商业流通企业后再进入医院和药店。医院内由医师经处方将药品提供给患者，药店内由药师将药品出售（其中应为非处方药），提供给消费者。

国际制药厂商主要分为三大类：

1. 发达国家通用药品（generic drugs）生产厂商；
2. 发达国家以药品研究、发展为主要目标的生产厂商；
3. 发展中国家本地生产厂商。

通用药品是指未申请专利或专利保护期已过的药品。世界各国对新药都实行专利保护，以促进新药的研究与开发。传统的新药保护期是从新药发布日开始计算的，1995 年世界贸易组织（WTO）通过的协定将签约国的药品专利期限定为提出专利申请日起的 20 年内。实际有效专利期应从药品管理机构批准药品上市之日起计算，因为新药的研发、审批需要占用大量的时间，专利期不应包含这部分时间。

由于药品的研究资金极其昂贵，如澳大利亚每种药物的平均新增成本约为10万美元左右，因此新药的研制通常受到经济条件的制约。一般，以研究为基础的生产厂商大多聚集在欧美发达国家（美国、英国、德国、法国、瑞典、日本等），并保持很高的出口率，占据相当大的市场份额，具有一定的垄断性。

四、药品价格分析与价格管理

1. 不同形式价格

出厂价：指药品生产厂家根据生产成本（包括研制开发、购买专利保护期内专利费用、营销成本、生产成本）、利润、税等制订的价格。

批发价：指药店或医院购进药品的价格。

零售价：指药店或医院将药品提供给消费者的价格。通常在批发价的基础上加上一定比例的加成率形成。

2. 价格的形成

有的国家药品价格实行政府定价，对药品价格实行绝对管制；有的国家对药品价格实行政府指导价，对药品价格实行最高限价；有的国家仍通过自由市场定价，靠市场的供需情况调节价格。

3. 中国作价办法及价格管理

我国的药品作价一直采用成本加成定价法。针对药品价格中存在的虚高定价、流通环节中药品价差率过高、医院折扣高等问题，物价管理部门实施"顺加作价"的药价管理办法。该方法规定了不同种类药品的成本和费用的范围、利润率等，以期制约药厂的虚高定价；同时规定了商业差率为19%，加成率为15%，出厂价经商业差率和加成率的依次"顺加"后，形成了药品的批发价和零售价。

顺加作价存在一些问题，有待于修订和完善。目前有些药品实行倒扣作价，规定零售价的基础上对药品进行定价。我国目前已对药品价格管理进行了改革，在药价管理中引入市场机制（详见第五节）。

4. 药品的价格差异

当某种新药的引入能为其研制公司带来高额利润时，在专利期满后，就会有较多的厂商加入竞争行列，生产和销售"相似"的产品，称为"仿制药"。

新药和仿制药之间由于成本结构不同，价格相差40%~70%，因此各国出于费用控制的目的，20世纪80年代以来纷纷采取鼓励仿制药生产的政策，以促进药品价格的竞争。

除了新药和仿制药之间价格差别较大以外，不同剂型、不同品牌、不同规格、不同厂家的同种药品都可能存在价格差异。

五、药品费用控制

据文献报道，全球药品费用以每年10%的速度增长，在发展中国家的卫生费用中，药费占40%~60%。控制药品费用增长，是全球面临的挑战。

针对药品费用的快速增长，各国均采取不同措施对药品费用进行控制。国外采取了使用通用药品、建立药品处方目录、控制抗生素的使用、制订基本药品目录及非基本药品目录等措施，我国也采取了一些药品费用控制措施，如上海市率先推行的"总量控制，结构调整"政策，实施城镇职工基本医疗保险和农村合作医疗、制订基本药物目录，药品限价等。

第三节　药品经济学评价

药品经济学评价研究是利用了经济学评价这个工具，对药品治疗的投入产出进行比较研究。常用的评价方法主要包括成本最小化分析、成本效果分析、成本效益分析和成本效用分析等四种方法。表11-2列出了这四种方法之间的主要差别。

表11-2　药物经济学评价方法的选择

分析方法	成本测量	结果测量	主要考虑问题
最小成本法（CMA）	货币值	可比组间的结果是相等的	效率
成本效果法（CEA）	货币值	自然单位（寿命年、血糖、血压值等） 单一的健康结果	最小的成本达到预期的目的
成本效用法（CUA）	货币值	质量校正的自然单位 多种健康结果比较	生命的质量
成本效益法（CBA）	货币值	货币值，可用于多种健康结果比较	最有效地利用有限的资源

资料来源：Draugalis，1989年

一、药品经济学评价的方法及步骤

药品经济学评价是从经济学角度，比较各种药品治疗的全部成本和效果（效益、效用），应用于决策者进行选择和决策的一种方法及工具。

药品经济学评价的基本步骤如下：

（一）准备备选方案

将各种备选的药品治疗方案的目标、具体实施步骤、参与者、时间、地点等基本情况描述清楚。

（二）成本分析

成本分析是任何一种药品经济学评价方法的前提，计算药品治疗的成本对于药品的评价有着关键的作用。

药品经济学评价中的成本是指实施某个药品治疗方案的整个过程中所投入的全部资源，通常以货币额的形式来表示。

成本是指医疗服务的整个过程中所投入的全部人力资源、物力资源和自然资源，通常以货币额的形式表示。

根据成本与医疗服务的关系，可将成本分为直接成本、间接成本和隐形成本。

1. 直接成本

直接成本是指与药品治疗干预直接相关的各项成本，包括直接医疗成本和直接非医疗成本。

1) 直接医疗成本

如进行某项药品治疗所消耗的药品费用、卫生材料费用、低值易耗品费用、药品引起不

良反应的治疗费用、人员费用、管理费用等。

2) 直接非医疗成本

如病人来医院就诊所花费的交通费用、住宿费用、因病加强营养的费用、陪同家属因陪同所化费的费用等一切与治疗有关的非医疗方面的费用。

2. 间接成本

间接成本是指与药品治疗干预间接相关的各项成本，包括患者由于患病、丧失功能或死亡造成劳动能力下降、进而造成生产力的降低、产值的下降等费用，还包括患者家属因陪同所减少的生产力。因这部分成本与生产力的减少有关，故又称为生产力成本。

3. 隐形成本

隐形成本指患者由于患病感到疼痛、担忧等造成的无形经济损失，通常无法用货币额的形式表示，因此很难计量，但进行药品经济学评价时必须考虑到隐形成本，因为这部分成本确实存在。

（三）效果（效益、效用）分析

成本效果分析以药品的治疗效果作为结果指标，成本效益分析是将药物的治疗结果用货币额的形式表示出来，而成本效用分析是将质量调整生命年（QALYs）和失能调整生命年（DALYs）作为结果指标。

（四）比较分析

对药品治疗的成本和效果都衡量完毕以后，就要进行不同方案的比较分析，具体方法详见后。

（五）敏感性分析

敏感性分析是研究在不确定的情况下，不确定因素（如贴现率）对结果造成影响的程度。

二、成本最小化分析

此分析方法指比较若干药品或治疗方案的成本，假定相比较的方案治疗结果是一样的。成本应该是整个医疗成本，不仅包括治疗的直接成本（药品费用、医疗费用、与治疗有关的交通费、营养费等），还应该包括治疗的间接成本，例如因病误工造成劳动力丧失，进而造成的产值的减少，以及陪护的家人因陪护病人造成的收入的减少等与治疗有关的一切费用。

例如：临床对照试验结果表明，药物 A 和药物 B 治疗慢性浅表性胃炎的效果没有显著性差异、且副作用同样无显著性差异，而药物 A 比药物 B 的价格高，用药时间长，因此可认为经成本最小化分析，药物 B 比药物 A 成本低。

三、成本效果分析

成本效果分析中的成本和效果是用不同单位表示的，成本仍然是用货币额的形式表示，效果则用健康状况的改善指标来衡量，如存活率、并发症的发病率、临床指标的改变（如血压、血糖的下降）等。

药品经济学评价中成本效果分析方法常用每挽救一个生命年（per year of life saved, YOLS）所花费成本作为衡量比较指标，表示经该药品治疗后延长的每一个寿命年所需投入的全部成本。该指标不仅可用于同一疾病不同药物治疗后的成本效果比较，而且还可应用于不同疾病治疗的成本效果比较，目的是发现成本低、效果好的药品。

另外，在药品经济学评价中常常面临解决的问题是：当某种新药取代老药治疗某一疾病时，新药的治疗效果比老药好，而很多情况下新药的价格也比老药高。在这种情况下，需要通过成本效果分析计算效果成本比值，再进行比较后判断。例如：

表 11—3 治疗某疾病的两种不同药品的成本与效果

药物	病例	治愈	成本（元）
A	60	57	56820
B	80	77	128000

为进行初步经济评价，我们作如下假设：

1. 药品 A 与 B 的非药物治疗成本相等。
2. 用于治疗副反应的药物成本方面无差异。
3. 所有药物的维持剂量相同。

使用药品 A 治疗 16 周后（包括 4 周滴定期和 12 周维持期），每例治愈病人的成本为 996.84 元，治愈率为 95%；

使用药品 B 治疗，每例治愈患者的成本为 1662.34 元，治愈率为 96.25%。

药品 A 的效果成本比（仅在直接医疗成本基础上）为：

95%/996.84＝0.00095

药品 B 的成本效果比（仅在直接医疗成本基础上）为：

96.25%/1662.34＝0.00058

效果成本比反映单位成本所获得的效果，当成本和效果均为正值时，选择效果成本比较大的方案。因此，虽然新药 B 的效果（治愈率）比老药 A 好，但选择药品 B 取代药品 A 并不经济，应仍选择药品 A 治疗该疾病。

四、成本效益分析

根据效益与医疗服务的关系，可将效益分为直接效益、间接效益。

1. 直接效益

直接效益是指经药品治疗干预后直接节省的各项费用，其价值可用货币额的形式表示。如孕妇口服叶酸可预防婴儿神经管畸形的发生，从而节省了未来的医疗费用开支（手术费等），即为直接效益。

2. 间接效益

间接效益是指经药品治疗干预后所获得的其它经济收益，其价值也可用货币额的形式表示。如某患者经治疗后治愈，减少了患者因患病造成的经济损失，以及患者家属因陪同所造成的经济损失，这类效益称为间接效益。

成本效益分析中通过以下两个指标进行比较分析：效益成本比值（单位成本所获得的效益）以及净现值（总效益与总成本的差值）。该方法具有一定的缺陷，即药品的治疗效果往往无法用货币值准确地表达出来。

五、成本效用分析

在成本效果分析中反映效果的指标往往是反映数量的指标，如存活率、死亡率等，但是健康的质量并没有反映出来。近年来，人们越来越将生活质量放在生活的第一位，药物治疗同样面临着这一问题，如果两种药物治疗都能缓解疾病的症状，但某一种药物治疗后患者仍有不适感，则可以说经该药治疗后患者的效用较低。效用是一组用来反映不同健康状况的权重值（见表11-4），经济学家提出成本效用分析的方法，目前应用的生命质量指标主要有失能调整生命年（DALY），通过计算效用成本比，选择效用成本比（即单位成本所获得的效用）较大的药品，使患者尽可能获得最大的效用。另外，成本效用分析也解决了不同效果指标方案之间不方便比较的问题。

表11-4　健康状态的效用值

健康状况	效用值
健康	1.00
绝经期综合征	0.99
高血压治疗副作用	0.95~0.99
轻度心绞痛	0.90
肾移植	0.84
中度心绞痛	0.70
中度疼痛，生理活动受限	0.67
血液透析	0.57~0.59
严重心绞痛	0.50
焦虑、压抑、孤独感	0.45
聋、盲、哑	0.39
长期住院	0.33
假肢行走	0.31
死亡	0.00
失去知觉	<0.00
四肢瘫痪伴有严重疼痛	<0.00

六、药品经济学评价的敏感性分析

敏感性分析是研究在不确定的情况下，不确定因素（如贴现率）对结果造成影响的程度。以下例子中对经济学评价进行了2项敏感性分析，结果见表11-5。

对药品M进行成本效果分析的关键参数是药品的日平均剂量。在我们所做的总分析中，使用了300mg的日平均剂量，但根据临床试验的结果，400mg和500mg的药品M看上去也有效。因此，在敏感性分析中我们利用了这种试验重新计算成本效果比（每治愈一例患者的总成本）。分析结果（表11-5）表明，药品的剂量对确定相对成本效果是很关键的。成本效果比对日平均剂量是很敏感的。

表11-5　关于药品M日平均剂量的敏感性分析

	每治愈一例患者总成本
主要分析 M=300mg	161美元/平均每例
敏感性分析1 M=400mg	1102美元/平均每例
敏感性分析2 M=500mg	827美元/平均每例

第四节 国外药品经济政策简介

一、各国对药品生产实行的经济政策

在药品生产方面，各国都十分重视药品的安全性与功效，尤其欧美一些国家（美国、加拿大、英国、法国、德国、挪威等）对新药的研制、仿制药品的生产都出台了一些产生重大影响的经济政策。

（一）新药的研制开发

用于以研究和开发新药为基础的厂商大多聚集在欧美国家，因此新药研制政策是这些国家药品管理的重要内容。20世纪80年代以来，各国政府对新药的研制相继采取了不同的倾斜政策，如美国1985年对治疗目标病人少于20万人的新药研制采取了很强的保护和鼓励政策，包括税收优惠政策和市场独占期政策。欧共体1987年EC制定了"对生物制品和高度创新药品"的市场保护法令，要求对这两类药实行资料保护，并且即使没有专利保护也享受此待遇。

（二）仿制药的生产

美国1984年"药品价格竞争法"中规定仿制药在专利期满后或市场独占期满后，只需通过简单新药生产申请，无需动物和临床试验即可投入生产。结果美国的仿制药生产大大增加了。

欧共体1987年EC颁布仿制药生产简化申请程序，对于与原药品基本相似的产品，在第一申请书专利期满后，免于提供第一申请书中必需的药理、毒理和临床资料。

二、各国对药品营销实行的经济政策

各国政府对药品流通的管理包括两方面内容。一方面，批发商、零售商进入药品流通领域，必须得到政府颁发的许可证，另一方面，由于欧洲各国普遍实行全民健康保险制度，因此大多数国家政府（或保险组织）在药品流通领域都采取了一系列控制药品费用的措施，即对药品生产厂家、批发商和药店的利润或价格给予控制。

（一）对药品生产厂家的价格管理

法国和瑞典等国家对门诊处方药价格的制定和上涨实行直接控制。药品价格由政府与各药厂协定。瑞典的新药定价还可参照该药在其它国家的价格。对于新药的价格上涨，法国规定在两年半内不得涨价，两年半后价格的上涨必须通过国家的法令，而瑞典则试图使药品价格与通胀率保持一致。

对药品的价格控制还有间接的管理措施。第三方（政府或保险组织）给保险补偿范围内的药品设定一个补偿上限。制药厂商可以随意制定价格，保险仅补偿其中一部分费用，其余部分由消费者自付。这种管理办法通过对卫生服务需方的费用控制达到对药品价格的间接控

制。德国、瑞典、加拿大等国家在其保险中都采取了该策略。

另外，英国还采取了通过对药品利润的控制来控制药品价格的办法。药品厂商可以自由决定新药的出厂价，但其利润不可以超出规定的上限。自1957年起，NHS与大多数厂商协议新药的利润上限为17%～21%，同时，NHS还限制厂商用于促销药品的费用要低于总销售额的9%。

可见，世界各国有的通过政府行政命令，有的通过市场机制，以实现对药品生产厂家的价格控制。只不过侧重点和力度不同。

（二）对批发商的管理

欧洲各国对批发商的管理，有的采取控制其利润的方法，有的采取竞争手段，有的采取垄断药品采购的策略。

各国对药品批发商的药费差率有所控制，有的还规定了上限，有的则通过允许药品生产厂家和批发商竞争控制批发商的利润。

挪威的药品采购则由政府直接垄断，其收入的一部分用于药品治疗和临床药理学研究。

美国HMO等组织则通过限定药店的补偿，按照最大可允许费用补偿、批发购药达到减少批发商回扣的目的，药店为赚取更高的利润，会努力压低批发商的折扣。

（三）对药店（药师）的管理

各国通过对药品零售方的管理达到控制药品费用的目的，如对药师的药品加成率规定上限。法国药师得到的费用不得超过零售价的30%，美国规定与HMO签约的药店对每张处方的服务收取2.5美元的费用。

英国通过实行通科医生的药品预算实施对药品零售的控制。每年的药品预算都依照以往的处方和药品支出，兼顾病人的年龄、性别、患病等人口学特征制定。同时，鼓励使用普通药品替代，如鼓励使用已超过专利保护期的低价仿制药品。

（四）对药品消费者的管理

各国对药品消费者的管理都采用了共付和报销目录的方法控制需方对药品的过度利用。美国病人自付药费的40%左右，瑞典则规定维生素系列、感冒和咳嗽药以及戒烟药不在报销范围内，其它药需自付25%。

三、各国对药品的补偿政策

美国的健康维持组织（HMO）实行按人头付费的补偿机制，英国实施的通科医生预算，都从根本上改变了医生的激励机制，限制了药品的过度利用。

第五节 中国药品经济政策简介

一、全国药品生产、经营和使用的基本情况

(一)药品生产

我国的药品生产存在供大于求的情况。现在全国化学制药企业大概有 6000 多家,美国是世界制药大国,制药企业不过 200 家左右。药品生产供大于求,特别是普通治疗药物严重供大于求,而一些专利药在中国则很少。

截至 1997 年,我国药品生产企业已达 6391 家,其中包括 1700 多家三资企业,共生产 1350 多种原料药,4000 多种制剂和 8000 多种中成药。在 6000 多家药品生产企业中,符合 GMP 要求的有 300 多家企业,其中取得 GMP 证书的仅有 59 家企业,38 个车间和 13 个品种。

另外,目前医药市场增加了一批具有强大优势的竞争者,即世界跨国制药公司在我国建立三资企业。

(二)药品经营

我国建国以来,整个医药商业流通体制是严格按计划经济管理的思路设计的,实行一、二、三、四级批发管理体制。20 世纪 80 年代初,随着经济体制改革不断的深入,逐步放活企业的管理,从减税让利开始,给企业创造一个新的自主发展的环境。

截至 1998 年底,我国药品批发企业已达 16519 家,1997 年我国药品零售企业已达 63850 家。

(三)药品使用

1999 年我国县及县以上的医院 15413 家,乡镇及街道卫生院 50257 家,全国各类医疗机构共达 309007 家,从业人员 527 万多人。全国卫生部门综合医院药品收入占总收入 52%,其中门诊收入中药品收入占 61%,住院收入中药品收入占 50% 左右。

医疗单位全年销售药品差价收入 166 亿元,药品经营企业销售让利和回扣约 80 亿元,合计为 246 元。

另据卫生部门统计,全国 1997 年药品消费 838 亿,人均药品消费 66.51 元,城市人均药品消费 175 元左右,农村人均药品消费在 25 元左右。

表 11-6 为 1997 年 150 个药品销售金额统计汇总后药品分大类排序。从 18 大类排序看,前六位药品大类销售额占 150 个品种销售额的 73.5%。其中,抗生素类抗感染药占据销售第一位。

(四)药品的补偿

在以往长期计划经济体制下,我国医疗机构绝大多数费用(人员经费、基本建设经费

等）都由政府负担，医院提供医疗服务，同时象征性地收费。国家允许医院销售药品，并且药品加成收入免征税。当时规定的药品加成率为：化学药品15%，中药16%。药品加成后销售利润用于医院的发展。

20世纪80年代初以来，随着我国经济体制改革的不断深入，医院筹资机制发生了很大变化。首先表现在政府卫生事业预算经费相对减少，政府拨款占卫生事业总支出的比例逐年下降，其次表现为政府对卫生事业的补偿形式发生了变化，结果实际上削减了政府对医院的投入。同时，医疗劳务收入偏低，收费标准低于成本。政府补贴不足和医疗服务收费过低的状况促使医院从药品营销中寻求补偿，加上我国对医院实施的药品加成政策为医院提供了从药品营销中寻求补偿的条件，因而形成了"以药补医"的局面。

表11—6　1997年药品销售分大类排序情况

药品大类名称	序号	所占比例（%）
抗生素类抗感染药	1	27.0
消化系统用药	2	12.0
解热镇痛药	3	11.1
循环系统用药	4	8.5
非抗生素类抗感染药	5	8.4
酶类及其它生化类	6	6.5
激素类及调节内分泌功能用药	7	4.7
血液系统用药	8	3.9
维生素及其它滋补营养药	9	3.7
糖、盐及酸碱平衡调节药	10	3.6
抗肿瘤及免疫功能药	11	3.1
口腔用药	12	2.2
抗变态反应药	13	1.6
抗寄生虫病药	14	1.2
呼吸系统用药	15	1.0
神经系统用药	16	0.6
泌尿系统用药	17	0.5
麻醉用药	18	0.4
合计		100.0

二、药品改革政策

（一）药品价格政策与价格管理

为适应建立社会主义市场经济体制的要求，促进药品市场竞争，降低药品费用，让患者享受到质量优良、价格合理的药品,我国对原有的药品价格管理政策进行了改革。

首先调整药品价格管理形式。根据国家宏观调控与市场调节相结合的原则,药品价格实行政府定价和市场调节价。只有列入国家基本医疗保险药品目录的药品及其它生产经营具有垄断性的少量特殊药品(包括国家计划生产供应的精神、麻醉、预防免疫、计划生育等药品),实行政府定价。其它药品实行市场调节价,取消流通差率控制,由经营者自主定价。

其次,药品价格管理要引进市场竞争机制。政府定价原则上要按社会平均成本制定,对供大于求的药品,按社会先进成本定价。要规范销售费用率和销售费用率,使经营者能够合理补偿成本并获得合理利润。流通环节的进销差率和批零差率合并计算,实行差别差率,并逐步调整流通差率总水平。对于政府定价药品,由价格主管部门制定最高零售价格,对于市场调节价药品,由生产企业根据生产经营成本和市场供求制定零售价。

(二)医院药品收入实行收支两条线管理

为控制药品费用的不合理增长,促进医院合理用药,我国对县及县以上公立非营利性医院药品收入实行收支两条线管理,对医疗收支、药品收支进行分开核算。医院药品收入扣除药品支出后的纯收入即药品收支结余。医院药品收支结余上交卫生行政部门,经考核后统筹安排、合理返还。卫生行政部门集中的药品收支结余资金,主要用于弥补医院的医疗成本和发展建设,也可根据需要用于社区卫生服务和预防保健服务。

(三)实行医疗机构药品集中招标采购

为纠正医药购销领域不正之风和规范医疗机构药品购销活动,减轻社会医药费用负担,保证城镇职工基本医疗保险制度顺利实施,县及县以上医疗机构对部分药品实行药品集中招标采购。这些药品一般为城镇职工基本医疗保险药品目录中的药品和临床使用量比较大的药品。希望一方面减轻医院采购药品的负担,降低成本,保证质量,另一方面制止医院药品采购过程中回扣等不良现象。

(张里程)

参 考 文 献

1. 高鸿业，《西方经济学》上册，中国经济出版社，1996
2. 朱善利，《微观经济学》北京大学出版社，1994
3. 杜乐勋、罗五金，《现代卫生保健经济学》，黑龙江人民出版社，1995
4. 魏颖、杜乐勋，《卫生经济学与卫生经济管理》，人民卫生出版社，1998
5. 王龙兴，《卫生经济学的理论与实践》，上海交通大学出版社，1998
6. 孟庆跃等，《卫生经济学》，南海出版公司，1997
7. 胡善联，《药物经济学与药品政策研究》，云南科技出版社，2000
8. 保罗.J.费尔德斯坦著，费朝辉等译，《卫生保健经济学》，经济科学出版社，1998
9. 戴圆晨主编，尹力等著，《医疗保障体制改革》，广东经济出版社，1999
10. 朱宏国，《经济学视野里的社会现象》，四川人民出版社，1998
11. 刘兴柱等，《医疗服务项目成本核算方法》，南海出版公司，1997
12. 国务院研究室课题组，《完善卫生经济政策》，中国经济出版社，1996
13. 刘兴柱，《卫生经济管理》，山东大学出版社，1992
14. 何鸿明、杜乐勋，《卫生经济学原理与方法》，黑龙江教育出版社，1990
15. 卫生部办公厅，《卫生改革与发展文件汇编》，内部资料，2000
16. 李南，《工程经济学》，科学出版社，2001
17. 世界银行，《1993年世界发展报告》，中国财政经济出版社
18. 刘兴柱等，医院医疗服务成本测算：背景及理论框架，中国卫生事业管理，1998，7
19. 卞鹰等，医疗服务项目平均成本与收费标准的比较研究，中国卫生事业管理，1998，7
20. 刘志梅等，疾病经济负担分析在卫生管理中的应用，中国卫生经济，1993，(11)：55
21. 许可，胡善联，从整个社会角度分析疾病的经济负担，中国卫生经济，1994，(6)：56
22. 范桂高编译，意大利精神分裂症社区医疗直接与间接费用调查，国外医学卫生经济分册，2001，(1)：16－20
23. 宛悦编译，成本－效益分析与乳房X线筛查，国外医学卫生经济分册，2000，(1)：42－48
24. 房俊涌，龚幼龙，疾病控制措施的经济学评价，国外医学卫生经济分册，1999，(1)：1－7
25. 陈英耀，陈洁，脊髓灰质炎疫苗的经济学评价，中国计划免疫，1997年10月第3卷第5期：240－243
26. 卞鹰等，合理安排城市地区门诊及住院病人的费用效应分析，中国卫生经济，1996，(10)：35－39
27. 王晓万，杨侃，两种降压药物治疗的费用－－效果研究，卫生经济研究，1995，(2)：34－36
28. 张炜，张秀荣，药物经济学评价在临床药学中的应用，沈阳药科大学学报，2000年7月第17卷第4期298－300
29. 胡家勇，《政府干预理论研究》，东北财经大学出版社，1996
30. 卫生部卫生经济研究所．中国卫生总费用研究报告（1990－1995），中国卫生经济，1997（12）
31. 中国卫生经济培训与研究网络，卫生经济管理干部培训教材，内部资料，1994